A POLÍTICA AGRÍCOLA COMUM NA ERA DA GLOBALIZAÇÃO

ARLINDO CUNHA

A POLÍTICA AGRÍCOLA COMUM NA ERA DA GLOBALIZAÇÃO

ALMEDINA

TÍTULO:	A POLÍTICA AGRÍCOLA COMUM NA ERA DA GLOBALIZAÇÃO
AUTOR:	ARLINDO CUNHA
EDITOR:	LIVRARIA ALMEDINA – COIMBRA www.almedina.net
LIVRARIAS:	LIVRARIA ALMEDINA ARCO DE ALMEDINA, 15 TELEF. 239 851900 FAX 239 851901 3004-509 COIMBRA – PORTUGAL livraria@almedina.net LIVRARIA ALMEDINA ARRÁBIDA SHOPPING, LOJA 158 PRACETA HENRIQUE MOREIRA AFURADA 4400-475 V. N. GAIA – PORTUGAL arrabida@almedina.net LIVRARIA ALMEDINA – PORTO R. DE CEUTA, 79 TELEF. 22 2059773 FAX 22 2039497 4050-191 PORTO – PORTUGAL porto@almedina.net EDIÇÕES GLOBO, LDA. R. S. FILIPE NERY, 37-A (AO RATO) TELEF. 21 3857619 FAX 21 3844661 1250-225 LISBOA – PORTUGAL globo@almedina.net LIVRARIA ALMEDINA ATRIUM SALDANHA LOJA 71 A 74 PRAÇA DUQUE DE SALDANHA, 1 TELEF. 21 3712690 atrium@almedina.net LIVRARIA ALMEDINA – BRAGA CAMPUS DE GUALTAR UNIVERSIDADE DO MINHO 4700-320 BRAGA TELEF. 25 3678822 braga@almedina.net
EXECUÇÃO GRÁFICA:	G.C. – GRÁFICA DE COIMBRA, LDA. PALHEIRA – ASSAFARGE 3001-453 COIMBRA E-mail: producao@graficadecoimbra.pt FEVEREIRO, 2004
DEPÓSITO LEGAL	205861/04

Toda a reprodução desta obra, por fotocópia ou outro qualquer processo, sem prévia autorização escrita do Editor, é ilícita e passível de procedimento judicial contra o infractor.

ÍNDICE

NOTA DE APRESENTAÇÃO 9

I – A PAC ANTES DAS GRANDES REFORMAS.. 13

    1. ORIGENS, NATUREZA E PRIMEIROS TEMPOS...................................... 13
    2. PRIMEIRAS CRISES, REFORMAS FALHADAS E ALGUMAS MEDIDAS 16
    3. ADAPTAÇÕES EM TEMPO DE *VACAS MAGRAS* 20
    ANEXO I: O Sistema de Preços e Garantias 24
    ANEXO II: O Sistema Agro-monetário.. 26

II – AS GRANDES REFORMAS DA PAC.. 29

II – 1 – A REFORMA DE 1992... 29

    1. PROCESSO NEGOCIAL... 29
        1.1. O Documento de Reflexão 29
        1.2. A Concretização das Propostas de Reforma..................................... 35
        1.3. O Percurso para o Acordo de Compromisso 37
    2. MAIS VALIAS DA NEGOCIAÇÃO E INTERESSES PORTUGUESES 41
    3. ANÁLISE CRÍTICA DA REFORMA 46
    4. OPOSIÇÃO DOS AGRICULTORES... 50
    5. RESULTADOS DA REFORMA 55
        5.1. Resultados Globais 55
        5.2. Resultados em Portugal 60
    ANEXO   I: Discussão Interna no Colégio dos Comissários............................ 70
    ANEXO II: Primeiras Reacções dos Estados Membros 71
    ANEXO III: Propostas da Comissão 73
    ANEXO IV: Grandes Disputas Negociais 76
    ANEXO V: Alterações às Propostas da Comissão 78
    ANEXO VI: Comentário às Posições do COPA 81

II – 2 – A REFORMA DA AGENDA 2000 83

    1. ARGUMENTOS E MOTIVAÇÕES DA REFORMA.................................... 83
    2. DAS PROPOSTAS DA COMISSÃO ÀS DECISÕES FINAIS DE BERLIM 85

3. O PROCESSO NEGOCIAL 95
   3.1. Condicionantes da Reforma e o Percurso de Bruxelas a Berlim 96
   3.2. Posições dos Estados Membros e das Organizações Agrícolas 100
   3.3. A Posição do Parlamento Europeu 105
4. AVALIAÇÃO DA REFORMA 107
   4.1. Objectivos, Resultados e Pressupostos de Análise 108
   4.2. A Manutenção do *Status-Quo* 110
      4.2.1. O Reequilíbrio que Faltou 111
      4.2.2. A Equidade e a Coesão Ausentes 112
      4.2.3. O Risco da OMC 118
5. OS INTERESSES PORTUGUESES 119
   5.1. A Estratégia Negocial 119
   5.2. O Deve e o Haver da Negociação 121
   5.3. A Declaração de Berlim e o Caso da "Especificidade" 123

ANEXO I: Diferenças entre as Propostas da Comissão e Compromisso Final
          – Culturas Arvenses (COP); Sector da Carne de Bovino; Desen-
          volvimento Rural; Regulamentação Horizontal 126
ANEXO II: Classificação dos Sectores segundo os Mecanismos de Gestão de
          Mercados após a Reforma da Agenda 2000; Mecanismos de Con-
          trolo Quantitativo da Oferta após a Reforma da Agenda 2000 130
ANEXO III: Propostas da CAP para a Reforma da PAC 131
ANEXO IV: Propostas da CONFAGRI para Fixação dos Limiares Quantitativos
          de Produção 132

II – 3 – A REFORMA DE 2003 133

1. ANTECEDENTES E CONTEXTO 133
2. DAS PROPOSTAS DA COMISSÃO AO COMPROMISSO DE LUXEM-
   BURGO 136
   2.1. As Propostas da Reforma Intercalar 136
   2.2. A Perspectiva de Longo Prazo para uma Agricultura Sustentável e o
       Compromisso Final 140
3. O PROCESSO NEGOCIAL 145
   3.1. Principais Protagonistas e Dinâmicas Negociais 145
   3.2. Principais Debates 151
4. AVALIAÇÃO CRÍTICA DA REFORMA 157
   4.1. Principais Inovações 157
   4.2. Uma Avaliação *Ex-Ante* 160
5. OS INTERESSES PORTUGUESES 164
   5.1. A Estratégia da *Especificidade* 164
   5.2. Resultados da Reforma 170

ANEXO I: Do Anterior *Status-Quo* à Evolução das Propostas e Decisão Final 175
ANEXO II: Critérios de Eco-condicionalidade – Requisitos Legais de Gestão
          (Reg.1782/2003) 182

III – A PAC E O CONTEXTO INTERNACIONAL 185

1. A GLOBALIZAÇÃO DAS POLÍTICAS AGRÍCOLAS............................ 185
    1.1. O Contexto em que nos Movemos 185
        1.1.1. Entre a Mundialização e o Proteccionismo............................. 185
        1.1.2. Um Olhar para os Outros 189
2. A RONDA DO URUGUAY 192
3. A RONDA DO MILÉNIO 195
    3.1. A Declaração de Doha.. 195
    3.2. As Propostas da UE e o Fracasso de Cancun.................................... 197
    3.3. As Novas Questões Mais Problemáticas 202
        3.3.1. A Liberalização do Comércio e os Países em Vias de Desenvolvimento... 203
        3.3.2. A Liberalização e o Ambiente 204
        3.3.3. A Liberalização e a Segurança Alimentar 204
4. A PAC E AS OUTRAS POLÍTICAS AGRÍCOLAS 205
    4.1. As Políticas Agrícolas dos Países da OCDE...................................... 205
    4.2. O Caso Particular da Política Agrícola Americana............................. 210

ANEXO I: Principais Exportadores e Importadores de Produtos Agrícolas 217
ANEXO II: Exportações de Produtos Agrícolas de Alguns Países Seleccionados – evolução 1990-2002 218

IV – OS ALARGAMENTOS DA UNIÃO EUROPEIA...................................... 219

1. CRONOLOGIA DO PROCESSO DE ALARGAMENTO 219
2. O ALARGAMENTO A *NORTE*... 221
3. O ALARGAMENTO A *SUL* 222
4. O ALARGAMENTO A *LESTE* 223
5. QUESTÕES AGRÍCOLAS SUSCITADAS PELO ALARGAMENTO 224

ANEXO I: Dados de Base da Agricultura – UE15 e NPA10...................... 226
ANEXO II: Peso dos Produtos na Produção Agrícola dos NPA10............. 227

V – O MODELO EUROPEU DE AGRICULTURA E O FUTURO DA PAC.... 229

1. A COMPETITIVIDADE COMO RUMO... 230
2. AS AJUDAS AO RENDIMENTO 238
    2.1. Que Objectivos?.. 238
    2.2. Ajudas Permanentes.. 241
    2.3. Bases de Cálculo... 242
    2.4. Ajudas Transitórias 245
3. REVITALIZAR O MUNDO RURAL 247
    3.1. O que é o Mundo Rural? 247
    3.2. Iniciativas da União Europeia.. 249
    3.3. Tipologia e Estratégia de Acção nas Zonas Rurais........................... 252
    3.4. Enquadramento e Financiamento da Política Rural 258
    3.5. Que Solidariedade Financeira?... 261

4. OUTRAS DIMENSÕES DA PAC... 263
   4.1. Qualidade e Segurança Alimentar.. 264
   4.2. Bem-estar Animal.. 267
   4.3. Utilizações do Solo para Fins não Alimentares................................... 267
5. OS ELEMENTOS DISTINTIVOS DA AGRICULTURA EUROPEIA....... 269
   5.1. Será que existe um Modelo Europeu de Agricultura?........................ 269
   5.2. Porquê Defender um Modelo Europeu de Agricultura?..................... 272
   5.3. Como o Defender?.. 274

VI – CONCLUSÕES: O MODELO EUROPEU DE AGRICULTURA E A GLOBALIZAÇÃO – DUAS REALIDADES COMPATÍVEIS?............... 277

BIBLIOGRAFIA... 285

Gráficos, Quadros e Mapas:

Gráfico I – Os custos da PAC face aos seus resultados................................. 23
Gráfico II – Relação entre os rendimentos agrícolas e os apoios da PAC (1996)... 113
Gráfico III – Composição dos apoios aos produtores nos países da OCDE............ 207
Gráfico IV – Estimativa do apoio aos produtores por produto........................ 208
Gráfico V – Estimativa do apoio total por país (em % do PIB)..................... 209

Quadro 1 – Despesas do FEOGA no orçamento da UE (evolução 1975-2002)...... 49
Quadro 2 – Evolução dos excedentes públicos de produtos agrícolas (1990-2001) 57
Quadro 3 – Evolução dos preços e rendimentos (1987-2001).......................... 58
Quadro 4 – Evolução da produção, dos consumos intermédios e dos termos de troca (1988-2000).. 59
Quadro 5 – Fluxos financeiros agrícolas entre Portugal e a UE (1988-2001)......... 66
Quadro 6 – Perspectivas financeiras da UE (2000-2006)................................. 87
Quadro 7 – Preços institucionais e prémios no sector das culturas arvenses.......... 88
Quadro 8 – Prémios institucionais e prémios no sector da carne de bovino.......... 89
Quadro 9 – Envelopes de direitos e prémios nacionais no sector da carne bovina 92
Quadro 10 – Parte dos Estados Membros no financiamento da UE e na despesa, a título da PAC e das acções estruturais... 98
Quadro 11 – Macrograndezas comparadas do *Quinze*................................... 117
Quadro 12 – Estimativa dos impactos do efeito modulação............................. 139
Quadro 13 – Indicadores estatísticos de apoio ao rendimento........................... 154
Quadro 14 – Quadro financeiro da rubrica 1a para 2007-2013......................... 155
Quadro 15 – Equivalentes dos subsídios à produção por país (evolução 1986/88 – 2000/02)... 206
Quadro 16 – Apoio total à agricultura em valor (evolução 1986/88 – 1999/2001).... 208
Quadro 17 – Principais impactos do processo de alargamento........................ 220
Quadro 18 – Despesa agrícola prevista para os NPA10.................................. 225

Mapa I – População Residente – Densidade Populacional, 2001................... 257

NOTA DE APRESENTAÇÃO

Ao longo de mais de 20 anos a minha vida profissional tem sido profundamente – para não dizer exclusivamente – marcada pelas questões agrícolas, facto que, talvez, encontre justificação nas minhas raízes rurais. Ao longo destas duas últimas décadas tive a possibilidade de acompanhar de perto a governação do sector, assumindo, em muitas situações, responsabilidades directas na formulação, quer da PAC, quer das políticas que, no nosso País, foram sendo aplicadas para responder aos difíceis desafios com que a nossa agricultura (e o nosso mundo rural) foram confrontados – de forma por vezes muito rápida.

A este propósito não posso deixar de recordar o esforço imenso que foi feito, no período de pré-adesão, para iniciar o processo de preparação das nossas estruturas ao mercado agrícola europeu, que já exibia então um elevado nível de funcionamento, em grande parte fomentado, e financiado, pela PAC.

Posteriormente, e em pleno período de integração, assumi responsabilidades governativas na tutela do sector agrícola, circunstância que me permitiu interferir na primeira grande reforma da PAC. Guardo, como é natural, fortes recordações da vivência intensa desse período que, além do mais, me fez compreender melhor os complexos meandros da *burocracia* comunitária e as verdadeiras condicionantes do processo de tomada de decisões. Costumo dizer aos meus amigos que a reforma da PAC de 1992 (que tive de negociar enquanto Presidente do Conselho de Ministros de Agricultura da UE) foi a coisa mais difícil que fiz na minha vida. Mas valeu a pena, porque foi o início de um percurso de evolução que hoje é reconhecido como ajustado e incontornável.

A minha passagem pelo Parlamento Europeu possibilitou-me o conhecimento dos principais dossiers da PAC, quer na sua dimensão interna, quer no plano da sua inter-relação com as restantes políticas agrícolas e com as novas regras do comércio mundial de produtos agrícolas.

Ao longo destes últimos 10 anos, pude acompanhar não só as duas últimas reformas da PAC, na condição exigente, mas também privilegiada, de Relator designado pela Comissão da Agricultura e do Desenvolvimento Rural do PE, com ainda participar, em representação deste órgão, nas negociações da actual ronda negocial da OMC, em Seattle, Doha e Cancun.

Do que foi a minha compreensão desta sucessão de factos procurei dar conta através de múltiplas intervenções realizadas, quer na aldeia mais recôndita de Portugal, quer nos debates internacionais em que participei, quer em escritos divulgados um pouco por todo o lado. Era essa a minha obrigação da qual só poderá reclamar a minha família que, por vezes de forma excessiva, foi privada da minha presença física.

Decidi, contudo, que deveria dar o meu testemunho de forma mais elaborada, designadamente pela via da publicação de livros que condensassem os aspectos mais relevantes das grandes reformas que a PAC conheceu e das questões laterais a elas associadas.

Este livro surge, assim, na sequência de dois já publicados: no primeiro – *A Agricultura Europeia na Encruzilhada* – abordo, com destaque, a Reforma de 1992 dando testemunho da minha memória desse período no qual assumi um forte protagonismo, imposto, de resto, pelo facto dessa reforma ocorrer durante a primeira Presidência Portuguesa da União Europeia; no segundo – *A Politica Agrícola Comum e o Futuro do Mundo Rural* – incido a minha análise na Reforma de 1999, realizada no âmbito da Agenda 2000, deixando expressa a ideia de que, não obstante o relativo fracasso do compromisso final face aos propósitos inicialmente anunciados, o *segundo pilar* da PAC (o desenvolvimento rural) terá que, mais cedo ou mais tarde, evoluir para um patamar de maior primazia.

O título que resolvi dar ao livro que agora apresento – *A Política Agrícola Comum na Era da Globalização* – aborda adicionalmente não só a Reforma de 2003, recentemente concluída, como a problemática mais geral da integração da PAC no contexto de uma maior liberalização das políticas agrícolas.

Defendo, como outros, que sendo irreversível o aprofundamento da lógica neo-liberal no comércio internacional de produtos agrícolas (o que obrigará a ajustamentos ainda mais efectivos da actual PAC) não pode a União Europeia alhear-se das condições especificas em que é exercida a sua actividade agrícola, nem do contexto histórico, cultural e social que enforma o sector, e muito menos da sua importância enquanto esteio essencial para a sobrevivência do mundo rural.

Com este livro, que, atrevo-me a dizer, fecha a *trilogia* das três grandes reformas da PAC e das grandes ideias que lhes estão associadas, dou por concluída a tarefa em que me empenhei de dar testemunho das decisões em que participei, de forma mais ou menos directa.

Espero que a União Europeia nunca abandone os seus agricultores e o seu espaço rural.

A terminar, quero expressar a minha profunda gratidão à Ana Paula Borges e ao José Miguel Rodrigues da Silva pela inestimável ajuda que me deram na preparação deste trabalho, e à minha Família (Margarida, Rita e João) pela paciência que teve em aceitar o tempo que (mais uma vez!) lhes roubei.

Bruxelas, Setembro de 2003.

I – A PAC ANTES DAS GRANDES REFORMAS

1. Origens, Natureza e Primeiros Tempos

Quando os seis Estados Membros fundadores da Comunidade Económica Europeia[1] assinaram o Tratado de Roma em 1957, a agricultura foi erigida como primeira prioridade na construção do futuro Mercado Comum. Não só o Tratado refere claramente que ela será objecto de uma Política Agrícola Comum (PAC), como lhe define desde logo os objectivos e as principais bases operativas. Nada de mais natural numa Europa que em duas guerras recentes tinha sentido a importância estratégica da produção agro-alimentar e da ocupação do território, e onde a agricultura representava ainda mais de 25% do emprego total e quase 10% do Produto Interno Bruto.

O Artigo 39.º do Tratado especificava os objectivos da PAC, desde então sempre inalterados[2]:

- Aumentar a produtividade na agricultura, desenvolvendo o progresso técnico, assegurando o desenvolvimento racional da produção agrícola, assim como uma utilização óptima dos factores de produção, nomeadamente da mão-de-obra;
- Assegurar assim, um nível de vida equitativo à população agrícola, designadamente pelo aumento do rendimento individual dos que trabalham na agricultura;
- Estabilizar os mercados;
- Garantir a segurança dos abastecimentos;
- Assegurar preços razoáveis aos consumidores.

---

[1] Bélgica, França, Holanda, Itália, Luxemburgo, República Federal da Alemanha. Apesar dos sucessivos alargamentos e das Reformas institucionais, referir-me-ei sistematicamente à União Europeia (UE), apesar de esta designação só ter surgido com a aprovação do Tratado da União Europeia em 1992, na cidade holandesa de Maastricht.

[2] O Tratado de Amesterdão integra esta mesma redacção no seu Artigo 37.º.

Um ano depois, a Conferência de Stresa desenvolveu os princípios e mecanismos que deveriam levar à realização desses objectivos, que se apoiavam em três pilares principais: a unicidade de mercado, a preferência comunitária, e a solidariedade financeira (ver o Anexo I).

A **unicidade de mercado** significa a criação de uma única organização para o mercado (OCM) de cada um dos produtos abrangidos pela PAC, sendo principalmente conseguida através do estabelecimento de preços institucionais, de regras de concorrência comuns para cada um e da eliminação de todo o tipo de barreiras e obstáculos ao comércio intracomunitário. Deverá referir-se, todavia, que, apesar de a quase totalidade dos produtos agrícolas, animais e vegetais, estar hoje abrangida pela PAC, as condições de apoio interno e de protecção externa que esta lhes concede diferem substancialmente de produto para produto.

A **preferência comunitária** visa assegurar que o sistema de preços de garantia internos não seja minado pelas importações mais baratas de países terceiros, o que é conseguido por duas vias principais: o estabelecimento de um preço mínimo de entrada com a função de evitar que produtos desses países entrem na União Europeia (UE) a preços capazes de perturbar os níveis aí prevalecentes; e a concessão de subsídios às exportações por forma a poderem concorrer com ofertas concorrentes de países terceiros nos mercados internacionais[3].

A **solidariedade financeira** impõe o compromisso de suportar em comum os custos de funcionamento da PAC, o que é feito a partir de um Fundo Comunitário específico – o Fundo Europeu de Orientação e Garantia Agrícola (FEOGA). Na realidade, este Fundo apenas financia integralmente a componente de preços e mercados (Secção-Garantia), já que a componente sócio-estrutural (Secção-Orientação) apenas é parcialmente suportada pela União Europeia, em percentagens que vão normalmente de 50 a 75% dos custos de cada programa de acção[4]. Como se

---

[3] A situação descrita baseia-se naturalmente no cenário de os preços comunitários serem superiores aos do mercado mundial, o que tem sido a regra geral, com excepção de 1973/75 e de 1995/96, para os cereais. Apesar de estar desde sempre previsto que o mecanismo descrito deveria funcionar em sentido inverso no cenário oposto, a imposição, na Primavera de 1996, de uma taxa à exportação de cereais para impedir a exaustão dos stocks comunitários e a consequente escalada de preços, não foi pacificamente aceite pelos operadores económicos.

[4] O compromisso político assumido desde o início da PAC era o de afectar cerca de 1/3 das dotações do FEOGA à secção orientação e 2/3 à secção garantia. Todavia, a

verá no Capítulo II a partir do ano 2000 o FEOGA-Garantia passará a financiar praticamente todo o tipo de mecanismos da PAC, mas mantém inalterado o princípio de co-financiamento nas componentes de natureza estrutural.

Este princípio constitui como que um corolário dos antecedentes, na medida em que, sendo os níveis de preços e de garantias decididos por comum acordo – e iguais para toda a União –, é natural que os custos decorrentes da execução de tal política sejam também assumidos conjuntamente. Todavia, este argumento só se tornará razoável se os preços comuns forem estabelecidos numa base de objectividade económica. Na verdade, tal como não faria sentido que os Estados Membros suportassem os custos inerentes a níveis de preços que não desejassem, também seria inaceitável que a Comunidade chamasse a si o ónus de suportar solidariamente políticas de preços desenhados ao sabor dos interesses particulares de alguns deles.

Face à complexidade das harmonizações a realizar nos princípios e mecanismos das políticas nacionais pré-existentes, não é de estranhar que as primeiras organizações comuns de mercado só tenham surgido na campanha de 1962/63, ou seja 5 anos depois da Conferência de Stresa.

A um tal atraso também não foram seguramente estranhas as discussões então havidas sobre qual o modelo que melhor garantiria os objectivos de rendimento referidos no Tratado: se o modelo franco-alemão de garantia dos rendimentos através da fixação de preços por via política; se o modelo anglo-americano dos *deficiency payments*.

No primeiro caso cabe ao consumidor transferir parte dos seus rendimentos para os agricultores sob a forma de preços mais elevados do que aqueles que resultariam do simples jogo do mercado. E se o sistema criasse excedentes, como veio cronicamente a acontecer, o funcionamento do sistema de garantias implicaria uma segunda forma de suportar o custo através do orçamento, isto é dos contribuintes (que são também consumidores).

No segundo caso os preços resultam do jogo da oferta e da procura e os agricultores só são apoiados financeiramente se os preços de mercado não atingirem o preço objectivo estabelecido no início da campanha agrícola. Neste caso a *garantia de rendimento* é exclusivamente suportada

---

expansão da produção e a subsequente criação de excedentes veio rapidamente absorver os recursos existentes, subalternizando sempre a componente sócio-estrutural da PAC que se situa actualmente nos 11% do FEOGA, mas tendo já conhecido níveis da ordem dos 5%.

pelo orçamento, recebendo cada agricultor o produto da diferença entre esses dois preços e a quantidade vendida[5].

Não obstante ter acabado por prevalecer o modelo franco-alemão, a PAC ficou sempre marcada por algum hibridismo, já que também incorporou e incorpora ainda organizações comuns de mercado inspiradas no outro modelo, de que são exemplos históricos as oleaginosas, as proteaginosas, o trigo rijo e os ovinos e caprinos[6].

Os primeiros anos da PAC foram sem dúvida os seus grandes e talvez únicos momentos de glória. Como se optou pelo sistema de protecção dos rendimentos através da fixação de preços a um nível que proporcionasse tal objectivo e como uns e outros passavam a ter um carácter comum, era inevitável que fossem alinhados pelos valores mais altos, que eram os alemães. Só em França, no primeiro ano de funcionamento da nova política agrícola os rendimentos subiram 40% em termos reais.

A Europa era ainda deficitária nas principais produções, pelo que não existiam problemas de maior relevo. Era a época em que se falava da agricultura como o *petróleo verde*[7], e os ministros da agricultura se dirigiram tranquilamente aos congressos e feiras agrícolas sem riscos de manifestações ou apupos...

2. Primeiras Crises, Reformas Falhadas e Algumas Medidas

A *lua de mel* da PAC iria acabar em breve com o aparecimento dos primeiros sinais de desequilíbrio e, posteriormente, de crise, bem evidenciados no relatório então apresentado por Sicco Mansholt (Comissário responsável pela agricultura de 1958 a 1972) logo em 1968, onde se destacavam os excedentes potenciais nos cereais e no sector lácteo, bem como, por via disso, o disparo dos custos orçamentais (que entre 1960 e 1970

---

[5] Ou seja, DP (Deficiency Payment) = $\Sigma \, (p_o - p_m) \, q_i$. Em que: "$p_o$" é o preço objectivo; "$p_m$" o preço de mercado; "$q_i$" a quantidade vendida; e "i" representa as diferentes produções de cada agricultor.

[6] No período de 1958 a 1962 decorreu um importante processo de consultas e negociação política entre a CEE e os Estados Unidos. Daí resultou uma solução de algum modo salomónica de se permitir a defesa do mercado comunitário para os cereais, mas manter a entrada livre para as sementes oleaginosas, o outro grande produto em que aquele país é altamente competitivo.

[7] Expressão que se tornou conhecida em Portugal na segunda metade dos anos 80, a propósito do eucalipto, pelos elevados preços então atingidos na madeira destinada à indústria da pasta de papel.

foram multiplicados por seis[8]). Por outro lado, o relatório deixava claro que uma política agrícola apenas baseada no apoio aos preços não bastava só por si para resolver os problemas da agricultura, sendo necessária uma política estrutural complementar da até então componente única da PAC.

Como principais conclusões, o *"pai"* da PAC propõe designadamente, no que ficou conhecido como Plano Mansholt[9]:

- Uma redução significativa dos preços por forma a não estimular o recurso sistemático à intervenção pública;
- Uma política sócio-estrutural que encoraje a saída de actividade dos agricultores sem condições de viabilidade no mercado e que ao mesmo tempo crie apoios para a modernização das explorações que possam crescer e assegurar níveis de rendimento suficientes ao agregado familiar, e que procurava a melhoria da formação e da qualificação profissional dos agricultores.
- A retirada da produção de 5 milhões de hectares de terras aráveis, que passariam a ser utilizadas para fins florestais ou parques naturais.

De pouco serviu a Sicco Mansholt ser o *pai* da PAC, porque a reacção das organizações agrícolas foi violenta e dramática[10], tendo conduzido a que do famoso plano apenas tivessem sido aprovadas pelo Conselho de

---

[8] Dado que as primeiras OCM só surgiram em 1962 e o FEOGA só começou a financiar a PAC em 1965, o cálculo relativo a 1960 (500 milhões de Unidades de Conta) resulta do somatório das despesas realizadas pelos seis países fundadores da CEE com as suas agriculturas.

[9] Pela sua força, citam-se algumas partes deste relatório. *"A diminuição rápida da população agrícola constitui um dos factos característicos do nosso tempo. Se se quiser numa dezena de anos recuperar o atraso da agricultura, é necessário que se acentue a diminuição da população activa(...). Sabendo que as técnicas modernas permitem a um homem cultivar 30 a 40 hectares ou tratar de 40 vacas leiteiras, temos de considerar que 80% das explorações são demasiado pequenas para ocupar racionalmente um agricultor(....). Uma dificuldade suplementar deriva do facto de que a política de preços e mercados tem incidências menos favoráveis nas explorações mais pequenas(...) o que tem criado disparidades importantes no interior do sector agrícola(....). Os preços agrícolas deveriam encontrar o seu verdadeiro significado económico que é o de orientar a produção para um melhor equilíbrio de mercado. Reduzir os apoios às explorações mais competitivas permitirá à sociedade financiar paralelamente um esforço de modernização das explorações potencialmente competitivas, assim como um esforço orientado para a redução do número de explorações marginais"*

[10] Parte deste dramatismo resultou da existência de um morto na grande manifestação de cerca de 250.000 agricultores realizada em Bruxelas, em Março de 1971.

Ministros as 3 Directivas de 1972, que constituem o núcleo inicial da política sócio-estrutural da PAC[11].

Não deixa de ser pertinente observar a percepção lúcida do Comissário Mansholt expressa nas suas propostas, à época acusadas de radicais. Tiveram que ser retomadas duas décadas mais tarde num clima de grande dramatismo político e social, em contraciclo económico e com os rendimentos agrícolas em baixa consecutiva desde meados dos anos 80. Se tivesse havido coragem política em 1971 não se teriam desperdiçado inutilmente tantos recursos na compra, destruição ou na exportação subsidiada de excedentes que ninguém queria, não se teria atrasado o desenvolvimento de outras políticas por falta de recursos, não se teriam agravado as disparidades regionais. Seguramente, não teria sido necessário impor anos mais tarde tantos sacrifícios aos agricultores, especialmente àqueles que não tinham tido antes os proveitos do tempo das *vacas gordas*, como foi o caso dos portugueses e espanhóis que só integraram a UE em 1986, quando aquele ciclo já tinha acabado.

O período que se segue à primeira grande crise da PAC é marcado por três situações principais: i) a criação de novas OCM e dos montantes compensatórios monetários (MCM); ii) os dois primeiros alargamentos; e iii) o agravamento da questão orçamental.

Não obstante os sinais de desequilíbrio já evidenciados e as discussões havidas à volta do Plano Mansholt, a PAC alarga o sistema de garantias de preços aos sectores do leite (1971) e dos bovinos (1973)[12], ao mesmo tempo que é criada uma nova OCM para os ovinos (1979).

Os MCM resultam directamente da conjugação de três situações: as sucessivas flutuações das taxas de câmbio entre as moedas dos Estados Membros; a existência de um preço comum fixado anualmente em ECU;

---

[11] São as Directivas 72/159, 160 e 161, relativas, respectivamente, aos planos de melhoria material das explorações (que futuramente evoluíram para os regulamentos 797/85 e 3828/91), à cessação voluntária de actividade por parte de agricultores mais idosos, e às acções de informação e de formação profissional. Após a reforma de 1999 estas acções ficaram enquadradas no Regulamento 1257/99 relativo à política de desenvolvimento rural. Em 1975 surgiu a Directiva 268 que criou as indemnizações compensatórias e outras medidas especiais para as zonas de montanha e desfavorecidas, e em 1977 surgiu o regulamento 355 (posteriormente 866 e 867/90),relativo ao financiamento dos investimentos na transformação e comercialização.

[12] Refira-se como curiosidade que a aplicação do sistema de garantias na carne bovina deve-se essencialmente à pressão política da França, liderada pelo então Ministro da Agricultura (1971-73) e actual Presidente da República Jacques Chirac.

e a necessidade de neste contexto continuar a ter de se assegurar os princípios de unidade do mercado e da livre circulação. Apesar de o sistema dos MCM ter conseguido manter os fluxos comerciais, acabou por criar outros problemas, designadamente o aumento dos preços e das despesas (chegou a absorver 10% do FEOGA-Garantia), e o acentuar das disparidades regionais de rendimento agrícola (ver o Anexo II).

Em 1973 ocorreu o primeiro alargamento à Dinamarca, Irlanda e Reino Unido, e em 1981 ocorreu o segundo com a adesão da Grécia.

O primeiro foi marcado pelo receio dos agricultores franceses de o Reino Unido, pelas suas tradições liberais em matéria de comércio internacional e pela sua liderança da *Comunidade Britânica*, poder vir a funcionar como *um cavalo de Tróia* para os produtos importados de países terceiros. Por isso se opuseram à entrada deste país. Já o segundo alargamento é marcado pelo aumento da expressão no leque produtivo da PAC de algumas culturas praticadas nas regiões mediterrânicas, designadamente o tabaco e o algodão, e pelo grande aumento das disparidades estruturais na agricultura europeia.

A questão orçamental foi neste período uma matéria conflitual de extrema sensibilidade.

Primeiro, pela crise criada em 1965 pela França, que abandonou durante 6 meses o seu lugar nos órgãos comunitários em virtude de não serem aplicadas as disposições de solidariedade financeira acordadas em 1962 aquando da criação do FEOGA. É na sequência desta designada *crise da cadeira vazia* que é feita a primeira grande reforma orçamental da União, aplicada na sua plenitude a partir de 1971. A partir daí, a PAC começou a ser financiada por recursos próprios, e o FEOGA passou a avançar pagamentos aos Estados Membros, procedendo-se posteriormente ao acerto de contas.

Segundo, porque os excedentes começaram a assumir dimensões preocupantes e, com eles, a disparar as despesas agrícolas[13]. A produção cresce a uma taxa 4 vezes superior à do consumo e o FEOGA chega a atingir 10.000 Milhões de ECU em 1980, o que significa três vezes e meia mais que 10 anos antes e duas vezes e meia mais do que apenas 5 anos antes.

Apesar das dificuldades, refira-se que, a par da ocorrência de algumas conjunturas de mercado favoráveis, como foi a de 1973-1975, que

---

[13] A mero título de exemplo, refira-se, pelo seu significado, o facto de em 1972 a CEE ter vendido 200.000 toneladas de manteiga excedentária a 2 Francos Franceses o quilograma, valor quatro vezes inferior ao preço de intervenção então existente.

atenuaram os momentos dramáticos vividos aquando da discussão do relatório Mansholt, o que foi salvando a PAC foi em boa parte o facto de ser quase a *filha única* da ainda jovem Comunidade Económica Europeia e do seu Mercado Comum. Com efeito, se a PAC desaparecesse, o projecto comunitário ficava praticamente sem conteúdo e, daí, sem significado económico e político.

3. Adaptações em Tempo de *Vacas Magras*

A escolha que fiz do ano de 1984 para marcar o início do último período da velha PAC tem a ver com a criação das quotas leiteiras, já que estas definem o princípio de uma nova fase, marcada pela criação de medidas de limitação dos direitos de produção individual. Direitos que nunca tinham sido postos em causa[14], já que assentavam numa tradição de liberdade ilimitada de produção, desde que o agricultor dispusesse de terra e de outros factores de produção indispensáveis. Face aos excedentes verificados no sector lácteo e ao fardo financeiro que este representava (cerca de 40% do FEOGA em 1980), foi fixada para cada país uma quota, de aplicação individual a cada produtor, determinada pelo nível da produção do ano anterior diminuída de 4%[15]. Foi fixada ainda uma complexa regulamentação visando a sua gestão, a qual incluía o pagamento de uma taxa de co-responsabilidade altamente punitiva para as produções que excedessem a quota. Por outro lado, foram estabelecidos alguns critérios de flexibilidade, nomeadamente para o acesso dos jovens agricultores à quota mediante a criação de uma reserva comunitária, e para as pequenas explorações das regiões de montanha e desfavorecidas.

Perante a relativa impopularidade das quotas individuais e a necessidade de limitar fisicamente a continuada criação de excedentes, foram criados em 1988 os estabilizadores agro-orçamentais, que consistiam na fixação de Quantidades Máximas Garantidas (QMG) para os sectores abrangidos, e de condições de descida automática dos preços em função do grau de ultrapassagem de tais quantidades.

---

[14] É certo que o açúcar já tinha um regime de quotas, mas a situação é diferente, designadamente porque esta OCM já nasceu assim para assegurar um equilíbrio razoável com países terceiros associados da CEE.

[15] O único caso até agora de excepção a esta regra foi Portugal, que em 1990 negociou uma quota de 1,9 milhões de toneladas de leite, quando a sua produção à época era de 1,3 milhões.

O sistema das QMG tinha sobre o das quotas individuais a vantagem de ser muito mais flexível. Não amarrava cada agricultor à produção de determinadas quantidades e, designadamente, não impedia os agricultores mais dinâmicos e com condições de produzir a custos competitivos, de expandir a sua produção. Tinha porém o grande inconveniente de tratar todos os agricultores e Estados Membros por igual em caso de penalização por ultrapassagem da QMG, que configurava uma quota global ao nível comunitário. Na verdade, de nada servia a um país ser deficitário ou ter uma percentagem mínima da produção comunitária, porque os seus agricultores sofriam as mesmas reduções de preços dos que eram responsáveis pelos excedentes.

A Cimeira de Bruxelas de Fevereiro de 1988 não se limitou à aprovação das QMG. Além de ter decidido a criação do Mercado Único em 1992, culminou um processo de reforma da PAC que se arrastava há mais de 2 anos e que tinha chegado a um impasse no conselho de Ministros de Agricultura. De entre as outras medidas aprovadas, é de sublinhar:
- A redução considerável das garantias, quer pela redução efectiva dos preços de intervenção, quer pela fixação de quantidades máximas às quais se confinavam as garantias de compra públicas;
- A redução da capacidade produtiva, quer através do efeito preço, quer através de medidas directas como o pousio temporário de terras, a extensificação da produção e a cessação antecipada de actividade por parte de agricultores mais velhos que o desejem e preencham os requisitos necessários;
- A criação de um sistema de ajudas ao rendimento para os agricultores a título principal, voluntário, transitório e degressivo.

Pela sua novidade na PAC, sobressai a criação de um sistema de pousio[16]. Apesar do seu carácter inovador, é de referir que nem o pousio nem as ajudas ao rendimento tiveram expressão significativa, talvez devido ao seu carácter voluntário, o que deixava aos Estados Membros a faculdade da sua não aplicação.

Mas o controle dos excedentes e das despesas agrícolas não mereceu apenas tentativas de resolução no âmbito da política agrícola; foi também objecto de medidas de carácter estritamente financeiro.

---

[16] O sistema era voluntário e impunha que o agricultor candidatasse pelo menos 20% das suas terras para ter acesso à ajuda compensatória. Todavia, se um agricultor pusesse em pousio 30% ou mais das suas terras ficaria isento do pagamento da taxa de co-responsabilidade. Esta consistia num pagamento percentual deduzido sobre os cereais e oleaginosas vendidos à intervenção, e que variava normalmente entre 1,5 e 3% dos preços de intervenção.

Se a primeira grande reforma financeira da CEE aplicada em 1971 visava dotar o FEOGA de recursos próprios para que a solidariedade financeira começasse a ser aplicada na sua plenitude, já a reforma de 1984 negociada na Cimeira de Fontainebleau visava criar limites a essa mesma solidariedade. Na verdade, a partir de então as despesas agrícolas deveriam passar a respeitar um limite pré-determinado pelos ministros das finanças, e o Reino Unido passou a obter uma compensação parcial da sua contribuição orçamental. De referir que, até então, os ministros da agricultura tinham total autonomia financeira, sendo as suas decisões posteriormente ratificadas pelos seus colegas das finanças no Conselho de Orçamento.

As novas limitações às regras orçamentais na política agrícola foram porém a contrapartida da decisão de um novo aumento de recursos próprios que permitiu resolver os problemas de financiamento da PAC, para além de se terem também resolvido as questões financeiras relacionadas com o terceiro alargamento (a Portugal e a Espanha), também aí decidido. Foi ainda nesta cimeira que, face às reivindicações gregas e italianas e à oposição dos agricultores franceses a um novo alargamento, se decidiu criar os Programas Integrados Mediterrânicos (PIM). Estes funcionaram como contrapartida política e financeira para aqueles Estados Membros, sob o argumento de que haveria que adaptar as suas estruturas produtivas face aos baixos custos e ao potencial de produção dos países candidatos, designadamente da Espanha.

Mas as restrições orçamentais à PAC não se ficariam por aqui. Na cimeira de Bruxelas de 1988 é feita uma nova reforma financeira para se encontrar financiamento para o primeiro programa dos fundos estruturais (Pacote Delors I, de 1989 a 1993) e para se fazer face à escalada de despesas do FEOGA-Garantia. É então criada a *linha directriz agrícola* que passa a limitar o crescimento das despesas agrícolas a um tecto de crescimento anual, fixando-o até um máximo de 74% da taxa de crescimento anual do Produto Nacional Bruto da União.

A Cimeira de Edimburgo de 1992 define o quadro financeiro até 1999, que assegura o financiamento de um novo pacote de fundos estruturais (Pacote Delors II de 1993 a1999) e especifica que a linha directriz passará a financiar não apenas as medidas de garantia dos preços e mercados, mas também as ajudas directas ao rendimento e as medidas de acompanhamento criadas pela reforma de 1992. Com a reforma da Agenda 2000, só ficarão fora da linha directriz os custos das acções estruturais nas regiões de Objectivo 1, que continuarão enquadrados nos fundos estruturais (FEOGA-Orientação). Por fim, O Conselho Europeu de Bruxelas, de Outubro, de 2002 cria uma linha directriz ainda mais rígida, ao fixar as despesas agrícolas para o período 2007-2013 ao nível de 2006, acrescidas apenas de 1% ao ano (ver cap. II.3).

As reformas financeiras cedo dão resultados no plano orçamental: de 1988 a 1992 o FEOGA-Garantia cresce a uma taxa média anual de 2%, quando o seu valor homólogo tinha sido de 7,5% para o período de 1975 a 1988.

O mesmo acontece com as restantes medidas restritivas tomadas no âmbito da PAC. Da conjugação das reformas financeiras com as reformas agrícolas resultou uma baixa nos preços agrícolas de 15% no período de 1985/86 a 1991/92.

O Gráfico I revela de forma bem clara o impasse a que se havia chegado, expresso no contraste chocante entre o crescimento acentuado dos custos da PAC e os resultados alcançados no plano da produção e dos rendimentos agrícolas.

GRÁFICO I
Os custos da PAC face aos seus resultados

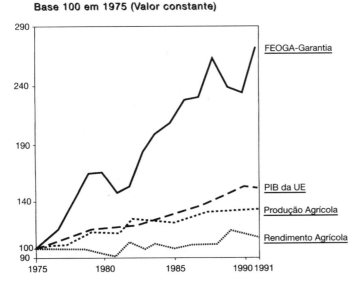

Fonte: Graal, 1994

O velho modelo da política agrícola estava completamente exausto, e a justificar uma reforma de fundo.

ANEXO I: O Sistema de Preços e Garantias

Os preços são referidos a qualidades-padrão pré-estabelecidas. Cada categoria de preços visa atingir um propósito determinado, surgindo como mais relevantes, numa perspectiva estritamente interna, os preços-alvo e os preços de intervenção ou seus equivalentes, embora com outra designação. Os primeiros correspondem aos níveis médios esperados para o ano em causa, por forma a assegurar aos agricultores um nível de rendimento considerado adequado ao exercício da sua actividade. Os preços de intervenção correspondem a um limiar inferior de rendimento minimamente aceitável e que se poderá verificar em situações de excesso acentuado ou permanente da oferta. Em tais circunstâncias os agricultores poderão vender os seus produtos em agências de intervenção públicas ou nas organizações de produtores devidamente reconhecidas para o efeito, evitando-se assim oscilações graves nos seus níveis de rendimento. Se os mercados estivessem minimamente equilibrados, os preços efectivos situar-se-iam algures entre os dois extremos referidos anteriormente e desejavelmente próximos dos primeiros (preços-alvo). Importa, porém, referir que o sistema de rendimento mínimo por via do recurso à intervenção nunca se aplicou nem com automatismo, nem com a mesma segurança em sectores como as frutas e legumes, o vinho, a carne suína, os ovos, ou a carne de frango.

No que respeita à preferência comunitária, importa referir que, tal como sucede no apoio interno, também ela não se aplica em pé de igualdade aos diferentes produtos incluídos na PAC. Alguns entram na Comunidade a tarifas muito reduzidas ou mesmo isentos, como é o caso das sementes de oleaginosas, da mandioca, e de maneira geral dos produtos que a CEE não produz ou em que é deficitária. Outros dispõem da Tarifa Aduaneira Comum (TAC), aplicada sobre um preço de referência de forma a assegurar que o importador da CEE acabe por suportar um preço final próximo dos níveis estabelecidos para o mercado interno. Os preços de referência aplicam-se fundamentalmente às frutas, aos legumes e ao vinho e são calculados com base em estimativas sobre o custo de produção e sobre a situação de mercado (relação procura-oferta). Nos casos em que a aplicação da TAC seja insuficiente para atingir este objectivo, ou em que o preço de oferta seja muito inferior ao preço de referência, pode ser autorizada a criação de uma taxa compensatória especial.

Noutros casos – e esta era sem dúvida arma de proteccionismo mais eficaz – os importadores tinham de pagar ao FEOGA um pré-elevamento variável (Direito Nivelador) cuja função era cobrir a diferença entre o preço mundial de oferta, variável, e o preço de entrada na União, fixado anualmente, e que era previamente estabelecido a um nível muito próximo dos preços-alvo. Regra geral os preços de entrada são calculados a partir destes, com dedução das despesas de armazenagem e transporte dos portos de importação até aos principais centros consumidores. A utilização do modo pretérito para descrever esta forma de protecção variável resulta do facto de ela ter sido abolida pelo Acordo de Marraquexe da Organização Mundial do Comércio (OMC), tendo sido então convertida num sistema tarifário.

Refira-se, porém, como nota final a este anexo que a política de preços terá um papel cada vez menos relevante na PAC, ficando cada vez mais remetido às funções de assegurar uma rede de segurança mínima em caso de depressões graves dos mercados e de um nível elementar de preferência comunitária (protecção na fronteira).

ANEXO II: O Sistema Agro-monetário

Dado que os preços comuns institucionais são fixados em ECU, a revalorização ou desvalorização de uma moeda implicaria, em qualquer momento, respectivamente uma descida e subida daqueles preços quando expressos em moeda nacional. Visto que ambas as situações eram consideradas normalmente inaceitáveis pelos países afectados – no primeiro caso porque implicariam uma redução do rendimento real dos agricultores, e no segundo porque agravariam a inflação e diminuiriam o poder de compra dos consumidores –, a solução normalmente adoptada consistia em manter os níveis internos de preços, conservando-se assim as taxas de câmbio antigas para converter os preços agrícolas comuns nas moedas nacionais (taxas verdes ou representativas). Porém, tal processo correspondia nesses países a uma situação de preços respectivamente mais altos e mais baixos do que os níveis que resultariam da aplicação das novas taxas de câmbio de mercado.

A diferença entre as duas taxas de câmbio (a de mercado e a representativa) expressa em percentagem desta última deu origem ao que constituía tecnicamente o MCM. Este era pago sobre as importações feitas pelos países com preços internos elevados (MCM positivos) e as exportações dos países com preços baixos (MCM negativos) e recebido aquando das exportações e importações, respectivamente dos primeiros e segundos. Na prática, a sua aplicação correspondia a diferir no tempo a acção das novas taxas de mercado subsequentes às desvalorizações ou revalorizações.

Apesar de o objectivo do sistema ser o de evitar distorções no comércio intracomunitário, pela correcção na fronteira das disparidades cambiais, ele teve consequências muito sérias e profundas na agricultura europeia. Por um lado, não evitou as distorções de concorrência porque permitia preços internos relativamente mais altos nos países de moeda forte (regra geral com MCM positivos e mais desenvolvidos), e preços mais baixos nos países de moeda fraca (com MCM negativos, e por via de regra menos desenvolvidos). Por outro, por esta mesma lógica, aprofundou as assimetrias regionais. Em terceiro lugar, chegou a absorver 10% do orçamento agrícola, tendo assim prejudicado a criação de outras medidas necessárias ao desenvolvimento da PAC e ao seu maior equilíbrio nas respostas que deveria dar a agricultores e a consumidores.

Para evitar a pressão sobre os preços agrícolas exercida por sucessivas revalorizações, designadamente do marco alemão, foi decidido em 1984 acabar com os MCM positivos. Passou então a existir um coeficiente entre a taxa verde e a taxa de mercado, designado por *switch over* ou *taxa pivot verde*, que fazia alinhar qualquer movimento monetário pela taxa da moeda mais forte, transformando assim os MCM positivos dos países de moeda forte (e anulando-os na Alemanha) em MCM negativos dos países de moeda fraca. Não é de admirar pois que o sistema conduzisse a uma subida de preços.

Ainda que a expressão orçamental directa dos MCM se tenha reduzido substancialmente após a limitação das variações entre as taxas de câmbio imposta pela criação do Sistema Monetário Europeu (SME) em 1979, os seus custos indirectos não terminaram. A própria Comissão Europeia estima que o *switch over* foi responsável só por si por um aumento dos preços e das despesas agrícolas em cerca de 21%, durante os 10 anos da sua existência até 1995.

Neste último ano foi criado um sistema de compensação do rendimento dos agricultores prejudicados por movimentos monetários, mas através de ajudas directas pagas na base das áreas cultivadas (Regulamento 150/95 do Conselho). Apesar de o problema estar hoje longe da dimensão que chegou a ter nas décadas de 70 e 80, ele só será definitivamente eliminado com o funcionamento do Euro. Nos países que ficarem de fora da União Económica e Monetária (UEM) aplicar-se-á um regime semelhante ao previsto no Reg.150/95, ainda que com as necessárias adaptações. Ver a este respeito a Comunicação da Comissão sobre o Impacto da Passagem ao Euro sobre as Políticas, as Instituições e a Legislação Comunitárias – COM(97)560 final.

II – AS GRANDES REFORMAS DA PAC

II – 1 – A REFORMA DE 1992

1. Processo Negocial

1.1. *O Documento de Reflexão*

Em Fevereiro de 1991 a Comissão Europeia apresentava finalmente uma posição pública e formal sobre a desde há muito anunciada reforma da Política Agrícola Comum. Fazia-o através de um *Documento de Reflexão*[17], sem preocupações sectoriais ou de quantificação, já que visava essencialmente apresentar as grandes linhas da reforma e lançar o debate. Mas cuidadosamente preparado para atingir os seus objectivos de comunicação. Podem distinguir-se nele três grandes planos.

No primeiro, descreve o impasse a que se chegou, sintetizando os principais desequilíbrios, todos eles decorrentes do modelo histórico de concessão de apoio indiscriminado através da política de preços. Quando os apoios que cada agricultor recebe dependem proporcionalmente e de forma ilimitada da quantidade que produzir, os vícios são inevitáveis: intensificação e aumento da produção[18]; criação de excedentes, sobrecusto

---

[17] COM (91) 100 Final. *Comunicação da Comissão ao Conselho sobre a Evolução e Futuro da PAC – Doc. de reflexão da Comissão*. Apesar de ser este o primeiro documento oficial da Comissão sobre a reforma, convirá referir que ele se baseia num relatório não oficial (non *paper*) publicado no Outono de 1990. Ao contrário daquele, o *non paper* era um documento detalhado, destinado a uso interno, a *fugas de informação* e à recolha de críticas. Precisamente por não ter *paternidade* assumida, este relatório dá uma ideia mais precisa do alcance total que a Comissão pretendia com a reforma.

[18] Dada a rigidez do factor terra e a estabilidade relativa do trabalho, especialmente nas explorações familiares, uma política de preços elevados tende a favorecer uma utili-

orçamental e penalização dos consumidores; produção para a intervenção em lugar do mercado.

Como expressão numérica desta sequência de desequilíbrios destaca-se:
- No respeitante aos excedentes, o facto de no período de 1973 a 1988 a produção ter crescido a uma taxa média anual de 2%, enquanto que o consumo apenas cresceu a 0,5%. Só os custos de armazenagem dos excedentes ascendiam a 3.700 milhões de ECU, tanto como 12% do custo total da PAC; e o custo dos subsídios à exportação ultrapassava os 10.500 MECU, isto é cerca de 34% daquele total;
- Quanto às assimetrias, o facto de a política de preços não ter em conta os problemas das pequenas explorações, salientando-se que 20% dos agricultores absorviam 80% do apoio concedido pelo FEOGA.

Os números e os comentários destinavam-se a chocar a opinião pública com as *iniquidades* criadas pela PAC, despertando-a para a necessidade da reforma. Na verdade, em todos os quadrantes minimamente envolvidos nas questões agrícolas eram conhecidas estas distorções, que resultavam simultaneamente do modelo subjacente à PAC e do processo gradualista da construção europeia. O mesmo não acontecia, porém, com a opinião pública em geral.

No segundo plano o documento avalia as várias reformas empreendidas no passado, com destaque para o *pacote* dos estabilizadores e das QMG de 1988, concluindo que esta política não resolveu os problemas de fundo, parecendo inevitável que a PAC *"apenas poderá evitar uma sucessão de crises cada vez mais graves se os seus mecanismos não forem profundamente revistos de modo a serem adaptados a uma situação completamente diferente da dos anos 60"*.

Por fim, são analisados os objectivos e pressupostos da futura política e fixadas as suas principais orientações. O pressuposto de partida é o de que se mantêm os três pilares da PAC: unicidade de mercado, preferência comunitária e solidariedade financeira, sem prejuízo da sua adaptação às novas realidades e tendo em vista uma repartição mais equitativa dos apoios por ela concedidos.

---

zação desproporcionada de outros factores de produção variáveis: fertilizantes, pesticidas, água, estimulantes artificiais de crescimento no caso da produção pecuária, etc.

Os princípios e objectivos propostos pela Comissão, eram os seguintes:
- Preservação da face rural da Europa como opção de sociedade, o que implica assegurar *"um número suficientemente grande de agricultores ligados à terra"*;
- A *multifuncionalidade* como perspectiva futura de encarar cada vez mais a actividade do agricultor. Ou seja, para além da produção de bens agrícolas, alimentares ou não, o desempenho na exploração de outras funções associadas, como a protecção do ambiente e da paisagem rural e, em geral, o contributo para o desenvolvimento local e o ordenamento do território;
- O carácter necessariamente integrado das futuras políticas dirigidas ao mundo rural, assumindo-se a necessidade de incentivar a diversificação da sua base económica, dado que *"o desenvolvimento rural não depende exclusivamente do sector agrícola"*;
- O reequilíbrio dos mercados, visando a contenção das despesas;
- O controlo directo da produção, para além da tradicional política de preços, através de medidas como a extensificação, as quotas e a retirada de terras da sua função produtiva;
- A equidade distributiva como uma das dimensões do orçamento agrícola, o que pressupunha a modulação dos apoios em função de factores como a dimensão, o nível de rendimento, ou a localização das explorações. Tais modulações deveriam aplicar-se não só às futuras ajudas ao rendimento mas também aos mecanismos de controle directo da produção, por forma a assegurar a sobrevivência das pequenas explorações e das regiões desfavorecidas;
- A introdução de ajudas directas, não apenas como forma de compensar a queda de rendimento decorrente da baixa de preços, mas também para desencorajar os agricultores de intensificarem os seus processos produtivos;
- Assegurar a responsabilidade internacional da União Europeia enquanto primeiro importador e segundo exportador mundial de produtos agrícolas, o que implicaria desde logo uma participação durável no comércio internacional baseada na competitividade como dimensão fundamental da futura política.

Embora deliberadamente sem quantificação, este primeiro documento público da Comissão sobre a reforma da PAC não deixa de ser claro sobre o que se pretende fazer.

Ataca pela base a política cerealífera, que regula desde sempre o sector mais protegido pela PAC, e cujo papel era estratégico na determinação da capacidade competitiva da pecuária e de muitas outras fileiras alimentares. Propõe designadamente: uma baixa dos preços dos cereais para *"níveis capazes de garantir a sua competitividade em relação aos produtos de substituição"*; uma imposição obrigatória de pousio para as explorações acima duma certa dimensão; e uma ajuda directa com base na área cultivada para compensar a baixa dos preços, mas cujo pagamento ficaria subordinado à realização do pousio[19].

Propõe para as oleaginosas um regime semelhante ao dos cereais, para que todo o sector animal pudesse beneficiar directamente da redução dos custos de produção decorrentes da reforma da política cerealífera, sem prejuízo de medidas mais específicas como a redução das quotas de produção de leite ou a fixação de rebanhos de referência para os bovinos e ovinos

Para dar expressão ao carácter mais integrado referido nos princípios e objectivos, anunciam-se medidas destinadas a incentivar o agricultor a recorrer a práticas culturais respeitadoras do ambiente, a afectar terras agrícolas a um programa de arborização a longo prazo e a melhorar o regime existente de reforma voluntária antecipada.

Consciente de que as ideias apresentadas irão suscitar vivas polémicas, a Comissão não perde tempo, respondendo de imediato às duas principais críticas já avançadas pelos adversários da reforma: o seu custo orçamental e o carácter discriminatório e não económico da modulação dos apoios em função da dimensão das explorações.

Quanto à primeira, a resposta é de que nesta reforma existem ganhos fundamentais que escapam à análise orçamental: os ganhos de competitividade do sector agro-alimentar, o benefício dos consumidores, o povoamento e ordenamento do território e a preservação de todo o património rural europeu. Mesmo que venha a custar mais dinheiro, assume-se que os objectivos a atingir, nos planos interno e externo, o justificam.

A crítica do carácter discriminatório é rejeitada na base de que as condições de acesso dos agricultores aos apoios da PAC são à partida desiguais. Nesta medida, a sua correcção deve ser um dos objectivos das polí-

---

[19] Na intervenção inicial da Comissão esta ajuda só compensava integralmente os produtores até um certo limite de área, sendo parcial e degressiva a partir daí. Face à oposição cerrada de uma maioria de Estados Membros, com destaque para o Reino Unido, a França e a Alemanha, esta interessante ideia *morreu pelo caminho* do processo negocial.

ticas públicas, até porque as pequenas explorações quase não beneficiam das medidas de mercado existentes. O pretenso carácter antieconómico da modulação é recusado por se basear na falsa ideia, criada ao longo de três décadas de PAC, de a competitividade ser avaliada em função do dinheiro recebido do FEOGA.

Conforme referi, o objectivo do *Documento de Reflexão* era o de lançar o debate e analisar as reacções para se decidir que caminho tomar. O risco de uma recusa à mudança por parte de uma maioria de Estados Membros era real e com consequências graves face à estratégia delineada pela Comissão para resolver a *questão agrícola* duma forma satisfatória nos planos interno e externo.

No plano interno estava em causa o rendimento dos agricultores e a remoção de todo o cortejo de vícios e desequilíbrios criados pela PAC. Por isso não é de estranhar a comunicabilidade e o esmero com que é redigido o documento, ao sublinhar as disfunções, enaltecer as soluções propostas e demonstrar que só medidas radicais serão capazes de resolver os problemas. No plano externo impunha-se evitar o impasse então existente nas negociações da Ronda Uruguay do GATT[20], e evitar uma guerra comercial de desfecho e consequências imprevisíveis.

Era pois aguardada com grande expectativa a reacção dos ministros responsáveis pela agricultura, confirmada que tinha sido a decisão da Comissão em levar por diante o projecto da reforma (ver o Anexo I).

Face ao carácter geral do documento, a Presidência Luxemburguesa[21] pouco mais podia fazer do que ouvir e registar as posições dos Estados Membros (ver Anexo II). Estes podem classificar-se em três grupos: os muito contra (Reino Unido, Holanda e Dinamarca); os moderadamente contra (França e Bélgica); e os que desde logo aceitavam o modelo proposto pela Comissão como base negocial de partida. Portugal estava neste último grupo, condicionando a sua adesão à obtenção de determinados resultados, como se verá adiante.

Como seria de esperar, e ressalvando as posições tácticas visando acautelar a sua margem de manobra negocial, as posições dos ministros

---

[20] As iniciais derivam da expressão inglesa *"General Agreement on Tariffs and Trade"*. A partir da Ronda Uruguay, negociada em 1994 em Marraquexe, passou a chamar-se Organização Mundial do Comércio (OMC).

[21] As presidências são exercidas semestralmente por cada Estado Membro. Ao Luxemburgo competia ocupar a Presidência no primeiro semestre de 1991, seguindo-se-lhe a Holanda, no segundo semestre, e Portugal no primeiro semestre de 1992.

reflectiam as clivagens de interesses existentes numa Europa geográfica e economicamente tão diversa como é a União Europeia, estando polarizadas em dois extremos:

- O grupo dos países de agricultura mais intensiva, excedentária e exportadora, dispondo de boas estruturas agrárias e de capacidade competitiva. Era, afinal, a maioria do grupo dos fundadores da CEE, que conceberam a PAC à sua medida. Com excepção da Alemanha, não eram entusiastas da mudança, mas aceitavam à partida alguns ajustamentos na aplicação da política agrícola;
- O grupo mediterrânico, com uma agricultura mais extensiva, deficitária e importadora, mas com elevado peso no tecido económico e social. Em muitas das suas regiões predomina a agricultura de sequeiro, sem grandes possibilidades de intensificação, devido à debilidade dos solos, à falta de água, ou ainda ao elevado custo do regadio; dispondo, em consequência, de um reduzido leque de alternativas agro-económicas. Eram e são ainda os *"filhos bastardos"* da PAC. Qualquer mudança razoável no sentido do modelo anunciado melhoraria, em princípio, a sua posição.

Mas as reacções às propostas de reforma não se limitaram à esfera política ou à das organizações profissionais agrícolas, as quais abordarei na secção 4. De entre as múltiplas intervenções oriundas de diferentes quadrantes que então surgiram, destaca-se pelo seu simbolismo o *Plano Alternativo*[22] apresentado por um grupo de agro-economistas holandeses encabeçado por Sicco Mansholt, *o velho "pai" da PAC*. Não obstante ser o mentor do sistema que agora estava em causa, teve a coragem de ser o primeiro a dizer que era preciso mudá-lo. Uma mudança fracassada, como referi antes, por falta de apoio político à época.

O *Plano* inseria-se na tradicional visão liberal holandesa. Sugeria a eliminação do sistema de preços como forma de suporte dos rendimentos, a compensação da perda dos rendimentos daí decorrente por um sistema de ajudas directas desligadas da produção, a abolição das quotas de pro-

---

[22] *La necéssité et les possibilités de mettre en place une nouvelle politique agricole, à la lumière des propositions de la Commission – Lettre Ouverte aux Gouvernements des Pays de la Communautée Europeéne*, por Lucker, Mansholt, De Hoogh et Veerman. PE153.347.

dução e a criação de um sistema de certificação da *sustentabilidade* do processo de produção para aferir a qualidade e natureza ecológica dos produtos. O resto dos problemas seria resolvido pelo mercado. Obviamente que uma tal lógica não deixava de corresponder aos interesses holandeses, conhecida que é a sua capacidade competitiva e frustrada que está a sua possibilidade de expansão nos produtos lácteos devido à existência do sistema de quotas.

1.2. *A Concretização das Propostas de Reforma*

Meio ano depois da publicação do *Documento de Reflexão,* a Comissão decide apresentar formalmente as suas propostas[23], já especificadas por sectores e devidamente quantificadas (ver o Anexo III). Tinha triunfado a corrente favorável a um procedimento rápido para a negociação da reforma. De facto as reacções políticas no decurso da primeira fase da discussão acabaram por se saldar pela positiva, apesar de cada ministro salvaguardar a sua posição final para o conhecimento das propostas concretas e das soluções dos seus principais problemas, quando expressava a sua concordância de princípio ao novo documento.

As propostas seguem o modelo prometido, mas sem os *encantos* tão persuasivamente descritos no *Documento de Reflexão!* Em particular a política global para o Mundo Rural ficará para outra ocasião...conforme refere, aliás, a Comissão no capítulo de introdução às medidas de acompanhamento. Em síntese, o modelo apresentado e respectivas propostas, podem resumir-se da seguinte forma:

- **Combinação do sistema de preços com as ajudas directas.**
  Os preços deverão reflectir mais as realidades dos mercados interno e externo, por forma a que no futuro a componente de apoio ao rendimento que ainda restará incorporada neles apenas visa assegurar a preferência comunitária e prevenir oscilações graves de rendimento; mantém-se assim os preços de protecção na fronteira e os preços de intervenção, mas ajustados para baixo, por forma a reflectir os objectivos pretendidos. As reduções de preços só afectariam as produções tradicionalmente mais apoia

---

[23] COM(91)258 Final – *Comunicação da Comissão ao Conselho e ao Parlamento Europeu sobre o Desenvolvimento e Futuro Da política agrícola Comum.*

das pela política de preços: cereais, carne bovina e produtos lácteos.

A redução proposta para os preços dos cereais era de 35%, acabando por se fechar o compromisso em 30%. Para a carne bovina a redução proposta e aprovada foi de 15%, para o leite em pó desnatado e a manteiga foi aprovada uma redução de 5%, contra a proposta de 15% para a manteiga.

As ajudas directas ao rendimento passam a assegurar a função de sustentação dos rendimentos, anteriormente desempenhada pelos preços, sendo o seu montante determinado em função da redução daqueles, visando compensá-la;

- **Controles directos da produção**, através da quase generalização do sistema de quotas (de produção, de superfície ou de direitos aos prémios), da imposição de penalizações pela sua ultrapassagem, e da aplicação do pousio obrigatório para as culturas arvenses;

- **Medidas de excepção para as pequenas explorações,** dentro de certos limites, relativamente à obrigatoriedade do pousio, à aplicação das regras de extensificação e a algumas restrições na gestão das quotas e das ajudas;

- **Medidas de acompanhamento**, com vocação estrutural, florestal e de protecção ambiental, respectivamente: a cessação antecipada da actividade agrícola, a arborização de terras agrícolas e a preservação dos sistemas agro-ecológicos mais débeis, bem como a prevenção ou protecção contra a poluição dos solos e das águas.

O objectivo destas medidas era o de dar aos agricultores um espaço de opção, ao mesmo tempo que se encorajava a agricultura extensiva, a preservação do ambiente e o desenvolvimento do potencial florestal. Tratando-se de medidas que ninguém contestou na sua substância, apesar de representarem algum esforço financeiro para a futura política, não há dúvida de que ficavam aquém das expectativas criadas, se nos confrontarmos com as referências feitas no *Documento de Reflexão*. Outra decepção foi o facto de não se ter corrigido a antiga discriminação na aplicação do princípio da solidariedade financeira, já que as medidas apenas eram co-financiadas pelo FEOGA em 50% para as regiões normais e em 75% para as regiões desfavorecidas.

1.3. *O Percurso para o Acordo de Compromisso*

Apesar de a iniciativa legislativa caber em regra à Comissão, compete à Presidência a condução dos trabalhos do Conselho[24], dependendo da sua opção e vontade política a prioridade a incutir a determinados dossiers. É neste contexto que a primeira Presidência Portuguesa da União assume a reforma da PAC como uma das suas principais prioridades.

Decorrendo no primeiro semestre de 1991, a Presidência Luxemburguesa pouco mais podia fazer do que dar aos ministros oportunidade para as primeiras reacções. René Steichen[25] cumpriu a sua missão, apesar do pouco entusiasmo inicial do Luxemburgo pela reforma.

No segundo semestre, a Presidência Holandesa nunca se comprometeu claramente com a reforma, tendo centrado os trabalhos no aprofundamento e esclarecimento dos aspectos técnicos das propostas. Este facto veio a constituir um importante contributo para o desenrolar dos trabalhos da Presidência Portuguesa, já que passou a ser possível neutralizar o argumento do *trabalho técnico ainda por fazer* invocado frequentemente pelos Estados Membros que não queriam avançar com a reforma.

Estavam pois criadas as condições para passar ao plano da negociação política. Esta foi iniciada por uma ronda de auscultação a todas as capitais, que confirmou a nossa convicção de que, apesar de estreito, havia um caminho por onde a reforma da PAC podia passar...

A partir daí, cabia à Presidência aproximar as partes e tentar um compromisso ao longo das oito sessões formais do Conselho de Ministros da Agricultura convocadas com o objectivo expresso de discutir a reforma.

---

[24] Apesar da maior visibilidade política do Conselho, o trabalho e a eficácia de cada Presidência estão longe de a ele se circunscrever, envolvendo outros orgãos de carácter mais técnico. Há que distinguir três níveis no processo decisório dependente do Conselho: i) os Grupos de Trabalho, a quem compete discutir os assuntos ao nível mais expressivamente técnico e especializado; ii) o Comité Especial de Agricultura, que funciona como o Comité dos Representantes Permanentes dos Ministros da Agricultura e que é uma verdadeira antecâmara do Conselho; da sua acção depende em larga escala a eficácia dos ministros e do próprio Conselho; iii) o Grupo Alto Nível, que ao contrário dos precedentes, não constitui uma estrutura permanente, é formado pelos Directores Gerais responsáveis pelas políticas de preços e mercados em cada Estado Membro. Reúne-se em ocasiões de negociações complexas, quando há que testar posições políticas sem que os protagonistas directos sejam os ministros...

[25] Então Ministro da Agricultura e Viticultura, e mais tarde Comissário responsável pela Agricultura e Desenvolvimento Rural, em 1993 e 1994.

Para além das clivagens de interesses descritas anteriormente, de configuração genérica, outras surgiram no decurso da negociação com contornos mais definidos (ver o Anexo IV), sendo de destacar três principais: a resolução dos problemas levantados com a aplicação das quotas leiteiras na Itália, Espanha e Grécia; o grau de redução dos preços dos cereais, com a França e a Alemanha em posições extremas; a imposição de um limite máximo de ajudas por exploração.

A Presidência e a Comissão devem, por obrigação institucional, entender-se sobre a condução dos negócios políticos da União, cabendo à primeira a definição da estratégia de negociação de cada dossier. Sendo a Comissão a entidade responsável pela elaboração da proposta, competia à Presidência negociar as alterações que, sem porem em causa os objectivos da reforma, a tornassem aceitável no plano político. Na verdade, de nada serve uma proposta, por mais perfeita que seja, se o Conselho não a aprovar...

A principal divergência entre ambas tinha a ver com a melhor forma de superar as disputas negociais em presença e alcançar um compromisso o mais rapidamente possível.

No início real das negociações de carácter marcadamente político, logo nos primeiros meses de 1992, a Comissão defendia que se deveria começar por fazer concessões ao principal contestatário, o Reino Unido, com o objectivo de arrastar para a negociação o núcleo duro dos *críticos* que nesta fase incluía também a Bélgica, a Holanda e a Dinamarca. Tratava-se de suavizar desde logo a limitação das compensações previstas para as explorações de maior dimensão, e cujo principal opositor era o Reino Unido. Só que este País tinha eleições em Abril e, face à contestação dos agricultores, não era difícil adivinhar o desinteresse britânico num desfecho rápido da reforma. Além disso, este grupo de países sempre tinha defendido que só se deveria fazer a reforma depois de concluídas as negociações do GATT, o que, no fundo, era mais um argumento de circunstância para quem se opunha a este modelo de reforma.

Nos sucessivos documentos de trabalho e de compromisso que foi apresentando (seis ao longo de todo o semestre), a Presidência optou pela estratégia de privilegiar o apoio da Alemanha, que, entre os *grandes*, foi sempre, o maior entusiasta do novo modelo de apoio ao rendimento, e que funcionava como contrapeso daqueles que, em substância, não queriam a reforma.

Devo referir a este propósito que a única vez em que a Presidência deu um passo de cedência à Comissão nesta estratégia, os resultados deram-lhe razão. Foi no *Documento de Trabalho* de Fevereiro, em que se avançaram medidas em direcção aos britânicos, especialmente com o aumento do número de ovinos elegíveis para prémio, de 750 para 1000 por exploração, além do alargamento do âmbito das medidas agro-ambientais.

Em contraste, apenas se davam à Alemanha umas indicações vagas quanto à melhoria da preferência comunitária nos cereais, deixando a questão da compensação a depender do grau de redução dos preços, por sua vez relacionada com a capacidade de financiamento do orçamento... Consequências: o ministro alemão bateu violentamente com a porta, perdendo-se transitoriamente a principal *locomotiva* das negociações; e o Reino Unido, seguido pelos seus aliados, continuou tranquilamente a criticar os princípios e as bases da reforma...

As clivagens negociais foram levadas ao extremo no Conselho de Março[26], numa altura em que surgia como muito provável a conclusão da negociação do GATT/OMC para a Páscoa, o que dava sólido argumento a todas as partes para ganharem tempo... Tendo-se gorado este cenário, sem que tivesse surgido no horizonte uma outra data provável para o desfecho daquela negociação, foi possível reaproximar as partes no resto deste mês e em Abril. Para isso foi determinante a entrada da França na dinâmica de negociação. O ministro francês tinha finalmente compreendido que o acordo do GATT era inevitável e que a melhor forma de atenuar os seus efeitos sobre o rendimento dos agricultores e de defender a PAC, era negociar a reforma.

Depois de uma extrema dramatização encenada pela Presidência no Conselho de Abril, no Luxemburgo, em que ameaçou responsabilizar os Estados Membros pelo impasse, de uma reunião do grupo Alto Nível e de uma intensa actividade político-diplomática entre os dois Conselhos, foi finalmente possível chegar a um acordo político de compromisso a 21 de Maio. Só o não foi por unanimidade em virtude de a Itália[27] ter recusado todas as propostas que lhe haviam sido feitas para aumentar a sua quota de produção de leite e solucionar as irregularidades decorren-

---

[26] Trata-se do primeiro Conselho de Março, já que se realizou um outro a 30 e 31. Foi o único dos Conselhos da fase negocial em que a Presidência não apresentou qualquer documento escrito para o avanço das negociações.

[27] A Itália chegou a ameaçar a invocação do *interesse vital* previsto no *compromisso do Luxemburgo de 1966,* segundo o qual um Estado Membro pode bloquear uma decisão, mesmo estando em posição minoritária.

tes da sua ultrapassagem no passado. Aprovado o compromisso, só havia agora que incorporar as alterações decorrentes do acordo político no texto das propostas, para que os regulamentos correspondentes pudessem ser formalmente aprovados pelo Conselho, sem o que não teriam validade jurídica.

Mas os problemas não tinham terminado. Os mais insatisfeitos iriam ainda procurar obter mais alguns ganhos, aproveitando o contexto dos trabalhos de sequência do Comité Especial da Agricultura, e do Conselho de 15-16 de Junho (em que a reforma não foi agendada por a adequação técnica dos textos não estar ainda terminada, dada a extensão das alterações introduzidas pelo Conselho relativamente às propostas da Comissão)[28].

A Itália levou a questão das quotas à Cimeira dos Chefes de Estado e de Governo de Lisboa, a qual, para além de se ter congratulado com o acordo de compromisso obtido e de garantir que o seu financiamento se faria no quadro financeiro existente (condição posta pelo Reino Unido, Holanda e Bélgica para aceitarem a reforma), solicita ao Conselho agrícola que *"encontre, se possível na próxima reunião, uma solução equilibrada para o diferendo sobre o sistema de quotas do leite, tendo em conta o problema da sua aplicação em Itália"*.

Entretanto em França as bem estruturadas Organizações Profissionais tinham sublimado as contestações ao compromisso de 21 de Maio, facto em que contaram com o apoio expresso dos partidos do centro e da direita políticas, seus aliados tradicionais e então na oposição. Para além do clima geral de contestação estavam em causa alguns equilíbrios internos de alguma sensibilidade política, mas que se situavam claramente fora do alcance do acordo de 21 de Maio[29].

---

[28] Na verdade a discussão estava feita, à custa de muito sacrifício do Comité Especial da Agricultura e do seu Presidente Luis Frazão Gomes. Todavia, como se não tinha agendado o voto por razões de prudência, tal só seria possivel sobre a hora se houvesse unanimidade, que não aconteceu por oposição da França e da Itália.

[29] Entre outras reivindicações, era solicitado: um nível mais elevado de compensação para as oleaginosas, adaptações diversas na aplicação dos planos de regionalização dos cereais e da gestão dos direitos aos prémios dos ovinos e bovinos e, principalmente, a exigência de passar de 60 para 120 toneladas de leite o limite de produção das explorações mistas, para que estas pudessem ser elegíveis também para os prémios aos bovinos e às vacas aleitantes. Note-se que, de acordo com as propostas, só as explorações especializadas na produção de carne tinham direito a receber os prémios aos novilhos e às vacas aleitantes; previa-se, todavia uma excepção para as pequenas explo-

Tal como outros pedidos específicos que também surgiram da Alemanha, Espanha e Grécia, os ajustamentos introduzidos não alteraram em substância os textos do acordo. Foram todavia aprovadas algumas declarações que no futuro vieram a concretizar uma boa parte das reivindicações então feitas. E a 30 de Junho[30] foi finalmente possível aprovar formalmente a reforma, para o que foram determinantes as quatro dezenas de alterações às propostas iniciais da Comissão aprovadas pelo Conselho (ver o Anexo V).

As restantes consultas institucionais realizadas no âmbito do processo decisório foram altamente favoráveis à reforma, especialmente no Parlamento Europeu[31] e no Comité Económico-Social[32]. Então como agora, as suas grandes preocupações iam para o problema da desertificação rural, os rendimentos dos agricultores e a liberalização excessiva do comércio agrícola.

2. Mais Valias da Negociação e Interesses Portugueses

Em teoria, o modelo de reforma em discussão interessava a Portugal. Na verdade, quando os rendimentos agrícolas são assegurados pela política de preços e mercados, os custos respectivos são suportados:

- Pelos consumidores, através dos *preços políticos* elevados que têm de pagar;
- Pelo orçamento, quando o FEOGA é chamado a intervir na gestão do mercado, designadamente através do financiamento das operações de intervenção e dos subsídios à exportação.

---

rações mistas que além da carne também produziam leite até um limite de 60 toneladas por ano.

[30] Como mera curiosidade, de referir o recurso à *paragem do relógio*, que permitiu a aprovação formal dos textos já nos primeiros 10 minutos da Presidência Britânica... obviamente com o seu consentimento.

[31] Documentos: A3-0078/92; 79/92; 82/92; 85/92; 86/92; 87/92;e ainda A3-0113/92 e 0131/92. O parecer sobre o documento de reflexão – COM(91)100 final teve também um parecer geral com a referência A3-0342/91.

[32] O parecer do CES vem expresso em vários documentos publicados no Jornal Oficial – Série C 098 de 1992.04.21.

Com o novo modelo de política, conseguiríamos, em princípio:

- Pagar uma *factura* mais baixa pela alimentação;
- Ter acesso efectivo às ajudas directas em pé de igualdade com todos os outros Estados Membros, já que elas se baseiam na área ocupada ou no efectivo pecuário existente, independentemente do recurso ou não à intervenção, ou da exportação;
- Não ter que assumir solidariamente custos tão elevados pelos excedentes criados por outros... se a reforma conseguisse o seu objectivo de garantir o equilíbrio do mercado;
- Ter sempre assegurado um espaço produtivo através dos sistemas de quotas, o que nos defende do expansionismo produtivo das grandes potências agrícolas europeias, limitando-se assim ao mínimo as deslocalizações da produção.

Por outro lado, e dado que estava assegurado o nível de rendimentos dos produtores de cereais e oleaginosas através das ajudas directas, a redução dos seus preços implicaria ainda ganhos em todo o sector pecuário. Com efeito, a sua competitividade era prejudicada pela política de proteccionismo dos cereais, não obstante o seu peso económico e social ser substancialmente maior que o daqueles. E poderíamos ainda ganhar indirectamente no tabuleiro dos fundos estruturais, também eles fundamentais para a agricultura, já que se negociava paralelamente o segundo Quadro Comunitário de Apoio, podendo haver mais meios disponíveis, se fossem realizadas economias na eliminação de excedentes (sem procura no mercado), que ainda por cima não eram da nossa responsabilidade. Além duma lógica económica, havia pois, também, uma lógica redistributiva subjacente ao nosso interesse em realizar a reforma da PAC.

Por fim, com as medidas de acompanhamento, Portugal ganharia em todas as frentes, já que poderia: continuar a dispor de meios para prosseguir o processo de modernização e ajustamento estrutural da sua agricultura; reorientar parte das suas terras de fraca aptidão agrícola para utilizações florestais; preservar determinados sistemas produtivos que historicamente têm sido capazes de compatibilizar a actividade produtiva com as condições agro-ecológicas, mas cuja sobrevivência se encontra ameaçada pelo novo contexto de competitividade; assegurar alguns objectivos que têm a ver com o ordenamento do território.

Para além destas vantagens potenciais, na prática, porém, os resultados muito dependeriam da negociação concreta de cada questão; e, em particular, da salvaguarda de soluções para alguns problemas da maior importância para a agricultura portuguesa:

- As muito pequenas explorações pecuárias, que não estavam suficientemente defendidas dos critérios de extensificação, já que só as com menos de 6 cabeças escapavam à imposição dos limites ao encabeçamento;
- As grandes e médias explorações extensivas, para as quais não era proposta qualquer compensação para o pousio das áreas que ultrapassavam o equivalente à produção de 230 toneladas, o que, considerando a produtividade oficial de 1,6 toneladas por hectare, implicava um limite de 144 ha, deixando pois por compensar extensas áreas de muitas explorações, especialmente no Interior e Sul do País;
- As eficientes explorações de regadio do Centro e Sul , que não poderiam ser prejudicadas pelo critério da extensificação, especialmente nesta fase em que estavam a amortizar os consideráveis investimentos que haviam realizado;
- Muito em particular, havia que garantir alguma margem de crescimento da produtividade nas culturas arvenses, sendo inaceitável a produtividade histórica constante da proposta, que, por ultrapassada, nem sequer reflectia a modernização dos últimos anos, em resultado de investimentos apoiados pelo FEOGA-Orientação. Pior que isso, a agricultura mais atrasada de toda a União, ficava condenada a não poder evoluir mais!

À margem de qualquer cenário negocial, havia ainda que garantir as condições especiais para os preços e ajudas negociadas para aplicação durante a segunda etapa do período transitório[33].

Face a tais circunstâncias e ao conteúdo restritivo das propostas da Comissão, todas as estimativas realizadas[34] avançavam com resultados

---

[33] O regime da segunda etapa fora negociado em Dezembro de 1990, traduzindo-se nalguns preços e níveis de rendimento mais elevados para as produções nacionais que à data da Adesão tinham preços superiores aos da CEE, e que agora haveria que salvaguardar.

[34] RICA(1991) *Avaliação dos Resultados Económicos Decorrentes da Aplicação da Reforma da PAC em 1995/96*, MAPA, Lisboa; e Grupo de Trabalho sobre a Reforma da PAC (1991) *Avaliação do impacto sobre a Agricultura Portuguesa: a nível global;*

penalizadores; principalmente em consequência da baixa produtividade que nos era atribuída, da não compensação integral das áreas em pousio e ainda da penalização das explorações pecuárias mais intensivas, que são a base da produção bovina do Norte e Centro do País.

O ano e meio que decorreu desde a apresentação do primeiro documento da reforma até ao acordo final é suficientemente esclarecedor da complexidade da negociação, assim como o grande número de alterações que tiveram de ser introduzidas para que o Conselho pudesse aceitar a reforma (ver Anexo V).

Refiro de seguida as mais relevantes e as que mais têm a ver com os interesses portugueses.

No sector dos **cereais** o preço de intervenção foi reduzido de 45 ECU/tonelada em vez dos 55 propostos; ou seja, uma redução de 29% em vez dos 35% pretendidos pela Comissão. No que respeita ao pousio houve uma alteração radical: a área correspondente aos 15% de pousio obrigatório então fixados passou a ser integralmente compensada, em vez da compensação parcial correspondente à área equivalente à produção de 230 toneladas. Uma alteração importante para Portugal, designadamente para as explorações do Ribatejo e do Alentejo.

De importância fundamental é a excepção criada para Portugal a respeito da regra de pagamento da ajuda aos cereais com base na produtividade histórica que, segundo o INE, era de 1,6 toneladas por hectare, ou seja, exactamente 34,8% da média comunitária considerada. O aumento que conseguimos, de 1,6 para 2,9 toneladas por hectare[35] não representava apenas um ganho adicional de mais 12.000$00 por hectare, correspondente a cerca de 11 milhões de contos de acréscimo de rendimento cada ano. Mais importante era a consequência de que com esta produtividade e com uma área de base que ultrapassava 1 milhão de hectares (e que incluía o pousio agronómico), se tinham negociado condições objectivas para a continuação do processo de **modernização**, o qual pressupunha uma margem de manobra para o crescimento das produtividades e para o aumento da produção nas regiões mais aptas.

---

a nível de explorações representativas, por regiões – coordenado por J.A.S. Varela, DGMAIA, Lisboa.

[35] O caso português foi uma excepção muito especial e única à regra do pagamento da ajuda com base na produtividade histórica. Para não perturbar a negociação de matéria tão sensível, a produtividade de referência para Portugal ficou expressa numa *side letter* assinada pelo Comissário.

Por outro lado, quer as ajudas directas aos produtores de cereais, quer as correspondentes à compensação pelo pousio obrigatório, foram suplementadas para terem em conta a situação específica de **transição** em que nos encontrávamos.

Para podermos assegurar a **reconversão** a prazo de algumas áreas de cereais para pastagens, foi aprovada uma Declaração Comum autorizando que uma superfície até 100.000 hectares pudesse ser reconvertida para pecuária extensiva, o que permitia atenuar a situação de quase monocultura em algumas zonas do Sul do País, ao mesmo tempo que facultaria mais soluções aos sistemas agrícolas extensivos de sequeiro[36].

A elegibilidade do **milho-silagem** para as ajudas directas, em pé de igualdade com o milho-grão, inicialmente não contemplada, foi também de importância fundamental. Não só porque atenuava a penalização sofrida pelos sistemas produtivos de carne e leite em resultado da protecção histórica ao preço dos cereais-grão, mas também porque introduzia algum reequilíbrio para as regiões do Norte e do Centro face à tradicional concentração dos subsídios nos sistemas cerealíferos, mais centrados no Sul e Centro-Sul[37].

No caso do sector **bovino** é de sublinhar o aumento registado no prémio às vacas aleitantes[38], de 75 para 120 ECU, com um suplemento de 30 ECU onde o encabeçamento for inferior a 1,4 cabeças normais (limitado ao rebanho de referência), o que veio ao encontro dos nossos sistemas de criação extensiva predominantes nas regiões do Interiores e do Sul.

---

[36] Ver o Regulamento 1461/95 de 22 de Junho. A argumentação utilizada por Portugal baseava-se na ocupação de muitas explorações durante o período revolucionário, o que impediu os agricultores seus proprietários de terem acesso aos prémios pecuários existentes, visto que, quando recuperaram as terras, estas foram-lhes devolvidas sem gado. Era, além disso, mais um instrumento de reconversão no quadro de uma agricultura sustentável de sequeiro predominante na anteriormente designada Zona de Intervenção da Reforma Agrária.

[37] De facto a *questão cerealífera* foi historicamente o epicentro das políticas agrícolas, tendo os cereais, e muito especialmente o trigo, sido o sector mais beneficiado (Oliveira Baptista, 1993, A Política Agrária do Estado Novo, Afrontamento, Porto – Cap. 6). De referir, por outro lado, que o diferencial de preços entre Portugal e a União Europeia beneficiava largamente os cereais relativamente a outros sectores.

[38] No caso de Portugal veio ainda juntar-se aos bovinos um prémio adicional, degressivo de 40 ECU até 1996, e de 10 ECU desde então até 1999, negociado no âmbito das contrapartidas pela antecipação do fim do período transitório em consequência do início do Mercado Único.

No sector dos **ovinos**, para além do aumento do número de cabeças elegíveis para prémio, por exploração, de 350 para 500 e de 750 para 1000, respectivamente nas regiões normais e nas desfavorecidas, foi aumentado o prémio para os borregos leves, de 70 para 80% do correspondente aos borregos pesados[39], mantendo-se ainda um suplemento de 5,5 ECU para as regiões de objectivo 1.

De importância estratégica para as pequenas explorações pecuárias, que dominam a nossa estrutura produtiva de carne bovina, foram as alterações no critério da extensificação e no nível do limiar de isenção; este, tendo passado de 6 para 15 cabeças normais[40], permitiu isentar dessas regras cerca de 93% das explorações.

No sector **leiteiro**, a redução do preço acabaria por se limitar a 5% para a manteiga, a realizar em duas campanhas, e a redução líquida de 2% das quotas passou de automática para uma decisão a tomar anualmente pelo Conselho.

Em termos financeiros, as estimativas realizadas no Ministério da Agricultura[41] apontavam para Portugal um ganho financeiro suplementar anual decorrente da reforma, entre 30 e 45 milhões de contos. Como se verá adiante, os resultados oficiais actualmente disponíveis revelam que estas estimativas eram muito moderadas.

3. Análise Crítica da Reforma

A reforma realizada em 1992 está longe de ser perfeita[42]. Todavia, face às alternativas possíveis, foi sem duvida a melhor solução, face à

---

[39] Os borregos leves são normalmente vendidos ainda na fase de amamentação, em contraste com os borregos pesados que só são vendidos após o desmame, com pesos que vão do dobro ao triplo dos primeiros.

[40] Uma Cabeça Normal (CN) é equivalente a um bovino adulto, sendo aplicado um coeficiente de derivação para animais mais jovens, ou para outras espécies. Os prémios só seriam pagos até ao limite de de 2 CN. O objectivo era penalizar os sistemas intensivos de criação animal, mais poluidores e criadores de excedentes. Daí a importância de salvaguardarmos as pequenas explorações, que não podem ser outra coisa senão intensivas.

[41] Ministério da Agricultura (1992), *Reforma da PAC – Síntese dos Principais Aspectos*, Gabinete do Ministro, Lisboa

[42] Ver a declaração do autor na Conferência de Imprensa que se seguiu ao compromisso de 21 de Maio: "*A reforma não é perfeita. Foi a possível. Espero que seja um contributo para que o Mundo Rural tenha um futuro*" Jornal de Notícias de 92.05.24

exaustão total do velho modelo de política agrícola. Vale a pena tentar sintetizar os seus aspectos teoricamente mais positivos e mais negativos.

Do lado das vantagens, impõe-se salientar que, em princípio:
- Melhorava a capacidade redistributiva da política agrícola, na medida em que permitia uma modulação regional de afectação dos recursos do FEOGA, irrealizável com a anterior política, dada a impossibilidade prática da existência de preços individual ou regionalmente diferenciados. Permitia ainda favorecer as explorações mais pequenas e as localizadas nas zonas desfavorecidas;
- Favorecia as agriculturas menos produtivistas e deficitárias, já que estas passariam a ter acesso a ajudas directas com base na área cultivada ou no efectivo pecuário, enquanto que no sistema anterior só beneficiavam de apoio efectivo do FEOGA as agriculturas que recorriam sistematicamente à intervenção ou às restituições à exportação;
- Penalizava as agriculturas mais intensivas e excedentárias, já que com as medidas de controle da produção e da redução consequente dos excedentes, bem como com a imposição de limites máximos nalguns tipos de apoios, ficariam privadas de relevantes subsídios;
- Diminuía os efeitos distorçores da política de preços, visto que a redução de preços inerente à reforma iria baixar a factura alimentar dos países importadores líquidos. Pode afirmar-se pois que com o novo modelo os consumidores dos países mais pobres (do Sul) passam a pagar menos para os produtores dos países ricos (do Norte) (Sarris, 1992);
- Favorecia a estabilidade dos rendimentos agrícolas, especialmente nas regiões sujeitas a acentuada aleatoriedade climática, como é o caso das secas e das geadas entre nós, já que uma fatia relevante do rendimento passaria a ser assegurada independentemente dos caprichos meteorológicos;
- Tornava a PAC mais compatível com as regras de concorrência vigentes no comércio internacional, evitando conflitos comerciais e consolida um clima de relacionamento mais estável com os parceiros comerciais da União;
- Introduzia mais transparência nos apoios à agricultura e, sobretudo, na estrutura dos seus destinatários. Um elemento fundamen-

tal, tendo em vista a previsível evolução futura da PAC, em que os apoios serão modulados na base de situações objectivas dos agricultores, como seja a sua localização ou, em geral, o seu grau de carência;
- As medidas de acompanhamento, sendo dotadas dos recursos adequados, podiam ajudar a corrigir um desequilíbrio fundamental que sempre marcou a PAC, entre uma política de preços, que chegou a ser exclusiva, e as componentes estrutural, de protecção ambiental e sócio-regional.

A PAC poderia assim, daí em diante, dar uma resposta mais equilibrada às múltiplas dimensões da problemática agrícola e rural. O Quadro 1 revela uma tendência de melhor equilíbrio na repartição dos recurso financeiros da UE. É particularmente notória a descida da quota-parte do FEOGA-Garantia para menos de metade do orçamento da União[43], e a correspondente subida dos fundos e acções estruturais (incluindo o Fundo de Coesão), que passaram a utilizar cerca 1/3 deste orçamento e que, com a reforma da Agenda 2000, irão ascender a cerca de 40%. Sendo manifesto que uma tal evolução resulta da conjugação dos efeitos da reforma dos fundos estruturais com os da reforma da PAC, é igualmente certo que ela terá de continuar, de forma a reflectir a correcção dos desequilíbrios, que se pretende continuar.

---

[43] Deve, porém, ter-se em conta que a partir de 1992 esta secção do FEOGA passou a assumir o financiamento de novos componentes da PAC, como é o caso das medidas de acompanhamento. Uma tendência que foi reforçada na reforma de 1999.

Quadro 1

Despesas FEOGA no Orçamento da UE
(execução em pagamentos)

(% das despesas realizadas)

Anos	Garantia	Orientação	Fundos Estruturais
1975	70,9%	1,3%	6,2%
1976	71,4%	1,4%	7,9%
1977	72,6%	1,2%	7,6%
1978	69,4%	2,6%	11,1%
1979	70,3%	1,9%	10,3%
1980	68,6%	1,9%	11,0%
1981	59,7%	2,9%	19,2%
1982	57,6%	3,1%	21,5%
1983	62,1%	2,3%	16,0%
1984	65,4%	2,1%	11,5%
1985	68,4%	2,4%	12,8%
1986	61,7%	2,2%	15,8%
1987	63,3%	2,2%	16,2%
1988	62,1%	2,7%	15,1%
1989	57,7%	3,2%	18,8%
1990	56,1%	4,0%	21,0%
1991	56,5%	3,8%	25,4%
1992	51,4%	4,7%	30,2%
1993	52,4%	4,4%	30,7%
1994	53,6%	4,0%	25,8%
1995	50,4%	3,7%	28,1%
1996	50,0%	4,3%	31,3%
1997	49,6%	4,4%	32,3%
1998	47,3%	4,3%	34,7%
1999	49,9%	5,8%	35,2%
2000	52,0%	1,7%	35,0%
2002	46,2%	3,1%	34,5%

Fontes: 1) Vade-mecum budgétaire 1999 (SEC (99) 1100 – FR.
2) *A Situação da Agricultura na União Europeia* – Relatórios de 2000 e 2002

Os inconvenientes podem reunir-se em três planos:
- Rigidez dos direitos de produção. Esta dificulta a entrada em actividade de novos agricultores e a expansão dos mais eficientes. As soluções atenuantes têm sido encontradas para o primeiro caso, na criação de reservas nacionais para distribuição selectiva e prioritária aos jovens agricultores, e na transacção de quotas, para o segundo caso (Cunha, 1984);
- Carga burocrática. A burocracia corresponde ao reverso da medalha do novo modelo, apesar de se poder vir a simplificar a sua aplicação com base na experiência entretanto adquirida. Já quanto às fraudes, que são vulgarmente associadas à burocracia e referidas como um elemento negativo da reforma, está por provar qualquer relação especial entre elas e a nova política. Na verdade, da análise dos relatórios do Tribunal de Contas não resulta qualquer aumento de fraudes no FEOGA imputáveis à reforma. Pode até argumentar-se que é mais fácil exercer o controlo quando os subsídios se baseiam em elementos patrimoniais, como são as terras e os gados;
- Maior vulnerabilidade dos agricultores às críticas e evoluções políticas face à dependência directa de parte dos seus rendimentos do orçamento[44]. É um argumento pertinente das Organizações Agrícolas quanto à maior visibilidade dos apoios e à maior dependência de crises orçamentais. É sem dúvida um receio legítimo, tendo presente o actual e amplo debate acerca dos gastos públicos e da estrutura dos seus beneficiários. Haverá, porém, que lembrar que, no anterior modelo da política agrícola, não se conseguiram evitar sucessivas baixas de preços quando a crise orçamental se acentuou a partir de meados da década de 80.

4. Oposição dos Agricultores

Os agricultores europeus participaram activamente em todo o debate da reforma da PAC através dos seus representantes profissionais,

---

[44] Em 1994, em Portugal, os subsídios representavam, em percentagem do valor total da produção, 44%nos cereais, 33% nos bovinos de carne e 13% nos bovinos de leite. Para os sectores que não foram integrados na reforma, a percentagem equivalente é muito menor: 0,6% nas aves e ovos, 2,2% nos hortícolas, 3,6% na vitivinicultura e 8,6% na fruticultura – (RICA,1996, *Apreciação Económica Financeira do Sector Agrícola Nacional no período 1988-95*, Lisboa).

designadamente do COPA (Comité das Organizações Profissionais Agrícolas), com uma posição muito crítica (ver o Anexo VI), e do COGECA (Comité Geral da Cooperação Agrícola), que tinha uma posição de maior abertura[45].

De um modo geral, as Organizações Agrícolas recusavam a ideia de se enfraquecer o sistema de preços e garantias de mercado. O que verdadeiramente as preocupava era a visibilidade dos futuros apoios aos agricultores, que passariam a *ficar à mostra* no orçamento, interrogando-se quanto à aceitação dos cidadãos a esse propósito. Trata-se de um medo que sempre perseguiu as Organizações e que esteve na base da sua rejeição do modelo proposto. Um medo que irá seguramente continuar sempre que estiver em causa aprofundar e alargar a nova PAC a outros sectores e, em geral, a evolução do apoio aos rendimentos através dos mecanismos de preços e mercados para sistemas mais baseados em ajudas directas e medidas contratuais.

A par de intensas negociações com a Comissão e com a Presidência, as Organizações utilizaram as manifestações de rua, antes, durante e depois da negociação da reforma, para condicionar os responsáveis políticos e ao mesmo tempo sensibilizar a opinião pública[46]. Como não era fácil passar a sua mensagem a uma sociedade maioritariamente composta por consumidores e contribuintes, optaram por explorar os sentimentos de *compaixão* da opinião pública com cenários apocalípticos da *destruição* do tecido produtivo e da *liquidação* do mundo rural[47].

Como se esperava, os parceiros sociais não mudaram de opinião ao longo do processo negocial, mantendo os mesmos argumentos contra a alteração da política de preços e mercados. Posição que, de resto, se compreende, já que eram estes *porta-voz* dos agricultores (com posições lide-

---

[45] O COPA e o COGECA são os parceiros sociais que no Comité Económico e Social representam o sector agrícola da União, respectivamente nas vertentes sócio-profissional e sócio-económica. Os filiados portugueses destas duas organizações são, pela mesma ordem, a CAP (Confederação dos Agricultores de Portugal) e a CONFAGRI (Confederação Nacional das Federações de Cooperativas Agrícolas). A representação laboral é assegurada pela Federação Europeia dos Sindicatos, de que são membros a UGT (representada pelo SETAA-Sindicato dos Técnicos e Assalariados agrícolas) e a CGTP--Intersindical.

[46] Foram organizadas manifestações em quase todas as capitais dos Estados Membros, destacando-se duas tentativas de isolar Paris.

[47] Ver afirmações do Presidente do COPA Von Heeremann (Semanário Económico de 91.05.22).

rantes dos dirigentes franceses, ingleses, holandeses e alemães) os mais beneficiados com a política até então existente.

Já menos compreensível era o alinhamento das Organizações do Sul pela mesma lógica. Um alinhamento que só é compreensível face ao défice de representatividade, no seu seio, das explorações familiares de pequena e média dimensão, à concentração sectorial dos interesses representados e ao compreensível argumento da *vulnerabilidade política* da nova PAC. Além do mais, não quiseram, ou não foram capazes de compreender que, com o sistema então existente, apenas teriam direito a umas quantas migalhas que caíam da mesa grande. Na verdade, o sistema de compensação com base no preço e na quantidade produzida jamais permitiria libertar meios para as zonas desfavorecidas e para o financiamento dos sistemas de agricultura que escapavam à lógica da intensificação e do produtivismo.

Em Portugal, a CAP foi muito activa na contestação da reforma, tendo sempre alinhado pela argumentação do COPA.

Para além das diversas iniciativas políticas[48] e das manifestações de rua[49] da CAP e da CNA[50], bem como das declarações dos seus principais dirigentes[51], importa analisar os principais argumentos então invocados

---

[48] De referir, a título de exemplo, a audiência da CAP com o Primeiro Ministro a 19 de Maio, a reunião do Presidium do COPA em Lisboa, e um seminário conjunto com a Confederação do Comércio a 21, na véspera do acordo de compromisso.

[49] A 15 de Maio a CAP anunciava a realização de 20 reuniões e acções de protesto em todo o País (O Jornal de 91.05.15).

[50] A Confederação Nacional da Agricultura (CNA) concentrou os seus protestos na Curia, numa manifestação organizada conjuntamente com a Coordination Paysanne Europeénne (CPE), aproveitando a reunião informal dos Ministros da Agricultura, a 26 de Maio. De referir, a título de curiosidade, que tendo pressionado uma reunião com o presidente em exercício do Conselho, expressou como principais críticas a não alteração das OCM dos produtos mediterrânicos e a ruína das explorações familiares. Explicadas que foram as razões pelas quais só se alteraram algumas OCM e não outras, ficaram surpreendidos quando foram informados que, precisamente para defesa das explorações familiares, se tinham aumentado os limiares de isenção das regras de extensificação de 6 para 15 cabeças normais o, para além de terem sido isentas do pousio obrigatório. Será que a ignorância era real?

[51] Citam-se apenas algumas declarações proferidas na altura.

Do Presidente da CAP, Raul Rosado Fernandes: *o acordo é francamente mau* (Diário de Notícias de 92.05.22);"*...as previsões apontam para o desaparecimento de 2 em cada 3 agricultores na Europa e em Portugal a percentagem vai ser ainda maior* (Correio da Manhã de 92.05.21);*...querem pagar-nos para não produzir...* (Correio da Manhã de 92.05.28);*...cria-se uma malha totalitária sobre as produções desincentivando, pagando um preço baixo e dando uma ajuda directa.* (Correio da Manhã de 92.05.28);*...a reforma*

por esses adversários da reforma: não ter salvaguardado a *especificidade* da nossa agricultura; *pagar para não produzir,* reduzindo a produção e aumentando o défice alimentar; colocar os agricultores na dependência do orçamento, fomentando o *pensionismo.*

A *especificidade* da agricultura portuguesa foi um argumento utilizado por Portugal nas negociações da reforma de 1988 relativa aos estabilizadores agro-orçamentais, que foi a última grande tentativa de corrigir os desequilíbrios criados pela PAC sem mudar o sistema.

Para a agricultura portuguesa, então integrada na Comunidade apenas há dois anos, e sendo altamente deficitária em cereais e oleaginosas, não fazia sentido ser penalizada pelos excedentes que não eram da sua responsabilidade, tanto mais que não havia qualquer compensação financeira pela baixa de preços decorrente da penalização que foi então criada. Foi nessa base que a Cimeira de Bruxelas de 1988 aprovou uma Declaração Comum[52], concretizada posteriormente pelo Conselho de Agricultura, que

---

da PAC é uma coroa de louros para o Governo e para nós uma coroa de espinhos... (Diário de Notícias de 92.05.28)

De Fernando Gomes da Silva, que veio a ser Ministro da Agricultura do futuro governo socialista e à época assessor da CAP:...*a reforma da PAC destrói a prazo o tecido económico dos meios rurais, porque destrói a essência empresarial da actividade agrícola (...) a Europa tem de manter uma agricultura competitiva, feita por empresários com capacidade e eficiência e não por pensionistas do Estado para a maior parte do seu rendimento (...); o agricultor é convidado pelos mecanismos da nova PAC a fingir que cultiva a terra ou explora o gado, a fingir que é agricultor (...) a manutenção dos rendimentos ou sua eventual subida, seria fundamentalmente a desenvolver por via da subida dos preços e do aumento dos rendimentos físicos por hectare...* (Correio Agrícola, número 54 de Setembro de 1995).

[52] Extracto desta Declaração, cf. anexo IV ao texto final da Cimeira (Doc. SN 461/1/88): "*O Conselho reconhece a especificidade dos problemas da agricultura portuguesa (...) e acorda em que a aplicação dos mecanismos de estabilização deverá atender a essa especificidade.*

O Conselho reconhece que as adaptações da PAC em curso vêm criar dificuldades não previstas, pelo que se torna necessário reforçar as modalidades de transição contidas no Acto de Adesão, designadamente no que respeita aos prazos, aos apoios, e a modernização.

O Conselho Europeu solicita à Comissão que apresente propostas que tomem em consideração esta especificidade e garantam que a aplicação dos mecanismos de estabilização não crie dificuldades à integração harmoniosa da agricultura portuguesa no espaço comunitário (...)".

Ver declaração completa sobre a especificidade e outras negociações associadas em Secretaria de Estado da Integração Europeia (1989) *Portugal nas Comunidades Europeias – Terceiro Ano,* Lisboa.

determinou que a generalidade dos estabilizadores, e o pousio voluntário, não seriam aplicáveis em Portugal. Foi ainda prolongado o período de harmonização do preço dos cereais em mais 5 anos, o que constituiu um trunfo para posteriores negociações neste sector, designadamente nas relativas à segunda etapa e ao mercado único.

O que estava em causa na reforma era garantir que os nossos *interesses específicos* fossem salvaguardados no contexto da negociação, o que foi em boa parte conseguido, conforme se referiu atrás.

Pagar para não produzir foi talvez a mais *assassina* de todas as frases utilizadas para desacreditar a reforma. Decorria essencialmente da criação do regime de pousio obrigatório para os cereais e oleaginosas, mas cuja utilização demagógica fazia querer que se aplicava a todos os sectores.

Tratava-se essencialmente de um *slogan* importado de países em que se verificava a conjugação da cerealicultura intensiva com a grande dimensão das explorações, como era o caso da França.

Não era esse seguramente o caso português, em que 95% das explorações estavam isentas de o aplicar, em virtude da sua pequena produção. É claro que algumas explorações, designadamente as de grande dimensão e as produtoras de cereais de regadio, seriam afectadas. Apesar de pouco significativas em número no contexto nacional (cerca de 5%), eram os seus titulares que tinham poder e influência para fazer o *discurso dominante*. No caso do sequeiro, onde o pousio agronómico era tradicionalmente praticado por razões de equilíbrio ecológico, o pousio obrigatório, até contribuiu para aumentar o rendimento de muitas explorações. Na realidade, apenas passou a ser pago o que já antes era feito sem pagamento de qualquer compensação... E talvez isso explique que, passados alguns anos sobre a criação do pousio obrigatório, são precisamente as organizações agrícolas as menos entusiasmadas com a eliminação do sistema. Isso foi especialmente visível durante o processo negocial da Agenda 2000 e está na origem do facto (necessariamente político!) de a taxa de base do pousio obrigatório ter sido fixada em 10%, quando seria de elementar lógica o nível zero.

O argumento do *pensionismo* é mais um falso argumento. O que se pretendia atacar era a visibilidade dos subsídios. Porque, na verdade, se ser *pensionista* é ser subsidiado, então os agricultores já eram *pensionistas*. ... apesar de o subsídio estar escondido nos elevados preços pagos por todos os consumidores, independentemente do seu maior ou menor rendimento.

5. Resultados da Reforma

Avaliar os efeitos da reforma da PAC é tarefa que ultrapassa o âmbito deste trabalho, já que se imporia, antes do mais, a utilização de metodologias que procurassem isolar os efeitos da reforma dos de outros factores seus contemporâneos, como sejam os efeitos da aplicação do Acordo do GATT, ou a evolução dos preços no mercado mundial. Apesar de não ter feito nenhuma avaliação exaustiva, a Comissão Europeia tem, porém, publicados alguns elementos relativos à aplicação da reforma de 1992[53] e a que me referirei de seguida. Dos quadros e análises estatísticas realizadas ressalta de imediato que a partir de 1996 os resultados começam a ser menos exuberantes, evidenciando uma situação de clara erosão da reforma.

5.1. *Resultados Globais*

Tendo em conta as referidas limitações da análise, importa aqui apenas considerar, no plano da UE, os resultados da reforma face às principais razões que a motivaram. Estes traduzem-se num sucesso efectivo e mensurável.

Em primeiro lugar é de sublinhar a redução dos excedentes e o reequilíbrio dos mercados nos sectores que apresentavam situações estruturais mais problemáticas, como eram os casos dos cereais, dos produtos lácteos e da carne bovina (Quadro 2). A evolução dos excedentes de carne bovina segue também um percurso de normal redução, até uma inversão desta tendência a partir de 1996 em consequência da crise das vacas loucas.

Como se pretendia, o abaixamento do preço dos cereais permitiu uma maior incorporação na alimentação animal, devido à melhoria da sua competitividade face aos produtos de substituição. O consumo para este fim específico passou de 93 milhões de toneladas (antes da reforma) para 114 milhões de toneladas (campanha de 2000/1), o que corresponde a um acréscimo de 23%, indiciador de uma maior racionalização das duas grandes fileiras dos cereais e da carne, cuja lógica de princípio seria de

---

[53] Ver por exemplo o documento de propostas da Agenda 2000 o relatório apresentado à cimeira de Madrid de Dezembro de 1995 e os relatórios anuais sobre a situação da Agricultura na UE..

natural complementaridade, não fossem as distorções criadas historicamente pela PAC[54].

Em finais de 1995 e inícios de 1996 a quase exaustão das existências obrigou a que, pela primeira vez desde há mais de 20 anos, a Comissão Europeia tivesse aplicado uma taxa à exportação de cereais, para impedir que houvesse roturas graves no abastecimento do mercado interno. Uma medida que decorreu também dos níveis inesperadamente elevados dos preços mundiais em 1995/96.

É, aliás, neste contexto, que se compreende que o pousio obrigatório, que foi concebido como um instrumento de gestão do mercado, tenha sido reduzido de 15% para 12% na campanha de 1995/96, e para 5% nas duas campanhas seguintes. Porém, em 1998/99 essa taxa foi fixada em 10%, o que reflecte a preocupação em minorar a instabilidade então existente nalguns mercados internacionais, mas também alguma erosão de efeitos a que acima aludi.

A recuperação dos stocks de cereais nos anos de 1998 e 1999 tem fundamentalmente a ver com o peso, em armazenagem pública, do trigo mole, da cevada e do centeio, que, no conjunto, passaram de 2.208 mil toneladas, em 1997, para 12.395 toneladas em 1998 e 14.348 toneladas em 1999. Porém, nos anos posteriores, esta escalada acabou por ser, em parte, atenuada.

Em segundo lugar, sobressai a melhoria da evolução nos rendimentos, que sucedeu a quebras consecutivas registadas até 1992/93 (Quadro 3). Por outro lado, apesar de a reforma se traduzir numa redução dos preços de garantia (que o mercado seguirá mais ou menos de perto, consoante as conjunturas), nota-se em contrapartida uma redução razoável do valor dos consumos intermédios e uma diminuição ligeira relativa dos termos de troca[55] (Quadro 4) o que,em si mesmo, configura uma melhoria relativa de competitividade.

---

[54] Ver a este respeito a publicação da Comissão de Outubro de 1998 "Prospects for Agricultural Markets – 1998-2005".

[55] Relação entre os índices de variação dos preços dos produtos e os dos factores de produção.

QUADRO 2

Evolução dos Excedentes Públicos de Produtos Agrícolas
(1000 toneladas)

PRODUTOS	1990	1991	1992	1993	1994 (a)	1995 (b)	1996	1997	1998	1999	2000	2001
Cereais	14.379	17.237	21.843	24.205	12.410	5.524	1.209	2.381	13.603	14.944	8.517	7.301
Leite em pó desnatado	333	416	47	37	73	14	125	142	205	229	1	0
Manteiga	252	266	173	161	59	20	39	28	4	46	72	34
Carne Bovina	538	1.011	1.166	720	163	18	434	623	544	161	832	232

Fonte: C.E. – A Situação da Agricultura na União Europeia, 1993,1996, 1998, 2000 e 2002
(a) UE12 até 1994
(b) As existências públicas de cereais ficaram tecnicamente esgotadas em 1995

QUADRO 3

Evolução dos Preços e Rendimentos (a)
("1989-1990-1991" = 100)

	1987	1988	1989	1990(1)	1991	1992	1993	1994	1995	1996	1997	1998	1999	2000	2001
VAb pm															
PORTUGAL	104,2	81,7	97,5	102,9	99,6	104,6	79,9	88,0	91,7	100,8	95,6	90,0	111,9	105,3	103,9
Variação Anual (%)	-	-21,6%	19,3%	5,6%	-3,3%	5,0%	-23,6%	10,2%	4,1%	10,0%	-5,2%	-5,9%	24,4%	-5,9%	-1,3%
UNIAO EUROPEIA	95,6	96,2	98,5	99,6	101,9	105,7	102,2	101,3	101,2	106,8	106,4	109,4	113,4	112,9	109,4
Variação Anual (%)	-	0,7%	2,4%	1,2%	2,2%	3,7%	-3,3%	-0,9%	-0,1%	5,5%	-0,4%	2,8%	3,6%	-0,5%	-3,1%
Activos Agrícolas															
PORTUGAL	123,7	116,1	107,6	100,0	92,5	85,0	77,3	75,8	74,3	70,2	66,3	64,5	60,5	57,1	53,9
Variação Anual (%)	-	-6,2%	-7,3%	-7,1%	-7,5%	-8,1%	-9,0%	-2,0%	-2,0%	-5,5%	-5,6%	-2,7%	-6,2%	-5,6%	-5,6%
UNIAO EUROPEIA 15	113,4	109,5	104,3	100,4	95,3	90,8	87,8	84,6	82,0	79,7	77,8	76,0	72,9	69,8	68,3
Variação Anual (%)	-	-3,4%	-4,7%	-3,7%	-5,2%	-5,1%	-3,2%	-3,6%	-3,2%	-2,6%	-2,1%	-1,7%	-5,1%	-4,3%	-2,2%
Preços da Produção Final															
PORTUGAL	113,8	112,5	104,9	103,8	91,3	77,0	79,0	78,9	76,2	75,5	69,8	68,2	64,3	63,3	66,0
Variação Anual (%)	-	-1,1%	-6,8%	-1,0%	-12,1%	-15,7%	2,6%	-0,2%	-3,3%	-1,1%	-7,6%	-2,3%	-5,7%	-1,6%	4,3%
UNIAO EUROPEIA 15	105,6	104,2	105,5	99,7	94,9	87,3	83,0	83,8	82,2	80,4	78,3	74,2	70,7	71,2	73,3
Variação Anual (%)	-	-1,3%	1,0%	-5,3%	-4,8%	-8,0%	-5,0%	0,9%	-1,9%	-2,2%	-2,6%	-5,2%	-4,7%	0,7%	2,9%
VAL cf / UTA															
PORTUGAL	90,4	74,5	91,0	109,3	99,8	89,4	85,0	108,3	110,3	123,4	110,9	98,0	111,9	101,6	113,6
Variação Anual (%)	-	-17,5%	22,0%	20,1%	-8,7%	-10,4%	-4,9%	27,4%	1,9%	11,9%	-10,1%	-11,7%	14,2%	-9,2%	11,8%
UNIAO EUROPEIA 15	86,7	89,5	100,1	99,3	100,7	98,5	97,0	106,5	111,6	116,4	113,1	108,6	107,2	112,3	116,0
Variação Anual (%)	-	3,3%	11,8%	-0,8%	1,4%	-2,2%	-1,5%	9,8%	4,8%	4,3%	-2,8%	-4,0%	-1,3%	4,8%	3,3%

Fontes: Eurostat (2003), NewCronos; GPPAA (MADRP)
(1) a partir de 1990, os índices incorporam os valores da Alemanha unificada
(a) valores deflacionados com índice implícito dos preços do PIB p_m

QUADRO 4

Evolução da Produção, dos Consumos Intermédios e dos Termos da Troca (a)
("1989-1990-1991" = 100)

	1988	1989	1990(1)	1991	1992	1993	1994	1995	1996	1997	1998	1999	2000
Volume da Produção Final													
PORTUGAL	84,8	97,4	101,6	101,0	103,2	90,5	94,7	96,1	102,0	98,0	96,1	109,5	105,2
Variação Anual (%)	-	*14,8%*	*4,4%*	*-0,6%*	*2,1%*	*-12,2%*	*4,6%*	*1,6%*	*6,1%*	*-3,9%*	*-1,0%*	*13,9%*	*-3,9%*
UNIÃO EUROPEIA 15	97,8	99,2	99,9	100,1	102,9	100,4	100,5	101,2	104,5	104,2	106,3	108,3	107,8
Variação Anual (%)	-	*1,4%*	*0,7%*	*1,1%*	*1,9%*	*-2,3%*	*0,1%*	*0,6%*	*3,3%*	*-0,3%*	*2,0%*	*1,9%*	*-0,5%*
Volume dos Consumos Intermédios													
PORTUGAL	88,4	97,2	100,0	102,8	101,5	103,3	102,6	101,5	103,4	100,9	102,3	108,1	105,9
Variação Anual (%)	-	*9,9%*	*2,9%*	*2,7%*	*-1,2%*	*1,7%*	*-0,6%*	*-1,1%*	*1,9%*	*-2,5%*	*-1,4%*	*5,7%*	*-2,0%*
UNIÃO EUROPEIA 15	99,9	100,1	100,2	99,8	99,1	98,1	99,4	101,1	101,6	101,4	102,5	102,7	102,2
Variação Anual (%)	-	*0,1%*	*0,1%*	*-0,4%*	*-0,6%*	*-1,1%*	*1,4%*	*1,7%*	*0,4%*	*-0,2%*	*1,0%*	*0,0%*	*0,0%*
Valor da Produção Final													
PORTUGAL	95,5	102,2	105,6	92,3	79,5	71,6	74,7	73,3	77,1	68,4	60,0	64,5	61,0
Variação Anual (%)	-	*7,0%*	*3,3%*	*-12,6%*	*-13,9%*	*-10,0%*	*4,4%*	*-1,8%*	*5,1%*	*-11,2%*	*-12,3%*	*7,5%*	*-5,4%*
UNIÃO EUROPEIA 15	102,0	104,5	99,6	95,9	89,9	83,4	84,3	83,2	84,0	81,6	78,6	76,3	76,5
Variação Anual (%)	-	*2,4%*	*-4,6%*	*-3,8%*	*-6,3%*	*-7,2%*	*1,0%*	*-1,3%*	*1,1%*	*-2,9%*	*-3,7%*	*-2,9%*	*0,0%*
Valor dos Consumos Intermédios													
PORTUGAL	104,2	105,6	99,2	95,2	87,1	82,4	78,1	76,5	78,0	72,3	67,1	68,1	67,1
Variação Anual (%)	-	*1,3%*	*-6,0%*	*-4,1%*	*-8,5%*	*-5,3%*	*-5,2%*	*-2,1%*	*2,0%*	*-7,4%*	*-7,2%*	*1,5%*	*-1,5%*
UNIÃO EUROPEIA 15	104,7	104,4	99,6	96,0	92,4	89,0	88,2	88,8	90,5	89,4	86,4	84,6	85,3
Variação Anual (%)	-	*-0,3%*	*-4,6%*	*-3,6%*	*-3,8%*	*-3,6%*	*-0,9%*	*0,6%*	*1,9%*	*-1,2%*	*-3,3%*	*-2,1%*	*0,8%*
"Termos de Troca"													
PORTUGAL	95,6	96,6	104,7	98,7	89,8	99,0	103,6	101,2	100,2	97,5	98,4	96,6	94,6
Variação Anual (%)	-	*1,1%*	*8,4%*	*-5,8%*	*-8,9%*	*10,2%*	*4,7%*	*-2,3%*	*-1,0%*	*-2,7%*	*0,9%*	*-1,8%*	*-2,1%*
UNIÃO EUROPEIA 15	98,9	100,7	100,4	98,9	93,8	90,8	93,5	92,2	89,6	88,1	87,8	85,6	85,1
Variação Anual (%)	-	*1,8%*	*-0,2%*	*-1,5%*	*-5,1%*	*-3,2%*	*3,0%*	*-1,4%*	*-2,8%*	*-1,7%*	*0,0%*	*-2,5%*	*0,0%*

Fontes: Eurostat (2003), NewCronos; GPPAA (MADRP)
(1) a partir de 1990, os índices incorporam os valores da Alemanha unificada
(a) valores deflacionados com índice implícito dos preços do PIB p_m

Apesar da redução programada dos preços institucionais decidida em 1992, verifica-se que a sua evolução efectiva nos mercados acabou por ser substancialmente inferior à prevista. Uma situação que se compreende face ao reequilíbrio dos mercados que foi conseguido.

A evolução dos rendimentos, medida nos termos habituais do Valor Acrescentado Líquido a custo de factores por Unidade de Trabalho Agrícola (VALcf/UTA), revela de forma clara um comportamento positivo recente, que em 1995 atingiu o nível mais elevado dos últimos 20 anos, com um crescimento médio anual de 4,5% entre 1992 e 1996. Porém, em 1997 e 1998 já se verifica uma redução acumulada de 6,7%, (a que também não serão alheias as crises nos sectores porcino e bovino) assistindo-se a alguma recuperação em 2000 e 2001.

A estabilização orçamental constitui o terceiro grande plano em que a reforma deve ser julgada. Também aqui se verifica uma melhoria da situação, devido à moderação nos gastos, já que, apesar da maior expressão orçamental das ajudas directas, não só não foi necessário aumentar a linha directriz agrícola, como, inclusivamente, se realizaram economias consideráveis que equivalem a cerca de 8% da linha directriz, tratando-se, consequentemente, de recursos disponíveis para o financiamento da PAC que não foram gastos. Trata-se de uma situação que, não obstante o referido, também não pode ser desligada da evolução favorável dos mercados internacionais, nomeadamente pela menor parcela orçamental necessária para subsidiar as exportações.

5.2. Resultados em Portugal

A reforma de 1992 veio encontrar a agricultura portuguesa no meio do processo de mudança mais intenso e mais profundo da sua história recente, marcada pela opção política de integração na União Europeia. Na verdade, se existe um sector particularmente condicionado pelo processo de integração, esse é inquestionavelmente o da agricultura, por força das determinações dos Tratados que regem a União e o seu relacionamento com os Estados Membros e, bem assim, pelo carácter comum e bastante centralizador da PAC. Por esta razão é inaceitável analisar os efeitos da reforma sem os situar no contexto desse processo, designadamente a realização da Segunda Etapa de transição e do Mercado Único.

Para compreender a amplitude deste processo, bastará lembrar o pronunciado atraso estrutural que caracterizava a nossa agricultura, a quase total inexperiência em matéria de concorrência, interna e externa, e, para alguns produtos de importância estratégica, a existência de um nível de preços consideravelmente superior ao praticado na UE – mais 70% no trigo mole, 58% no milho, 28% no leite fresco, 90% no leite em pó (Varela, 1987).

Em razão dessas circunstâncias, entenderam os responsáveis portugueses negociar um sistema de integração totalmente inovador, repartido por duas etapas.

Durante a primeira, até 1990, o nosso sector agrícola não estaria sujeito às regras e disciplinas da componente de preços e mercados, apesar de não poder beneficiar do correspondente financiamento do FEOGA Garantia.

Nesta etapa, os sectores nela integrados[56], que representavam cerca de 85% da nossa produção agrícola, beneficiavam de ampla autonomia na gestão dos mercados, o que se veio a revelar particularmente importante por se tratar de um período de baixas consecutivas nos preços reais comunitários, baixas essas que não se reflectiram nos nossos mercados por não sermos obrigados a aplicá-las. Apenas não se podiam aumentar os preços em ECU, nem aumentar os correspondentes diferenciais de preços. Mas a desvalorização do Escudo face ao ECU, que então se verificava regularmente, veio compensar o desgaste da inflação e permitir uma relativa estabilização dos preços reais em moeda nacional, o que dispensou qualquer esforço relevante de harmonização. Entretanto, tínhamos acesso imediato a toda a bateria de apoios estruturais do FEOGA – Orientação, onde se destacava a aplicação de um programa especialmente concebido para complementar a política estrutural comunitária, flexibilizando-a e adaptando-a à nossa situação, o PEDAP[57].

---

[56] Só cerca de 15% da produção estava incluída no sistema complementar, de transição clássica, que previa uma harmonização progressiva dos preços e demais medidas em 7 anos. Os produtos em causa eram em regra aqueles que não levantavam grandes problemas, nem para Portugal, nem para a UE: ovinos, concentrado de tomate e frutas e legumes transformados, azeite e oleaginosas, açúcar e tabaco.

[57] PEDAP – Programa Específico de Desenvolvimento da Agricultura Portuguesa, que beneficiou de 700 milhões de ECU por um período de 10 anos. Em 1994 foi incorporado no segundo Quadro Comunitário de Apoio. Até 1993 tinha financiado cerca de 30.000 projectos, a maior parte de natureza colectiva, correspondentes a realizações como as seguintes: 3.000 Km de caminhos agrícolas e rurais; 120.000 hectares de regadio, designadamente por beneficiação dos sistemas tradicionais; 85.000 de drenagem; 95.000 ha de florestação nova e 120.000 ha beneficiação florestal; 8.000 Km de caminhos florestais e

A lógica pretendida era a de conseguir uma modernização acelerada nos primeiros anos de adesão, para posteriormente se poder defrontar com mais tranquilidade a abertura dos mercados.

A Segunda Etapa iniciou-se, conforme o previsto, em 1991, após uma difícil negociação sobre as modalidades concretas de harmonização dos preços, dos mecanismos de protecção na fronteira, de aplicação da quota leiteira, e das restantes regras e disciplinas da PAC.

Logo após o início de aplicação da Segunda Etapa, que marcaria o início real da integração da agricultura portuguesa na União Europeia, tem lugar a concretização do Mercado Único, decidido pelos Chefes de Estado e de Governo em 1988, e que implicou a abolição de todas as fronteiras e das correspondentes protecções pautais ou quantitativas.

Apesar de estarmos em período de transição, o que constituía em si mesmo um argumento legítimo, como manter a agricultura fora do Mercado Único? Mandar parar todos os camiões na fronteira só para verificar se transportavam produtos agrícolas, e mantendo para isso toda a estrutura alfandegária?

Temos que reconhecer que se trataria de uma situação de muito difícil justificação e aplicação prática de duvidosa eficácia, e que, acima de tudo, colocaria Portugal numa situação de perigosa fragilidade no processo de negociação dos fundos estruturais que decorria paralelamente, e que eram fundamentais para o desenvolvimento da agricultura e do nosso mundo rural.

Como responsável político pela agricultura, acatei a decisão do Governo, porque, por muito que me custasse, era uma decisão razoável do ponto de vista dos interesses portugueses no seu conjunto. Procurei contudo, como era minha obrigação, negociar condições que minimizassem as perdas decorrentes da abolição das fronteiras. Neste contexto, cheguei a bloquear as negociações do Conselho de Dezembro de 1992. Perante a quase duplicação das contrapartidas de compensação, que passaram para cerca de 106 milhões de contos, aceitei aplicar o Mercado Único a partir de Abril de 1993, com três meses de atraso em relação ao calendário do resto da economia.

---

rede divisional; 45 centros de formação profissional agrícola; 7 escolas profissionais agrícolas; 115 agrupamentos de defesa sanitária; 4.500 km de electrificação rural e agrícola e 2500 postos de transformação eléctrica. (Ministério da Agricultura (1993) *Agricultura Portuguesa – Anexo Estatístico*, Gabinete do Ministro, Lisboa).

O mesmo tipo de acção continuará a ser elegível no terceiro quadro comunitário de apoio, decorrente da Agenda 2000, para período de 2000 a 2006.

O Mercado Único significou uma antecipação do fim do período transitório em cerca de dois anos e meio, ou seja uma redução para metade do prazo real de integração, já que na Primeira Etapa, conforme referi, não ocorreu um esforço real de convergência e de harmonização. Devo referir, aliás, que, pelo que aconteceu no decurso da Primeira Etapa, é minha convicção que se criou na mente dos agricultores e seus dirigentes a ideia de que a integração europeia só proporcionava vantagens, como, por exemplo, os financiamentos a fundo perdido, sem o ónus da abertura dos mercados ou da harmonização dos preços...

Tal como era previsível, com a harmonização dos preços a ser comprimida para três campanhas, e com a exposição plena à concorrência externa, o choque foi fortíssimo, apesar do efeito amortecedor das contrapartidas financeiras negociadas. Uma situação que se agravou substancialmente nos sectores dos cereais, oleaginosas e carne, em resultado de duas secas consecutivas, em 1992 e 1993.

Pode dizer-se que nos anos de 1991 a 1993 a agricultura portuguesa *bateu no fundo*, já que aos efeitos das reformas internas se juntaram os das externas, numa dose que deixou o doente profundamente abalado... O Quadro 3 espelha bem a situação do que se passou através do indicador de síntese que mede a evolução dos rendimentos. Com excepção de 1987 e, sobretudo, 1988, em resultado do muito mau ano agrícola, os rendimentos por unidade de trabalho agrícola desde a Adesão subiram sempre até 1990. É nos três anos seguintes que se concentra todo o efeito das reformas internas decorrentes dos compromissos da integração europeia acabados de referir. A harmonização dos preços e a abertura total das fronteiras, conjugadas com os efeitos das secas, levaram a uma baixa acumulada do rendimento de 23,5% neste período[58].

Ainda que não decorrendo directamente das reformas agrícolas, o crescimento fulgurante das grandes superfícies comerciais neste período teve também um efeito devastador nos preços internos. Desmantelados que foram, subitamente, grande parte dos circuitos tradicionais do comércio retalhista que se abasteciam na produção mais próxima, o comércio alimentar passou a ser dominado por cadeias totalmente inter-

---

[58] Não deixa de ser curioso e até intrigante verificar que as estatísticas publicadas à época (incluindo as do INE e do EUROSTAT) apontavam para perdas de rendimento catastróficas, da ordem dos 41% nesse mesmo período, quando, afinal, os números definitivamente apurados acabaram por fixar essa perda de rendimento em cerca de metade.

nacionalizadas, que privilegiavam os produtos importados. Nuns casos porque elas próprias têm raízes no estrangeiro; noutros casos pela competitividade dos preços; noutros ainda por mera conveniência logística e de gestão.

Assumindo que se trata de um fenómeno comum a toda a União Europeia, uma espécie de *sinal dos tempos,* tenho para mim que o impacto maior já ocorreu, e que, pouco a pouco, as novas estruturas comerciais irão separando *o trigo do joio,* em cooperação com as organizações de agricultores, e proporcionando crescentemente aos consumidores portugueses a oportunidade de comprarem mais produtos nacionais.

É neste contexto que surgiu a reforma da PAC. A oposição frontal e surpreendentemente demagógica movida pelas Organizações Agrícolas acabou por agravar as expectativas pessimistas e o espírito de desânimo que já então se vivia no nosso meio agrícola e rural; até porque começavam a tomar expressão mais sensível os encargos decorrentes do endividamento contraído por muitos agricultores para investimento, agravados pelas altas taxas de juro praticadas à época.

É esta coincidência no tempo de tantos factores, que chegou a levar a maior parte dos agricultores a associar as reais dificuldades que defrontam no seu dia a dia com a reforma da PAC. Na verdade, inquéritos então realizados demonstram que os agricultores que mais imputavam as suas dificuldades à reforma, são precisamente aqueles que operam em sectores que não foram por ela abrangidos, como é o caso das frutas, dos hortícolas e das culturas permanentes[59].

Sem ser possível isolar a quota-parte do efeito de cada um dos factores que intervêm neste período de reformas aceleradas, é hoje pacífico que a reforma da PAC correspondeu às expectativas positivas dos negociadores portugueses. Na verdade, como se pode observar pela informação estatística disponível (Quadro 3), os primeiros anos da implantação efectiva da reforma, 1994 a 1996, correspondem a um aumento acumulado nos níveis de rendimento de 36,6%, o que mais do que compensa a quebra registada nos três anos anteriores. A diferenciação sectorial e regional dos efeitos decorre da lógica da reforma, e como se verá adiante, constitui um desafio que deveria ser corrigido na reforma seguinte.

---

[59] Ver a este respeito FARMSTAT – *Observatório Rural,*1995, AGROGÉS, Lisboa.

As transferências do FEOGA-Garantia para Portugal mais do que duplicaram com a reforma, passando de 315 milhões de ecus em 1991 para 708 milhões em 1994. Esta evolução, além de explicar o aumento de rendimento verificado em razão da reforma, constitui, pela expressão das ajudas directas que incorpora, uma importante via para estabilizar o rendimento dos agricultores e para apoiar o esforço de amortização pelos investimentos realizados.

O Quadro 5 sintetiza a evolução experimentada pela agricultura portuguesa neste período, exibindo a comparação do indicador de apoio do FEOGA – Garantia aos agricultores portugueses com os seus parceiros da União. Verifica-se que as transferências veiculadas para Portugal só começaram a atingir alguma expressão a partir de 1991, com a aplicação da Segunda Etapa, e, particularmente nos anos seguintes, como expressão conjugada dessa situação de plena integração e da aplicação da reforma da PAC.

QUADRO 5

Fluxos Financeiros Agrícolas entre Portugal e a UE (1)
(1988-2001)

(milhões de euros)

	1988	1989	1990	1991	1992	1993	1994	1995	1996	1997	1998	1999	2000	2001
A- FEOGA- Garantia	157,2	174,4	214,2	315,6	423,8	478,1	708,4	705,7	645,4	654,9	637,4	653,3	652,0	881,6
% do total da UE	0,57%	0,67%	0,81%	0,98%	1,33%	3,80%	2,12%	2,06%	1,76%	1,70%	1,64%	1,65%	1,61%	2,09%
B- FEOGA-Orientação	121,9	179,4	241,6	313,4	289,8	313,9	510,5	282,7	379,4	309,3	444,1	159,6	405,2	367,0
% do total da UE	10,3%	12,2%	12,3%	13,1%	10,1%	10,2%	15,3%	8,4%	10,4%	7,9%	10,2%	2,9%	29,2%	10,5%
C- FEOGA Total	279,1	353,8	455,8	629,0	713,6	792,0	1218,9	988,4	1024,8	964,2	1081,5	812.9	1.057,2	1.248.6
D- FEOGA-Gar / UTA (2)														
Portugal	172,0	206,0	272,1	433,6	634,0	784,9	1.186,4	1.206,1	1.125,6	1.166,1	1.124,2	1.229,2	1.215,7	1.678,0
UE	2.968,3	2.910,8	3.090,6	3.783,0	3.949,6	4.494,4	4.417,2	4.800,8	5.612,6	5.906,1	5807,6	5.926,5	6.566,1	6.951,6
E- FEOGA-Orient / UTA (2)														
Portugal	133,4	211,9	306,9	430,6	433,5	515,4	855,0	483,2	661,7	550,7	783,2	300,3	755,5	698,5
UE	122,5	152,1	215,7	248,6	361,5	437,9	346,4	375,2	564,7	619,4	654,5	836,4	225.1	579.6
F- FEOGA Total / UTA (2)														
Portugal	305,4	417,8	578,9	864,1	1.067,5	1.300,3	2.041,4	1.689,3	1.787,2	1.716,9	1.907,4	1.529,5	1.971,2	2.376,5
UE	3.090,7	3.063,0	3.318,2	4.046,3	4.328,2	4.946,7	4.780,5	5.317,7	6.193,1	6.563,4	6.462,1	6.762,9	6.791,2	7.531,2
G- em %														
Indicador D: Port / UE	5,8%	7,1%	8,8%	11,5%	16,1%	17,5%	26,9%	25,1%	20,1%	19,7%	19,4%	20,7%	18,5%	24,1%
Indicador E: Port / UE	108,9%	139,3%	142,2%	173,2%	119,9%	117,7%	246,8%	128,8%	117,2%	88,9%	119,7%	35,9%	335,6%	120,5%
Indicador F: Port / UE	9,2%	13,6%	17,4%	21,4%	24,7%	26,3%	42,7%	31,8%	28,9%	26,2%	29,5%	22,6%	29,0%	31,6%

Fontes: A situação da agricultura na União Europeia – Relatórios de 1990, 1993, 1999 e 2002
(1) Preços correntes
(2) UTA: Unidade de Trabalho Anual

A comparação dos apoios recebidos pelos agricultores portugueses com os dos seus colegas europeus foi matéria frequentemente mal tratada, umas vezes por demagogia, outras por mera ignorância, não se tendo normalmente em consideração a situação de transição em que nos encontrávamos.

Só a partir de 1991/92 é então possível fazer comparações legítimas. Antes dessa data, sobressai um benefício por agricultor de cerca de 1/8 da média comunitária. Para além da situação de transição, sem dúvida o factor mais importante, outros podem ser invocados para explicar este magro benefício do FEOGA. De entre eles, sublinho: a condição deficitária da nossa produção, a composição do nosso produto agrícola, o sobre-apoio dado pela PAC às chamadas *grandes culturas* (cereais, açúcar, oleaginosas, bovinos, leite e lacticínios), e a forma como esse apoio era veiculado (através das operações de intervenção ou das restituições à exportação). De referir, todavia, que a menor expressão das transferências financeiras do FEOGA nesta fase era em boa parte compensada pelos preços mais altos pagos pelos consumidores portugueses por muitas das nossas produções e pelos mecanismos de protecção de que ainda dispúnhamos.

Com a mudança da natureza do apoio, do sistema de preços para as ajudas directas, passou a haver uma maior igualdade objectiva no acesso a esses benefícios, pelo que não é de admirar a melhoria ocorrida nos anos seguintes, com o nosso indicador de apoio do FEOGA-Garantia por agricultor a situar-se entre 1/4 e 1/5 da média da União. Este afastamento actual já encontra explicação (que não aceitação!), não só na diferente composição do produto agrícola, mas também no diferencial de produtividades que está na base da definição dos montantes dessas ajudas.

Os montantes recebidos pelo FEOGA-Orientação revelam desde o início um sinal de coesão, porquanto colocam a agricultura portuguesa em posição de grande destaque (ultrapassam largamente as médias comunitárias), visando uma recuperação rápida do seu atraso estrutural. A sua evolução no tempo é independente da reforma, mas associada às negociações dos fundos estruturais, as quais foram feitas para os períodos de 1989-93; 1994-99 e 2000-2006.

A publicação pelo Ministério da Agricultura, Desenvolvimento Rural e Pescas de um relatório[60] sobre a evolução da agricultura portuguesa na década de 90, veio trazer alguns esclarecimentos acerca do que foi este

---

[60] MADRP (1999), Panorama Agricultura 1998.

conturbado período de reformas e de mudanças de enquadramento da política agrícola em Portugal, assim como da reacção do sector agro-alimentar a tais mudanças.

Nele se evidencia que, apesar de todas as mudanças ocorridas, que implicaram designadamente o fim do proteccionismo na fronteira e o ajustamento dos preços para os níveis mais baixos da UE, a agricultura portuguesa foi capaz de se adaptar melhor do que muitos esperariam. São, designadamente de evidenciar os aspectos seguintes:

- Conseguiu manter um peso relativamente importante na economia nacional, não obstante a evolução decrescente, comum às sociedades que se desenvolveram. A prová-lo estão os 17% do emprego e os 10,5% do Valor Acrescentado Bruto (VAB pm) que representa todo o complexo agro-florestal (produção agrícola e florestal e indústrias agrícolas e florestais);
- Conseguiu mesmo assim (com as baixas substanciais dos preços resultantes da harmonização e do fim do proteccionismo) um ligeiro crescimento da produção e do valor acrescentado, com uma taxa média de crescimento anual de VABpm de 0,7%[61];
- Convergiu, ainda que ligeiramente, com a sua congénere da UE em matéria de rendimento por activo (VALcf/UTA), passando de 26% da média comunitária em 1990 para valores de 28% a 31% na parte final da década;
- Manteve, apenas com um pequeno decréscimo, a taxa de auto aprovisionamento (que passou de 90,7% no início da década para 89% em 1997 e 87,8% em 1998) e foi mesmo capaz de melhorar a taxa de cobertura[62] das importações pelas exportações (32,4% em 1990 e 35,7% em 1998);
- Experimentou uma notável evolução estrutural no sentido da sua modernização, com uma ligeira melhoria dos termos de troca (ver Quadro 4), e a quase duplicação da área média por exploração, sendo porém de evidenciar o desaparecimento de muitas pequenas e muito pequenas explorações agrícolas em favor das de maior dimensão.

---

[61] É de notar que na outra década em que a agricultura esteve também sujeita às maiores pressões e mudanças (década de 1960/70), a evolução do VABpm foi negativa – taxa média de crescimento anual de – 0,5%.

[62] Valor das exportações a dividir pelo valor das importações, em percentagem.

Se é um facto que o processo de transição e integração da agricultura portuguesa nos mercados e políticas da União Europeia está hoje mais ou menos estudado e avaliado, já o mesmo não se pode dizer do isolamento de cada uma das variáveis que concorreram para que essa evolução frustrasse os cenários mais pessimistas. Estou convicto que com o tempo essas análises serão feitas e virão ao de cima de forma mais clara e cientificamente comprovada os efeitos das reformas que foram introduzidas na primeira metade da última década do século XX.

Com o passar dos anos, os efeitos da reforma vão-se naturalmente diluindo, até ser posto em causa, mais dia, menos dia, o modelo de compensação financeira. No caso português essa erosão é bem visível nos anos posteriores a 1996, com a progressiva redução das transferências do FEOGA-Garantia e a diminuição do peso relativo da quota-parte portuguesa nesse Fundo, passando de uma percentagem média de 2,6% no período 1993-1995 para 1,61% em 2000. A situação mais favorável registada em 2001 (2,1%) pode ser explicada por alguma acumulação de pagamentos atrasados, bem como já pelos primeiros efeitos da reforma de 1999.

Fica porém uma reforma que corrigiu alguns dos mais graves *pecados originais* da velha PAC, mas que não poderia ser outra coisa senão uma etapa intermédia no seu processo de evolução e ajustamento às novas realidades envolventes da agricultura e do mundo rural.

ANEXO I: **Discussão Interna no Colégio dos Comissários**

A primeira reacção política à ideia da reforma foi do próprio Colégio dos Comissários, que organizou um seminário específico para debater o assunto, e em que participou o Director Geral da DG VI, Guy Legras. As reacções dos Comissários não foram unânimes, como seria de esperar, apesar de, por estatuto, os Comissários não representarem institucionalmente os seus países de origem...

Para além do Presidente Delors, do Comissário responsável pela agricultura Ray MacSharry e de Franz Andriessen, anterior responsável por aquele pelouro e à época pelas relações comerciais externas, foi geral o apoio aos objectivos preconizados, mas com algumas sensibilidades, que referirei de seguida.

Os dois Comissários Britânicos (Leon Brittan e Bruce Millan) sublinharam o *carácter discriminatório* da modulação das ajudas acima de uma certa dimensão (argumento compreensível, face à elevada superfície média das explorações no Reino Unido) e a importância desta reforma para o avanço do GATT. Todavia, menos coerente é o argumento, também por eles invocado, do elevado custo orçamental da reforma...já que um dos objectivos da limitação das ajudas a uma certa dimensão era precisamente a contenção dos gastos...

Os espanhóis Abel Matutes e Manuel Marin, os italianos Ripa de Meana e Filipo Pandolfi, e a grega Vasso Papandreu, sublinharam a importância da multifuncionalidade prevista, a protecção do ambiente, das zonas desfavorecidas e o risco de marginalização das pequenas explorações familiares que não podem ser extensivas.

Também de apoio empenhado é a posição dos alemães Martin Bangemann e Schimdhuber, tal como a da francesa Christiane Scrivener. António Cardoso e Cunha, antigo Ministro da Agricultura de Portugal e ele próprio empresário agrícola, concordando embora com o diagnóstico, manifestou-se céptico quanto às orientações propostas, e principalmente quanto à redução de certos subsídios, invocando o carácter artificial do mercado mundial, em que a concorrência não se joga entre quem é mais ou menos competitivo, mas entre quem é mais ou menos subsidiado. Criticou ainda a discriminação que poderia advir da modulação dos apoios, visto a mesma dimensão física ter expressões económicas diferentes consoante as circunstâncias.

ANEXO II: Primeiras Reacções dos Estados Membros

As primeiras reacções dos Estados Membros foram expressas na sessão do Conselho de 4 e 5 de Fevereiro de 1991 (a primeira em que foi agendado o *Documento de Reflexão* da Comissão), podendo distinguir-se três grupos bem identificados:

O grupo declaradamente contra a ideia de reforma preconizada pela Comissão era constituído pelo Reino Unido, Holanda e Dinamarca, sendo claramente liderado pelos dois primeiros. Para sustentar a sua tese, rejeitavam a invocação de quaisquer pressões externas e assumiam que era possível resolver os problemas no quadro do modelo existente, ainda que fosse necessário aplicar o pousio obrigatório (à semelhança do que fizeram os Estados Unidos.

O Reino Unido sublinhava a ideia de que a modulação das ajudas pela dimensão teria por efeito fragmentar as explorações, encorajando a intensificação e transformando a Europa rural num museu. De referir, a título de curiosidade, a afirmação do ministro John Gummer no Parlamento britânico a 14 de Fevereiro, a propósito das propostas de reforma: *"opomo-nos a elas, odiamo-las e condenamo-las..."* A Holanda dizia que não se devia tirar força à política de preços e mercados. E a Dinamarca sublinhava que se corria o risco de criar *duas velocidades:* a dos agricultores competitivos e a dos agricultores subsidiados. O que não deixa de ser uma observação bem curiosa, atendendo à evidencia de serem as chamadas *explorações competitivas* precisamente as mais subsidiadas...Razão tinha a Comissão ao antecipar esta crítica, referindo que ao longo dos anos de vida da PAC se foi confundindo competitividade com absorção e efeitos de subsídios do FEOGA-Garantia...

O grupo dos moderadamente contra era integrado pela França e pela Bélgica. A França defendia a estratégia da competitividade e a *vocação exportadora* da agricultura europeia, ao mesmo tempo que rejeitava uma visão catastrófica da PAC, bem como o estabelecimento de qualquer relação entre a reforma e o GATT. Ilustrativa da sua posição nesta fase foi a expressão do ministro Louis Mermaz ao referir que *"sabemos o que não queremos, mas ainda não sabemos o que queremos..."* Ao contrário dos *duros*, a Bélgica achava que o documento merecia reflexão, apesar de ser muito crítica quanto à secundarização da política de preços e mercados e à penalização das *explorações competitivas* pelo facto de serem de maior dimensão.

Os restantes 7 Estados Membros assumiram uma posição aberta para negociar, obviamente condicionada à resolução dos seus principais problemas. A Espanha sublinhava o facto de o documento fazer referência ao desenvolvimento do mundo rural, mas depois não ser muito incisivo quanto à eliminação das disparidades regionais. A Alemanha aceitava as preocupações redistributivas da futura PAC, assumindo desde logo uma posição pragmática que o ministro Ignaz Kiechle traduzia desta forma lúcida: " *temos que fazer com que os nossos agri-*

cultores possam viver..." De registar que a Alemanha desde sempre contrariou o *discurso da competitividade* como sendo irrealista e *"um sonho perigoso"*, já que o mesmo se traduziria na discussão de quem recebe mais subsídios, virando portanto uns agricultores contra os outros.

Consciente que assumiria a Presidência previsivelmente com a reforma ainda por fazer, Portugal não podia tomar posições extremas que lhe retirassem credibilidade para conduzir o debate. Interessava-lhe deixar claro que apoiava a reforma, sim, mas condicionada ao conhecimento das propostas finais concretas. Um discurso crítico destinado a ganhar espaço de manobra para negociar de forma satisfatória a resolução dos seus problemas específicos, mas também a manter algumas pontes com os Estados que se opunham à reforma.

Quando saiu o *Documento de Reflexão,* salientámos que o nosso apoio ao novo modelo proposto decorria dos objectivos nele assumidos, designadamente a correcção dos desequilíbrios históricos dentro da PAC e, por essa via, a atenuação das assimetrias de rendimento agrícola na Europa. Ao mesmo tempo chamávamos a atenção da Comissão e do Conselho para a necessidade de uma boa ponderação entre a competitividade e a estabilidade, sublinhando que a nova PAC deve trazer mais estabilidade aos agricultores, para além de ter de melhorar a sua eficiência e competitividade. Um alerta que também visava sublinhar o facto de a *competitividade* de muitas explorações europeias ter sido conseguida à custa de muitos recursos do FEOGA...o que veio a prejudicar a realização de outras relevantes dimensões da PAC.

O que Portugal acima de tudo recusava era que se continuasse a seguir o *modelo francês,* transformado em discurso oficial do COPA (e internamente assumido pela CAP), e cuja lógica assentava na defesa da *agricultura empresarial*, o que equivalia à preocupação de salvaguardar apenas umas quantas bolsas de produção, que eram, afinal de contas, as que sempre mais tinham beneficiado da generosidade da PAC e do orçamento comunitário. Para além da estabilidade e da dimensão redistributiva, chamávamos também a atenção para a preservação do espaço rural e para a salvaguarda do processo de modernização em curso na agricultura portuguesa.

Quando se passou dos princípios às propostas sectoriais concretas, não faltaram argumentos para endurecer a nossa posição, para obtermos o que considerávamos imprescindível, como veremos adiante.

ANEXO III: **Propostas da Comissão**

A Comunicação ao Conselho e ao Parlamento Europeu sobre o Desenvolvimento e Futuro da PAC sistematiza o conteúdo concreto das propostas de reforma apresentadas pela Comissão:

Política de preços mais competitiva

A redução dos preços, como de resto, toda a aplicação da reforma, seria faseada em três etapas anuais. Eram também suprimidos os estabilizadores e respectivas QMG, assim como as taxas de co-responsabilidade existentes.

Cereais: propunha-se a redução do preço indicativo para 100 ECU/ton. (considerado o preço médio estabilizado que iria prevalecer no mercado mundial), o que representava uma redução de 35%, se se comparar com o preço de compra à intervenção vigente de 155 ECU/ton.

Produções animais: reduções de 15% no preço de intervenção da carne bovina e da manteiga e de 5% no leite em pó desnatado (LPD). Estas reduções eram justificadas como decorrentes do ajustamento do preço dos cereais.

Ajudas Directas

Cereais: a ajuda visava compensar a redução de preço, propondo-se o nível de 55 ECU/ton, sendo tomada como média de referência comunitária a produtividade de 4,6 ton/ha; o que daria um valor médio teórico de 253 ECU por hectare. Seria paga por hectare na base das produtividades regionais históricas registadas no período 86/87 a 90/91, mediante planos de regionalização a elaborar pelos Estados Membros e a aprovar pela Comissão.

Nas explorações com produção superior a 92 toneladas o recebimento da ajuda seria condicionado à realização do pousio obrigatório.

Oleaginosas: deixariam de ter preços institucionais e o nível de ajuda seria calculado a partir de um montante de referência comunitário que assegure um equilíbrio com os cereais. Segundo os cálculos da Comissão a ajuda padrão média seria de 384 ECU/ha, em resultado da multiplicação do preço de referência estabilizado no mercado mundial de 163 ECU/ton pela produtividade média de 2,36 ton/ha.

Para os pequenos produtores era proposto um regime simplificado, com uma única ajuda para os cereais, oleaginosas e proteaginosas.

Trigo rijo: proponha-se uma ajuda especial de 300 ECU /ha, só nas zonas tradicionais como compensação pelas perdas de rendimento decorrentes do alinhamento do preço com o dos restantes cereais.

Tabaco: mantinha-se o sistema dos prémios mas reagrupando as 34 variedades em 5 grupos de acordo com o tipo de cura, e 3 variedades gregas, sendo instituído um prémio único por grupo de variedades. Reforçam-se os controlos e criam-se incentivos às associações de produtores e ao inter profissionalismo.

Bovinos machos: prémio de 180 ECU, só até ao limite de 90 cabeças por exploração, a pagar em três etapas de 60 ECU, respectivamente aos 6-9, 18-21 e 30-33 meses.

Vacas aleitantes (raças não leiteiras, cujas mães amamentam integralmente as crias): aumento do prémio existente para 75 ECU, podendo ser complementado a nível nacional em mais 25 ECU, também limitado a um máximo de 90 cabeças.

Vacas leiteiras: prémio anual de 75 ECU até ao limite de 40 cabeças destinado a incentivar os produtores a um regime mais extensivo, e um prémio especial de 100 ECU ao abate de machos de raça leiteira se abatidos nos primeiros 8-10 dias.

Leite: compensação de 5 ECU/100 kg durante um período de 10 anos aos produtores, como compensação pela redução das quotas, podendo os agricultores optar por os vender no mercado, recebendo duma só vez a soma total. Para além desta compensação, foi ainda criado um prémio especial (prémio de resgate) de 17 ECU/100 kg para quem quiser cessar voluntariamente a produção.

Ovinos e caprinos: manutenção dos prémios existentes, mas agora limitados a 350 animais nas zonas normais e a 750 nas zonas desfavorecidas, assim como do suplemento especial de 5,5 ECU para as regiões de objectivo 1.

Controles Directos da Produção

Quotas de produção: foram mantidas para o leite e o tabaco e criadas *quotas de direitos* para efeitos de recebimento dos prémios no sector pecuário e das ajudas nas culturas arvenses. Neste caso, trata-se de quotas de produção ou de superfície especiais, designadas por *rebanhos de referência* ou *áreas de base*.

A redução líquida de 3% proposta para a quota leiteira era o resultado de uma redução bruta de 4%, mas com a possibilidade de redistribuição de 1% a categorias especiais de produtores: jovens, pequenos agricultores, regiões de montanha e desfavorecidas, leite de alta qualidade. De notar que já se havia decidido uma redução de 2% no âmbito do pacote de preços de 1991/92.

Extensificação: a proposta traduzia-se na obrigação de ser respeitado um certo nível de encabeçamento como condição de elegibilidade para os prémios, o qual foi fixado em 1,4 *cabeças normais* (CN) por hectare para as regiões normais e 2 para as regiões desfavorecidas. As explorações até 6 CN estavam isentas.

Pousio obrigatório: foi concebido como um instrumento de gestão do mercado e fixado em 15% para os cereais e oleaginosas. As áreas de pousio receberiam uma ajuda de 45 ECU por tonelada, calculada em cada caso na base da produtividade prevista no plano de regionalização. Foi proposta a isenção para as explorações com uma produção inferior a 92 toneladas.

Medidas de Acompanhamento

As medidas **agro-ambientais** apresentaram um cunho bastante inovador. Em primeiro lugar porque era proposto serem *obrigatórias*, o que assegurava à partida a sua aplicação em todos os Estados Membros. Depois, porque eram de facto a primeira grande tentativa realizável de reordenar a ocupação da terra de produções excedentárias para produções deficitárias e de preservar sistemas produtivos verdadeiramente extensivos e compatíveis com o ambiente. Abrangiam também os casos de produtores que, voluntariamente, queriam reduzir o grau de intensificação das suas explorações. A condição de base era a elaboração de um contrato plurianual entre o agricultor e o Estado, até ao limite de 250 ECU por hectare para as culturas ou de 210 ECU por CN para os casos em que estiver em causa uma redução da densidade pecuária.

No plano das medidas **agro-florestais**, sobem para 2.000 e 4.000 ECU os prémios já existentes para a arborização de terras agrícolas, respectivamente para as resinosas e as folhosas. Acresce ainda uma ajuda especial de 950 ECU no caso das resinosas e de 1900 para as resinosas, destinada a financiar os custos adicionais de gestão nos primeiros 5 anos.

De particular importância estratégica era a proposta da criação de um prémio até ao limite de 600 ECU/ha (com possibilidade de ser majorado em 100 ECU pelos Estados Membros), para compensar os agricultores pela retirada de terras, durante o período máximo de 20 anos, de modo a permitir suportar as perdas de rendimento durante o período de crescimento das árvores. Ajuda esta também extensiva a não agricultores que arborizem terras agrícolas, ainda que limitada a 150 ECU.

O objectivo dos incentivos à **cessação antecipada da actividade** agrícola era acelerar o ajustamento estrutural, tendo em conta que existiam 2 milhões de agricultores com idades compreendidas entre os 55 e os 60 anos, metade dos quais não tendo sucessores, e 4,6 milhões com idade acima de 55 anos, dois terços dos quais com explorações inferiores a 5 hectares, que se encontravam num patamar de elevado risco face ao cenário de maior competitividade futura.

Pretendia-se assim conceder um incentivo aos agricultores com mais de 55 anos a cederem a exploração das suas terras aos seus sucessores ou outros agricultores para efeitos de reestruturação. Não sendo possível a sua utilização para reestruturação agrícola, que a cedessem para fins não agrícolas. Propõe-se para isso uma ajuda composta por um elemento fixo de 4.000 ECU e um elemento variável de 250 ECU/ha, até a um máximo total elegível de 10.000 ECU. De salientar a elegibilidade dos trabalhadores agrícolas permanentes, até um máximo de 2 por exploração.

ANEXO IV: **Grandes Disputas Negociais**

A primeira grande clivagem negocial tinha a ver com o aumento das quotas leiteiras para a Grécia, Espanha e Itália. Estes três Estados aproveitaram o contexto da reforma para tentarem solucionar definitivamente os problemas que tinham a este respeito.

O caso grego era fácil de compreender e de resolver. Estava em causa um défice de aprovisionamento em condições de abastecimento difíceis devido à dispersão insular, e os gregos só tinham reivindicado mais 100.000 toneladas.

À Espanha valeu a argúcia e experiência negocial de Pedro Solbes (um experiente negociador que havia sido Secretário de Estado dos Assuntos Europeus desde a Adesão de Espanha à União), que jogou o argumento da *transparência*, ao passar a mensagem de que o seu antecessor, apesar de pertencer ao mesmo Governo, não tivera a coragem política de aplicar as quotas leiteiras. Foi então possível explicar aos ministros que a Espanha havia sido maltratada aquando das negociações de adesão quanto ao nível da quota leiteira que lhe fora atribuída e resolver o problema com um compromisso que passaria pelo aumento da quota em 500.000 toneladas, equivalentes a um aumento líquido de 10%. A este aumento da quota foi associado um programa de resgate voluntário de 800.000 toneladas, das quais 600.000 a financiar pelo orçamento nacional e as restantes 200.000 a financiar pelo FEOGA; e ainda a uma transferência de quota de 150.000 toneladas das vendas directas para as entregas.

O caso italiano foi penoso e difícil. Ao contrário da Espanha, a Itália não fora capaz de assumir a sua incapacidade na gestão do sistema de quotas, tendo permitido que desde o seu início, em 1984, a produção tivesse ultrapassado o limite estabelecido em 22% sem ter pago, nem se propor pagar, ao FEOGA, as penalizações correspondentes. Na base de um compromisso feito antes da aprovação final dos textos, foi finalmente possível decidir uma solução semelhante à espanhola, com um aumento líquido de 900 mil toneladas, para além do perdão do pagamento das taxas devidas ao FEOGA pela ultrapassagem das quotas em anos consecutivos.

As dificuldades de Itália tiveram bastante a ver com a estratégia arrogante adoptada ao longo das negociações de não reconhecer a sua falha, mas também, seguramente, com a instabilidade política que então vivia, em que os ministros tendiam a pautar as suas decisões mais pelo que lhes convinha no imediato, do que pelo que era imprescindível no longo prazo...onde não haveria grandes probabilidades de estarem ainda em funções...

O sector dos cereais protagonizava a segunda grande disputa. Estavam em causa duas visões extremas.

De um lado, a posição alemã, tradicionalmente defensora de uma redução moderada nos preços dos cereais. De facto, a Alemanha sempre defendeu que a PAC deveria prioritariamente defender a estabilidade do rendimento dos agricultores. Para além da posição relativamente aos preços, defendia ainda acerbadamente as quotas de produção, pela estabilidade de mercado e nível elevado de preços que conseguiam assegurar, se fossem bem geridas.

Do outro a França, que a partir do momento em que aderiu à negociação, se aliou à Comissão no sentido de conseguir uma redução significativa dos preço dos cereais. Uma posição compreensível, atendendo à competitividade francesa no contexto da União, e ao interesse que tinha em ver aumentada a procura de cereais... o que só aconteceria se o seu preço fosse realmente competitivo, designadamente face ao dos produtos de substituição utilizados na alimentação animal. A única condição que punha era que a redução dos preços fosse integralmente compensada.

A terceira grande disputa tinha a ver com o problema da limitação das ajudas directas compensatórias às explorações de maior dimensão. No caso das culturas arvenses estava em causa a compensação pelo pousio nas explorações para além da área equivalente à produção de 230 toneladas. No respeitante ao sector pecuário estavam em causa os limites máximos de animais por exploração propostos para o pagamento dos prémios.

ANEXO V: Alterações às Propostas da Comissão

Para serem aceitáveis pelos Estados Membros, as propostas iniciais da Comissão tiveram de sofrer consideráveis alterações ao longo do processo negocial. A principal função da Presidência foi precisamente a de conduzir essas negociações até encontrar um compromisso que não desvirtuasse o espírito da reforma, mas fosse ao encontro dos principais problemas de cada um. O quadro que se segue refere apenas as principais alterações introduzidas.

MEDIDAS	PROPOSTAS DA COMISSÃO	COMPROMISSO DA PRESIDÊNCIA
CEREAIS		
Preços e ajudas		
Redução de preços	35% (P/100 ECU)	29% (P/100 ECU)
Pagamento compensatório	55 ECU/t	45 ECU/t
Preferência comunitária	10 ECU	45 ECU
Supressão das taxas de correp.	até 94/95	imediata
Pousio		
Compensação	só até 230 t (área equivalente)	integral
Não rotação	não	possível
Transferência da obrigação	não	possível
Ajuda nacional da 2ª etapa/Port	não considera	adicionada à compensação
Superfície da base		
Âmbito	individual	regional(nacional
Área elegível	só culturas arvenses	ιcrescem áreas sob coberto
Áreas irrigadas	não autonomizadas	autonomizadas
Milho grão	não autonomizado	autonomizado
Milho silagem	não considerado	incluído
PORTUGAL		
Produtividade física	base estatística histórica (1,6)	projecção (2,9)
Ajuda nacional da 2ª etapa	não incorporado no pagamento compensatório	incorporado no pagamento compensatório
OLEAGINOSAS		
Pequenos Produtores		
Portugal/Espanha	não considerados	regime transitório

PROTEAGINOSAS		
Pagamento compensatório Para a alimentação humana	igual a cereais não consideradas	44% de aumento (65 ECU) regime transitório
FORRAGENS SECAS		
Ajudas	suprimidas	recuperadas c/ transição
TABACO		
QMG QMGP/Portugal	340 000 t s/transição 6 500 t (4,5 Virg/2 Burley)	350 000 t c/ transição 6 700 t (5,5 Virg/1,2 Burley)
LEITE		
Quotas Redução Resgate de 1% c/ redistribuição	4% obrigatório	Decisão casuística anual (1% + 1% máx. voluntário)
Preços Redução	10% (manteiga e LPM)	5% só manteiga
BOVINOS		
Factor Densidade (extensificação) Valor Período de transição Exclusão de produtores intensivos (>2 CN/ha) do acesso aos prémios	1,4 CN (Regiões Desfavorecidas) não aplicação imediata sim	2 CN (Regiões Desfavorecidas) sim (3,5>3,0>2,5>2,0) não
Pequenas explorações (limiar)	6 CN	15 CN
Superfície forrageira	só culturas arvenses	inclui culturas mistas
Efectivo de referência	não	sim
Prémios Prémios p/ vitelos machos Prémios por sazonalidade Prémios p/ vacas emaleitamento Transferência do direito ao prémio Adicional por extensificação	180 ECU em 3 prestações não 75 ECU p/ máximo de 90 cabeças não não	180 ECU em 2 prestações sim (60 ECU) 120 ECU s/máximo sim sim (30 ECU - 1,4 CN/ha)
Declaração de Reconversão/Portugal	não	sim
Regime de intervenção Limites de quantitativos Rede de segurança	não não	sim c/ transição p/ 320 000 sim

OVINOS		
Prémios		
Limites de rebanhos individuais		
Regiões Desfavorecidas	750	1000
Outras regiões	350	500
Direito ao prémio	só nos limites	50% do prémio para além dos limites
Prémio para animais leves	70%	80%
Declaração de Reconversão/Portugal	não	sim

CN – Cabeças Normais.
LPM – Leite em Pó Magro.

ANEXO VI: **Comentário às Posições do COPA**

O COPA dificilmente podia contestar os objectivos previstos para a reforma, atendendo à forma atractiva como foram apresentados pela Comissão. Mas, como seria de esperar, diverge no diagnóstico, critica as propostas da Comissão e apresenta as suas próprias soluções.

Quanto ao diagnóstico apresentado pela Comissão para introduzir as suas propostas, entendia que os desequilíbrios criados pela PAC, em particular os custos orçamentais, não se deviam apenas a razões estruturais, mas também a elementos conjunturais e ao não respeito da preferência comunitária. Este último facto teria levado ao aumento das importações de produtos de substituição de cereais (PSC) e à consequente não utilização de cereais na alimentação animal, contribuindo assim para a acumulação de excedentes.

Responsabilizava ainda a Comissão por *ter posto na gaveta* a ideia de um prémio para encorajar a utilização de cereais na alimentação animal. Uma interpretação que não deixa de revelar um curioso vício de raciocínio: primeiro, imputar à conjuntura a responsabilidade pelos custos da PAC, quando se trata de um problema que existia de forma persistente desde há quase 20 anos; depois, propor a criação de um subsídio (o prémio à utilização de cereais) para resolver problemas criados por outro subsídio (os preços de garantia artificialmente altos)!

Mais pertinente é sem dúvida a crítica feita aos escassos e perniciosos resultados da aplicação das reforma de 1988 (estabilizadores), designadamente o não controlo da produção excedentária, o fracasso do pousio voluntário, por ser pouco atractivo, e a não aplicação na maioria dos Estados Membros da cessação antecipada de actividade.

As críticas à reforma, desde a fase das propostas até à conclusão das negociações, foram apresentadas de forma contundente.

Desde logo, era contestada a intenção da Comissão quanto à redução acentuada do preço dos cereais, porque poderia intensificar a produção de bovinos e ovinos, contrariando o objectivo de extensificação e tornando esta carne menos competitiva com a das aves e suínos. Uma afirmação completamente desconexa que aparentemente só é feita devido ao pouco peso político destes últimos sectores no seio da Organização.

O COPA opôs-se ainda à distinção entre pequenos produtores (para os quais estava inicialmente prevista compensação total pela baixa do preço) e grandes produtores (para os quais só se previa compensar parcialmente). Tal como se opôs à ideia da modulação, que excluía o pagamento das ajudas acima de um determinado efectivo pecuário ou duma certa dimensão das explorações. A pequena agricultura foi sempre, aliás, uma problemática que o COPA, talvez pela sua pouca representatividade nesta área ou pela origem dos seus dirigentes, ou, mais provavelmente, pela conjugação dos dois factores, nunca foi capaz de assumir. Por saber isso mesmo é que a Comissão se antecipou na resposta a algumas críticas, conforme atrás referido. Por outro lado, as ajudas directas eram consideradas na tradição e cultura do COPA como dirigidas à *agricultura social*, uma designação pejorativa que se contrapunha à *agricultura empresarial*.

Ao rejeitar as ideias da Comissão, o COPA apresentava, também em termos gerais, as suas propostas (*Propositions du COPA concernant l'avenir de la Politique Agricole Commune*, Pr.(91)13, Bruxelles), cuja tónica era a defesa do *status-quo*, insistindo que *"a política de preços e de mercado baseada no sistema comum de duplo preço deve permanecer a base essencial para a formação do rendimento dos agricultores..."*

Aceitava que as garantias deixassem de ser ilimitadas, sugerindo, porém, que essa limitação fosse voluntária, condicionando o acesso aos apoios da política de preços e mercados à contribuição individual de cada agricultor para a realização dos objectivos de equilíbrio do mercado. E porque esta política iria afectar mais os pequenos agricultores, propunha para eles a criação de um sistema de ajudas compensatórias. Uma proposta que confirma a sua visão dualista do meio agrícola, compensando as pequenas explorações da *agricultura social* com os *subsídios visíveis* (ajudas directas), deixando para as *explorações empresariais* os *subsídios invisíveis* (política de preços e garantias), que por sinal seriam a parte de leão....

Para além da defesa do estímulo da procura através da qualidade, do reforço da exportação e da utilização dos cereais na alimentação animal, propunha ainda o reforço das políticas estrutural e ambiental, sublinhando o encorajamento à instalação de jovens agricultores e a utilização das terras em pousio voluntário para a produção de matérias-primas não alimentares destinadas a indústria.

II – 2 – A REFORMA DA AGENDA 2000

Tal como tinha prometido no documento de estratégia aprovado pelo Conselho Europeu de Madrid de Dezembro de 1995 a Comissão Europeia apresentou em Julho de 1997 as suas ideias sobre o futuro da Política Agrícola Comum. Fê-lo no quadro mais vasto da Agenda 2000[63] que, para além da PAC integrava outras grandes propostas de reformas da União Europeia (UE) para os primeiros sete anos do próximo milénio (2000--2006): o alargamento a novos países da Europa Central e Oriental, os fundos estruturais e o novo quadro de financiamento das políticas e acções comuns.

Após oito meses de intenso debate político, a Comissão concretizou de forma detalhada as propostas de reforma[64], que seguiram o habitual percurso institucional de discussão e parecer no Parlamento Europeu, no Comité das Regiões e no Conselho Económico e Social, até à aprovação final pelo Conselho.

1. Argumentos e Motivações da Reforma

A Comissão baseia a necessidade da reforma e, consequentemente, das suas propostas, em factores de ordem interna e externa.

Os factores internos são apresentados à cabeça, prefigurando a sua proeminência na hierarquização das razões motivadoras da reforma.

Em primeiro lugar surge o argumento do mercado. Com perspectivas de crescimento sustentado nos próximos 10 anos[65], a UE só poderá acompanhar essa expansão da procura nos mercados internacionais e desejavelmente aumentar a sua quota-parte se reduzir os seus preços, já que o Acordo de Marraquexe da Organização Mundial do Comércio (OMC) lhe limita consideravelmente o recurso ao *expediente competitivo* das restitui-

---

[63] COM(97)2000 final.
[64] COM(98)158 final.
[65] Ver Comissão Europeia (1998) Prospects for Agricultural Markets 1998-2005. De acordo com estes estudos quase todos os bens alimentares de grande comércio internacional experimentarão um aumento do procura, que terá principalmente origem em África e na América Latina, cujas agriculturas não serão capazes de fazer face ao crescimento do consumo.

ções à exportação. De contrário voltaria à época da acumulação de excedentes estruturais e das derrapagens orçamentais, a qual também não seria realizável em virtude da limitação do crescimento das despesas agrícolas imposta pela linha directriz[66].

Em segundo lugar são invocadas algumas disfunções da política agrícola europeia que a reforma de 1992 não conseguiu corrigir integralmente e que estão na base de uma imagem negativa da PAC face à opinião pública. Citam-se a este respeito a iniquidade distributiva, especialmente o tratamento desfavorável dado aos produtores das regiões mais desfavorecidas, a incapacidade de estancar a desertificação do espaço rural e de contribuir para um ordenamento equilibrado do território, os efeitos negativos sobre o ambiente resultante da poluição causada por certos sistemas de produção intensiva, e ainda a incapacidade de assegurar um nível elevado de sanidade animal e vegetal e de segurança na composição dos alimentos.

Em terceiro lugar a Comissão cita a grande diversidade dos sistemas produtivos que compõem a agricultura europeia e a consequente necessidade de fazer evoluir a PAC para um sistema mais descentralizado que respeite a especificidade de cada país ou região sem prejuízo do seu carácter comum.

Os factores externos são os já invocados anteriormente no documento de estratégia apresentado à Cimeira de Madrid: facilitar o alargamento aos Países da Europa Central e Oriental (PECO) e a realização da próxima ronda negocial da OMC. Tal como sucedera na reforma de 1992, a Comissão assume que deve ser a União Europeia a fixar as suas próprias opções para o futuro, no quadro de uma avaliação realista da evolução do mercado mundial. Neste sentido a Comissão assume que a reforma da PAC deve preceder a abertura das negociações para a próxima ronda da OMC e que a nova PAC deverá constituir o quadro balizador do mandato europeu[67].

Como se verá adiante, existe uma apreciável contradição entre os argumentos invocados para a reforma e os princípios orientadores que indiciam, por um lado, e as propostas concretas e o resultado final, por

---

[66] O montante financeiro a afectar à agricultura foi, aliás, uma das discussões mais polémicas ao longo de todo o processo negocial da Agenda 2000.

[67] Trata-se de uma orientação de crucial importância política e que viria a ficar consagrada no comunicado final do Conselho Europeu de Berlim, que aprovou a Agenda 2000 no seu conjunto.

outro. Não obstante, também como em 1992, a Comissão Europeia fez uma redacção esmerada do texto de apresentação das propostas e da respectiva introdução (*exposição de motivos*) por forma a cativar a opinião pública em aspectos a que esta é muito sensível, como o desenvolvimento rural e a criação de fontes de rendimento e oportunidades de emprego complementares da exploração económica da agricultura, a equidade, o ambiente e o ordenamento do território, ou a segurança dos alimentos.

Mas as verdadeiras razões motivadoras desta reforma são as de ordem externa, já que, para além do alargamento, os principais argumentos invocados, a competitividade e a evolução dos mercados agrícolas, decorrem de condicionantes externas às quais a UE teria que se adaptar. Por outro lado os argumentos de ordem interna invocados, e que têm a ver com o reequilíbrio da PAC, não têm depois expressão prática nas propostas concretas posteriormente apresentadas.

2. Das Propostas da Comissão às Decisões Finais de Berlim

As propostas formais da Comissão seguem de perto as linhas já enunciadas na primeira apresentação da Agenda 2000 em Julho de 1997, ainda que com algumas alterações específicas, como a reintrodução da ajuda ao milho para ensilagem que tinha sido excluída e o aumento de 10% para 15% da redução do preço da manteiga e do leite em pó desnatado.

A configuração das decisões finais é sempre a resultante do jogo das forças políticas presentes no Conselho, da abertura da Comissão para alterar as suas próprias propostas, e da capacidade de cada Estado Membro em influenciar aquelas Instituições no sentido dos seus interesses. Por isso não é de admirar a existência de diferenças entre as propostas iniciais e as decisões finais. O Anexo I exprime o conjunto de tais diferenças.

No caso concreto da Reforma da Agenda 2000 essas diferenças não foram insignificantes, apesar de não terem alterado a substância do desenho básico das propostas da Comissão. Mais adiante referirei alguns dos principais aspectos do percurso negocial, e designadamente dos dois tempos em que foi concretizado: os compromissos de Bruxelas e de Berlim, a 11 e 26 de Março, respectivamente.

No plano orçamental, que constituiu sem dúvida o elemento mais sensível de toda a Agenda 2000, as dotações relativas à PAC foram fixadas em 297.740 milhões de euros para o septénio, o que corresponde a uma dotação média anual para despesas de 42.500 milhões de euros e a 43,4% do orçamento total de 685 870 milhões de euros de despesa prevista para o período. Como se pode ver no Quadro 6 o desenvolvimento rural no seu sentido alargado irá absorver 30.370 milhões de euros.

Fora destas verbas ficam as dotações para o desenvolvimento rural nas regiões de objectivo 1[68], a fixar pelos Estados Membros em causa no âmbito dos seus quadros comunitários de apoio e as dotações previstas para apoiar a agricultura nos futuros países do leste europeu, antes e depois da adesão, as quais foram fixadas em 16 000 milhões de euros, o que corresponde a 24% das dotações totais previstas para a adesão e pré-adesão.

Esta matéria merece dois comentários. O primeiro visa sublinhar a continuação da tendência de redução da quota-parte da PAC no orçamento da União Europeia, para uma expressão bem contrastante com as dimensões de outrora e a que se fez referência no Quadro 1. O segundo é o de que a reforma da Agenda 2000 não só continua como acentua a tendência para a acumulação de margens de *"não-despesa"*, resultantes da diferença entre os limites estabelecidos pela linha directriz e as despesas efectuadas, e que em princípio serão restituídas aos Estados Membros.

---

[68] Para além das acções de desenvolvimento rural financiadas pelo FEOGA-Garantia em todos os Estados Membros (medidas de acompanhamento e indemnizações compensatórias para as zonas desfavorecidas) as regiões portuguesas classificadas como objectivo 1 (todas à excepção de Lisboa e Vale do Tejo) terão também acesso a acções estruturais financiadas pelo quadro comunitário de apoio para Portugal (FEOGA-Orientação), podendo ainda beneficiar de outras acções de desenvolvimento rural financiadas pelo FEOGA-Garantia, no quadro da declaração específica aprovada em Berlim e a que farei referência mais abaixo.

QUADRO 6

Perspectivas Financeiras da União 2000-2006
(milhões de euros, preços de 1999)

	2000	2001	2002	2003	2004	2005	2006	Total
Agricultura	**40 920**	**42 800**	**43 900**	**43 770**	**42 760**	**41 930**	**41 660**	**297 740**
Despesas da PAC	36 620	38 480	39 570	39 430	38 410	37 570	37 290	267 370
Desenvolvimento Rural*	4 300	4 320	4 330	4 340	4 350	4 360	4 370	30 370
Operações estruturais	**32 045**	**31 455**	**30 865**	**30 285**	**29 595**	**29 595**	**29 170**	**213 010**
Fundos Estruturais	29 430	28 840	28 250	27 670	27 080	27 080	26 660	195 010
Fundos de Coesão	2 615	2 615	2 615	2 615	2 515	2 515	2 510	18 000
Políticas Interiores	**5 900**	**5 950**	**6 000**	**6 050**	**6 100**	**6 150**	**6 200**	**42 350**
Políticas Externas	**4 550**	**4 560**	**4 570**	**4 580**	**4 590**	**4 600**	**4 610**	**32 060**
Administração	**4 560**	**4 600**	**4 700**	**4 800**	**4 900**	**5 000**	**5 100**	**33 660**
Reservas	**900**	**900**	**650**	**400**	**400**	**400**	**400**	**4 050**
Monetária	500	500	250	0	0	0	0	1 250
Ajuda de Emergência	200	200	200	200	200	200	200	1 400
Garantia	200	200	200	200	200	200	200	2 400
Ajuda Pré-Adesão	**3 120**	**3 120**	**3 120**	**3 120**	**3 120**	**3 120**	**3 120**	**21 840**
Agricultura	520	520	520	520	520	520	520	3 640
Estruturas	1 040	1 040	1 040	1 040	1 040	1 040	1 040	7 280
Prog. PHARE	1 560	1 560	1 560	1 560	1 560	1 560	1 560	10 920
Dotações p/ Compromissos	**91 995**	**93 385**	**93 805**	**93 005**	**91 465**	**90 795**	**90 260**	**644 710**
Dotações p/ Pagamentos	**89 590**	**91 070**	**94 130**	**94 740**	**91 720**	**89 910**	**89 310**	**640 470**
Disponível para Adesão			**4 140**	**6 710**	**9 090**	**11 440**	**14 220**	**45 600**
Agricultura			1 600	2 030	2 450	2 930	3 400	12 410
Outros			2 540	4 680	6 640	8 510	10 820	33 190
Limite Dot. P/ Pagamentos	**89 590**	**91 070**	**98 270**	**101 450**	**100 610**	**101 350**	**103 530**	**685 870**
Limite de Pagamentos	1,13	1,12	1,18	1,19	1,15	1,13	1,13	
Margem	0,14	0,15	0,09	0,08	0,12	0,14	0,14	
Limite de Recursos Próprios	1,27	1,27	1,27	1,27	1,27	1,27	1,27	

Fonte: *AGRA FOCUS*, Abril 1999
* inclui Medidas de Acompanhamento

Apresento a seguir uma análise temática, ainda que sintética, dos aspectos essenciais da reforma[69].

Redução dos preços de garantia

A proposta da Comissão previa reduções de preços de 30% para a carne bovina (em 3 anos); de 20% para os cereais (de uma só vez); e de 15% para o leite em pó desnatado e manteiga (em 4 anos). No caso da carne bovina propunha-se que a intervenção terminasse ao terceiro ano, após o que seria substituída por um sistema de ajudas à armazenagem privada.

A decisão final (ver Quadros 7, 8 e 9) cifrou-se em reduções de preços de: 20% para a carne bovina no mesmo período e manutenção do

QUADRO 7
Preços Institucionais e Prémios no Sector das Culturas Arvenses
(euros/ton)

Rubrica	1999/2000	2000/2001	2001/2002	2002/2003 ->	Mudança
Preço Intervenção	119.19	110.25	101.31	101.31	15% de redução em 2 anos
Ajuda	54.34	58.50	63.00	63.00	50% da redução de preço
Pousio obrigatório	68.83	58.67	63.00	63.00	Alinhamento imediato pela
Pousio voluntário	48.30	58.67	63.00	63.00	taxa dos cereais
Oleaginosas Ajuda directa	91.41	81.74	72.37	63.00	Alinhamento pela taxa dos cereais em 3 anos
Sementes de Linho Ajuda directa	105.1	88.26	75.63	63.00	Alinhamento pela taxa dos cereais em 3 anos
Culturas Proteicas Ajuda directa	78.49	72.50	72.50	72.50	Redução numa fase, conservando pequena diferença para os cereais
Fécula de Batata Preço mínimo	209.78	194.05	178.31	178.31	Redução de 15% em dois anos (75% compensação).
Ajuda directa	86.95	98.75	110.54	110.54	A neutralidade orçamental é assegurada pela diminuição das quotas

Fonte: AGRA FOCUS, Abril 1999
Nota: as alterações decididas na Cimeira de Berlim estão destacadas

---

[69] O quadro jurídico da PAC, decorrente da reforma, é constituído pelos seguintes principais regulamentos:

QUADRO 8

Preços Institucionais e Prémios no Sector da Carne de Bovino

Rubrica	30.06.2001 <-	2000/2001	2001/2002	2002/20003 ->	Mudança
P.Institucionais (EURO/ton)					(em 3 anos)
Intervenção	3475	3243	3012	(2780)	Redução de 20%
Intervenção de segurança *	2085	1910	1735	1560	Redução de 20%
P. Base	-	-	-	2224 **	-
Prémios EURO/cabeça					
Machos	135	160	185	210	Aumento de 56%
Machos castrados	108.7	122	136	150	Aumento de 38%
Vaca Aleitante	144.9	163	182	200	Aumento de 38%
Abate precoce de vitelos	0	17	33	50	novo
Abate	0	27	53	80	novo
Extensificação ***	36 – 54	33 - 66	33 - 66	33 - 66	Modificado
Envelopes nacionais ****	0	164.3	328.7	493	Novo

Fonte: AGRA FOCUS, Abril 1999
* activado a 60% do preço de intervenção, exclusivo a partir de Julho 2002.
** a partir de Julho 2002 a armazenagem privada será activada a 103% do preço de base.
*** os dois valores introduzidos referem-se respectivamente a densidades pecuárias de 1,6 a 2 cabeças normais por ha e inferior a 1,6 cabeça normal por ha.
**** os montantes disponíveis podem ser atribuídos como complemento de qualquer prémio existente (excepto o de vitelos), ou por hectare de pastagem permanente. Os Estados membro podem optar por prémio único de 100 EURO para uma densidade inferior a 1,4 CN/ha.

Reg (CE) 1251/99 – OCM culturas aráveis; Reg (CE) 1254/99 – OCM carne bovina; Reg (CE) 1255/99 – OCM leite e produtos lácteos; Reg (CE) 1256/99 – quotas leiteiras; Reg (CE) 1257/99 – política de desenvolvimento rural; Reg (CE) 1258/99 – financiamento da PAC; Reg (CE) 1259/99 – regulamento horizontal (eco-condicionalidade, modulações e outras regras comuns).

sistema de intervenção quando o preço de mercado descer abaixo de um determinado limite (60% do preço de intervenção); 15% para os cereais (em 2 anos e após o que será feita uma avaliação sobre a necessidade de uma eventual nova redução suplementar); e 15% no sector lácteo (a concretizar em 3 anos), mas com a considerável diferença de tal redução só ter início na campanha de 2005/2006, ou seja na parte final do período de incidência da reforma.

Compensação financeira

A Comissão propunha uma compensação financeira pela perda de rendimento mediante a atribuição às culturas arvenses de ajudas directas por hectare, indexadas às produtividades históricas, e de prémios por cabeça de gado no caso dos bovinos. Para as vacas leiteiras propunha um sistema completamente diferente, o da chamada *vaca virtual*, que consistia em dividir a quota de cada Estado Membro pela produtividade média da UE e que se traduzia numa óbvia penalização dos Estados Membros com produtividades mais baixas[70]. Ou seja, agora em nome da *simplificação*, os critérios de repartição das ajudas eram mais uma vez penalizadores dos mais débeis. De notar ainda que, ao contrário de 1992, a compensação era agora apenas parcial, variando de 50% para os cereais, a cerca de 70% para a carne bovina, e a 85% para o leite.

Na decisão final a compensação financeira parcial manteve-se, mas foi relativamente atenuada no sector bovino em resultado de uma redução dos preços menor do que prevista e do nível e regime de prémios que foram estabelecidos. O regime de atribuição de prémios para os bovinos (Quadro 8) foi profundamente alterado face às propostas iniciais, mas manteve-se o critério de um prémio por cabeça igual para todos os Estados Membros[71]. O prémio compensatório à vaca leiteira, a iniciar em 2005/2006, passará a ser atribuído por quilograma de quota, embora se mantenha como base do seu cálculo o critério da "vaca virtual".

---

[70] A CONFAGRI/FENALAC estimou a este respeito que, se a regra da *vaca virtual* se mantivesse, Portugal perderia direito a 59 000 unidades de prémio, o que equivaleria a uma redução anual das transferências do FEOGA para os agricultores portugueses de 1,7 a 3,9 milhões de contos, consoante os limites mínimo e máximo dos prémios então previstos (ver documento apresentado na conferência de imprensa da CONFAGRI em 1999.02.18).

[71] Sem contar com os prémios complementares decorrentes dos *envelopes nacionais,* que poderão alterar relativamente os montantes entre países ou regiões.

Nivelamento das ajudas às oleaginosas pelas dos cereais

A Comissão propunha-se igualar as ajudas a todas as culturas aráveis, mantendo porém um diferencial de 10% para as proteaginosas por se tratar de uma cultura especialmente deficitária na UE. A proposta de nivelamento das ajudas às culturas aráveis baseava-se no argumento de que dessa forma se conseguiria justificar perante os Estados Unidos o aumento da superfície máxima garantida para a produção de culturas oleo-proteaginosas na UE, que tinha sido imposta a este sector no acordo de Blair House[72].

No final, ficou decidido que o nivelamento das ajudas não seria imediato mas aplicado faseadamente em 3 anos, e que o diferencial da ajuda para as proteaginosas seria de 15%.

Limitação, modulação e descentralização

Tratava-se de uma das propostas mais emblemáticas e inovadoras da Comissão, que propunha a fixação de uma limitação ao montante total de ajudas a receber por cada agricultor na seguinte base: até € 100 000, receberia a totalidade do montante a que teria direito com base da aplicação dos critérios estabelecidos para o cálculo da ajuda; no escalão 100.000 a € 200.000 receberia adicionalmente 80%; e para qualquer montante superior a € 200.000 receberia apenas 75% desse montante, em adição aos montantes calculados nos escalões anteriores. Além disso cada Estado Membro poderia ainda impor internamente critérios mais selectivos, ficando com a faculdade de utilizar as poupanças assim geradas em medidas de política interna, em determinadas condições.

Por outro lado era ainda proposto que uma percentagem de cerca de 30% dos prémios a atribuir aos sectores bovino e leiteiro fosse retida pelos Estados Membros[73] e aplicada na base de critérios nacionais, por forma a responder à diversidade de sistemas produtivos existentes na União.

Na decisão final caíram os limites propostos a nível comunitário, tendo sido retido o princípio apenas a nível nacional[74]. Neste contexto os Estados Membros podem fixar montantes máximos de ajudas por agricultor, definir critérios de modulação das ajudas, quer em função de critérios de prosperi-

---

[72] Trata-se de um acordo bilateral da UE com os EUA precursor do Acordo de Marraquexe da OMC para o sector agrícola e pelo qual a UE se comprometeu, *inter alia*, a limitar a sua produção subsidiada de culturas oleaginosas e proteaginosas a uma área máxima de 5 128 000 hectares.

[73] Trata-se dos designados *envelopes nacionais*.

[74] Ver a este respeito o Regulamento (CE)1259/99 de 17 de Maio.

dade relativa, quer da variável emprego, e estabelecer exigências adicionais em matéria de critérios ambientais condicionantes da atribuição das ajudas – a chamada eco-condicionalidade. A única limitação é que a parcela de redução individual das ajudas não ultrapasse o máximo de 20% do total de ajudas a que o agricultor teria direito. Os Estados Membros poderão aplicar as poupanças assim realizadas no reforço de acções de desenvolvimento rural.

Convirá por fim referir que a margem de diferenciação nacional para atribuição dos prémios aos bovinos machos e vacas aleitantes – os chamados *envelopes nacionais* (Quadro 9) – ficou substancialmente reduzida, tendo passado de quase 2.000 milhões de euros para 493 milhões, ou seja, um quarto do proposto.

QUADRO 9

Envelopes e Direitos de Prémios Nacionais no Sector da Carne Bovina

	Envelopes Nacionais (milhões de euros)			Prémio Especial Bovinos (cabeças)		Prémio Vacas Aleitantes (cabeças)	
	2000	2001	2002	Anterior	-> 2000	Anterior	-> 2000
Bélgica	13.1	26.3	39.4	235 149	235 149	443 588	394 253
Dinamarca	3.9	7.9	11.8	277 110	277 110	135 937	112 932
Alemanha	29.5	58.9	88.4	1 782 700	1 782 700	651 122	639 535
Grécia	1.3	2.5	3.8	143 130	143 134	149 778	138 005
Espanha	11.0	22.1	33.1	603 674	713 999	1 462 527	1 441 539
França	31.1	62.3	93.4	1 754 732	1 754 732	3 886 366	3 779 866
Irlanda	10.5	20.9	31.4	1 002 458	1 077 458	1 113 987	1 102 620
Itália	21.9	43.7	65.6	598 746	598 746	787 993	621 611
Luxemburgo	1.1	2.3	3.4	18 962	18 962	14 765	18 537
P. Baixos	8.4	16.9	25.3	157 932	157 932	98 006	63 236
Áustria	4.0	8.0	12.0	423 400	423 400	325 000	325 000
Portugal	2.1	4.1	6.2	154 897	175 075	286 554	277 539
Finlândia	2.1	4.1	6.2	241 553	250 000	55 000	55 000
Suécia	3.1	6.1	9.2	226 328	250 000	155 000	155 000
R. Unido	21.3	42.5	63.8	1 419 811	1 419 811	1 803 323	1 699 511
EU 15	164.3	328.7	493.0	9 037 582	9 278 208	11 370 946	10 824 184

Fonte: AGRA FOCUS, Abril 1999

Política de desenvolvimento rural

Desde a malograda[75] Conferência de Cork em Novembro de 1996 que a Comissão Europeia pretendia estabelecer o desenvolvimento rural como *segundo pilar* da PAC. Fê-lo agora, consagrando-lhe neste âmbito duas categorias de medidas: por um lado as medidas de acompanhamento criadas em 1992, bem como as indemnizações compensatórias para as zonas desfavorecidas, financiadas pela secção Garantia do FEOGA; por outro as actuais medidas estruturais, as medidas visando a diversificação de actividades produtivas ao nível da exploração, a promoção da qualidade, a política de sanidade e segurança alimentar, ou os incentivos às produções para usos não alimentares, que serão financiadas pela secção Orientação nas regiões de objectivo 1 e pela secção Garantia nas restantes regiões.

Além da inovação do financiamento assegurado pelo FEOGA-Garantia (que até agora só existia nas medidas de acompanhamento), a principal característica desta componente da PAC[76] consiste na simplificação, já que compila num único regulamento um conjunto de medidas dispersas por nove quadros jurídicos diferentes. Apesar do pequeno reforço conseguido na ponta final da negociação em Berlim por decisão dos Chefes de Estado e de Governo, a expressão financeira do desenvolvimento rural na PAC não ultrapassa os 10,2% das despesas financiadas pela PAC.

---

[75] A utilização desta expressão visa apenas qualificar os resultados obtidos face às expectativas criadas. Na verdade, a Comissão pretendia mobilizar peritos independentes e Estados Membros para a necessidade de uma inflexão profunda na evolução futura da PAC. O não envolvimento dos ministros da agricultura dos 15 na organização da conferência e a hostilidade ou passividade das organizações agrícolas que receavam que a nova política rural substituísse completamente a PAC, levaram a que Cork não tivesse qualquer impacto político especial, nem representasse o impulso que se pretendia na formulação futura da PAC.

Ficaram, porém, da Conferência conclusões muito válidas que a nova PAC acabou por reter parcialmente.

[76] Ver a este respeito o Regulamento (CE) 1257/99 de 17 de Maio, que apresenta um "menu" de 22 medidas divididas em nove títulos: i) Investimentos nas explorações agrícolas (Arts. 4-7); ii) Instalação de Jovens Agricultores (Art. 8); iii) Formação Profissional (Art. 9); iv) Cessação Antecipada de Actividade (Arts. 10-12); v) Apoios às Zonas Desfavorecidas e com Constrangimentos Ambientais (Arts. 13-21); vi) Medidas Agro-Ambientais (Arts. (22-24); vii) Melhoria das Condições de Comercialização e Transformação (Arts. 25-28); viii) Medidas Florestais (Arts. 29-32); ix) Promoção da Adaptação e Desenvolvimento das Zonas Rurais (Art. 33).

Política vitivinícola

A reforma da organização comum de mercado (OCM) do vinho seguiu um processo com alguma autonomia e diferenciação de modelo de política agrícola, se bem que acabasse por ser parte integrante do pacote da reforma na fase final da negociação da Agenda 2000.

Depois do fracasso da última grande tentativa de reforma do sector em 1994[77], a Agenda 2000 respeitou no essencial o *status-quo* da política sectorial. Os principais objectivos eram a simplificação (que se traduziu na substituição dos 23 regulamentos de base da OCM por um único regulamento) e o incremento da competitividade. Neste sentido foram introduzidas algumas melhorias nas componentes estrutural e de mercado.

Na política estrutural manteve-se o regime de condicionamento do plantio da vinha até 2010 e foram criados 68.000 hectares de direitos para novas plantações (17.000 dos quais ficarão em reserva), o que corresponde a um aumento de cerca de 2% da actual área plantada na UE 15. Na sequência desta medida, foi decidido criar um programa especial de reestruturação e reconversão das vinhas no montante de contribuição comunitária de 400 milhões de euros.

No plano do mercado manteve-se a proibição de vinificação a partir de mostos importados e o regime de intervenção passa a ser todo voluntário, com excepção das *prestações vínicas*[78]. As práticas enológicas também se mantêm, o que permitiu evitar novos conflitos entre as zonas vitícolas do Norte e as do Sul.

---

[77] Tratou-se de uma proposta bastante radical que incidia em medidas draconianas de redução de excedentes através do sistema de intervenção, por se basear em pressupostos falsos de excedentes estruturais e de redução do consumo. Além disso, a proposta de reforma da Comissão tornou-se particularmente polémica por pretender acabar com as ajudas à utilização de mosto concentrado nas zonas vitivinícolas do Sul e alargar a possibilidade da prática de *chaptalização* (enriquecimento do grau alcoólico natural do vinho através de açúcares provenientes de outros produtos, designadamente o açúcar/xarope de beterraba) a todas as zonas vitivinícolas da UE.

[78] Trata-se de uma medida que visa assegurar a qualidade, obrigando cada operador à entrega anual de uma determinada percentagem de borras e subprodutos vínicos.

Regime de Pousio

O regime de pousio obrigatório foi criado em 1992 como instrumento de gestão do mercado, o que se traduzia sempre numa taxa de partida de zero, a qual seria quantificada anualmente em função da situação do mercado. Por razões exclusivamente políticas, visando conciliar posições de Estados Membros, essa taxa obrigatória foi agora fixada em 10%, só regressando à base zero a partir da campanha de 2003/2004. A ajuda correspondente passará a ser igual para todas as culturas arvenses, fazendo-se apenas a diferenciação entre o sequeiro e o regadio.

O regime de pousio voluntário manteve-se no essencial e mais voltado para objectivos agro-ambientais, continuando a caber aos Estados Membros a definição da taxa máxima permitida por agricultor e demais regulamentação suplementar.

Quotas leiteiras

A continuidade ou não do regime das quotas leiteiras foi outro tema central no debate da reforma, ficando decidido o seu prolongamento até à campanha de 2007/2008 e um aumento linear de 1,5% a partir de 2005/2006 para a generalidade dos Estados Membros, à excepção de Espanha, Itália, Irlanda e Grécia, que tiveram um tratamento específico, beneficiando de aumentos líquidos imediatos de quota, que vão de 3% no caso da Irlanda a 11% no da Grécia.

A terminar esta breve síntese, impõe-se sublinhar que com esta reforma a PAC reforçou ainda mais o seu carácter híbrido de uma política que conjuga apoios de mercado com ajudas directas e restrições quantitativas à produção, tendo mantido as últimas e evoluído ainda mais do primeiro para o segundo tipo de medidas (ver Anexo II).

3. O Processo Negocial

A proposta de reforma da PAC foi apresentada publicamente nas suas linhas gerais em Julho de 1997 no quadro da Agenda 2000 e posteriormente detalhada em Março de 1998 através das correspondentes propostas de regulamentos. Durante mais de um ano e meio e de quatro presidências da União Europeia decorreram as várias consultas previstas nos

Tratados e nos acordos interinstitucionais, bem como as inerentes negociações políticas.

Tal como já sucedera noutras ocasiões[79], o Conselho de Ministros da Agricultura foi incapaz de resolver sozinho o problema, apesar de ter aprovado um compromisso provisório[80] na sua sessão de 11 de Março em Bruxelas, o qual teve a oposição formal de Portugal e uma reserva de espera da França. Face à insatisfação reinante e ao bloqueamento político que daí resultou, foi o dossier agrícola levado à Cimeira da Chefes de Estado e de Governo (Conselho Europeu) de Berlim, onde foi possível introduzir consideráveis alterações ao compromisso de Bruxelas e chegar a um acordo por unanimidade sobre a reforma, bem como sobre todos os capítulos da Agenda 2000.

3.1. *Condicionantes da Reforma e o Percurso de Bruxelas a Berlim*

O elemento mais marcante e simultaneamente mais diferenciador do processo negocial desta reforma da PAC relativamente a outras anteriores foi sem dúvida o facto de estar integrada numa negociação global – a Agenda 2000 –, que a condicionou profundamente.

Em primeiro lugar estavam em causa na mesma negociação objectivos cuja expressão e alcance político ultrapassavam a PAC, como era designadamente o caso dos fundos estruturais e, especialmente, o do alargamento. Com a obrigação de não regredir em matéria de coesão económica e social e de não fugir à sua vocação de alargamento aos países da Europa Central e Oriental, a União Europeia também não podia fugir às limitações da disciplina orçamental que traçara para concretizar a União Económica e Monetária – o mais prioritário de todos os seus grandes projectos.

---

[79] Como por exemplo na reforma de 1988 que criou as QMG (quantidades máximas garantidas) e os correspondentes estabilizadores agro-orçamentais, em que o acordo foi finalmente conseguido na Cimeira de Bruxelas de Fevereiro de 1988, que desbloqueou o impasse criado no Conselho Agricultura e na Cimeira de Copenhaga de Dezembro de 1987.

[80] Como se verá de seguida, o facto de a reforma da PAC estar integrada na negociação global da Agenda 2000 tornava qualquer decisão sectorial provisória enquanto não se chegasse a um acordo final sobre todos os dossiers que estavam em debate. Tal precariedade ficou ainda mais acentuada por se ter uma reserva da França, a maior potência agrícola da UE, o que desde logo retirava força e significado político ao acordo.

Por esta razão de globalidade, e de esta ser previsivelmente a grande ocasião de negociação dos próximos 7 anos, havia que gerir os interesses conflituais dos Estados Membros mais influentes. Era particularmente o caso da Alemanha que reclamou insistentemente que tinha um contributo excessivo (28%) para o orçamento comunitário em contraste com o que recebia (14%) através da PAC, e a quem, por esta razão, não interessava aumentar as despesas agrícolas (ver Quadro 10), nem a reforma dos recursos próprios[81] na base do Produto Nacional Bruto, a única base equitativa e justa por reflectir de forma directa e transparente o grau de prosperidade relativa. Do lado oposto estavam os interesses da França, com uma contribuição subvalorizada para o orçamento da União a rejeitar cortes nas despesas agrícolas e qualquer ideia de co-financiamento da PAC a qual era defendida insistentemente pela Alemanha como forma de conciliar o nível de apoios aos agricultores com as limitações orçamentais da UE.

---

[81] Ver a este respeito o Relatório da Comissão sobre o Funcionamento dos Recursos Próprios e o Financiamento da UE – COM (1998) 560 final.

QUADRO 10

**Partes dos Estados Membros no Financiamento da UE
e na Despesa a Título da PAC e das Acções Estruturais, 1997**

(partes de percentagem total da UE nos fluxos de tesouraria)

	B	DK	D	GR	E	F	IRL	I	L	NL	A	P	FIN	S	UK
						Financiamento									
Total	3,9	2,0	28,2	1,6	7,1	17,5	0,9	11,5	0,2	6,4	2,8	1,4	1,4	3,1	11,9
						Despesa									
Total*	2,5	2,2	14,2	7,8	15,8	17,1	4,7	11,8	0,2	3,5	1,9	5,3	1,5	1,7	9,9
PAC	2,4	3,0	14,2	6,7	11,3	22,5	5,0	12,5	0,1	4,3	2,1	1,6	1,4	1,8	10,8
Operações Estruturais	1,4	0,7	14,0	10,2	24,5	9,4	4,7	11,1	0,1	1,6	1,4	11,3	1,5	0,9	7,4

Fonte: COM (98) 560 final

* Total das despesas operacionais (com exclusão das despesas administrativas)

Pelas razões expostas as restrições orçamentais acabaram por ser o elemento central da negociação da PAC, até porque o tecto de financiamento foi mantido em 1,27% do PNB, o que significava que o financiamento do alargamento teria de ser feito a contar com o crescimento económico da UE e com a poupança a encontrar em políticas existentes ou a reformar.

Acabaram por se manter inalterados os critérios de determinação anual dos montantes da Linha Directriz Agrícola, apesar das pressões de alguns Estados para a sua revisão e consequente redução, designadamente do Reino Unido. Por outro lado, foi fixado pelo ECOFIN e pelo Conselho Europeu um tecto máximo de 40.500 milhões de euros como despesa média para o período da reforma, e só veio a ser ultrapassado pelo reforço de 14.000 milhões de euros para o conjunto do período decidido em Berlim[82].

Ficavam assim congeladas as despesas agrícolas ao nível dos últimos anos e relegadas para posição secundária as preocupações de incutir um novo rumo à PAC, o que passaria necessariamente por lhe introduzir um reequilíbrio profundo, que iria conflituar com os interesses dos Estados Membros mais poderosos.

Em segundo lugar importa referir que o carácter global da negociação acentua esta interdependência entre dossiers, já que *nada está negociado até que tudo esteja negociado*. Foi, aliás por esta razão que o compromisso que os ministros da agricultura obtiveram em Bruxelas tinha de transitar para a cimeira de Berlim. O que não tinha era de ser alterado, se tivesse sido já satisfatório e unanimemente aceite pelos Estados Membros em sede do Conselho de Ministros de Agricultura.

O percurso da PAC entre Bruxelas e Berlim merece ser sublinhado, não só por ser a expressão visível de todas estas dificuldades e conflitos, mas especialmente por ser um exemplo paradigmático do processo decisório na União Europeia.

Para além das questões relativas a Portugal e que abordarei mais adiante, tratava-se essencialmente de encontrar uma solução de financiamento para a reforma decidida em Bruxelas, a qual, se tivesse sido aprovada, custaria 314.000 milhões de euros durante os 7 anos da Agenda 2000, ou seja mais 1.500 milhões de euros do que o inicialmente proposto pela Comissão e mais 7.000 milhões do que o limite fixado pelo ECOFIN

---

[82] O que, adicionando as duas componentes, corresponde ao tecto anual de € 42.500 de despesa total prevista, referido no início deste Capítulo.

e pelo Conselho Europeu. Além disso, era necessário reforçar as verbas para o desenvolvimento rural, já que a reforma sairia politicamente enfraquecida e mediaticamente chamuscada se um dos seus objectivos mais propalados e com maior aceitação na opinião pública ficasse com as mesmas verbas que tinha antes.

Confrontaram-se em Berlim duas grandes alternativas para resolver o problema orçamental, e que em minha opinião visavam objectivos mais profundos para a PAC do futuro por parte de quem as concebeu e defendeu. A primeira foi a do *co-financiamento*, que pouparia aos cofres comunitários 20 ou 25% das despesas agrícolas, transferindo-as, consequentemente para os orçamentos nacionais. Era a solução defendida pela presidência alemã e por aliados como a Holanda, a Dinamarca ou a Suécia, mas recusada liminarmente pela França e por outros países (entre os quais Espanha e Portugal). A segunda foi a *degressividade* entusiasticamente defendida pela mesma França e pela Áustria. Tratava-se de reduzir em determinada percentagem (de 2 a 4%) as ajudas directas previstas para as culturas arvenses e para os bovinos e utilizar uma parte da poupança assim realizada (discutiram-se cenários de 25% e de 50%) para o reforço das acções de desenvolvimento rural.

Rejeitada por larga maioria de Estados a proposta alemã do co-financiamento, pelo receio de muitos Estados Membros e das próprias organizações agrícolas de poder ser o início de um processo de renacionalização da PAC, a alternativa francesa da *degressividade* contou principalmente com a oposição dos parceiros sociais da agricultura, tendo estado, porém, à beira de ser aprovada.

Goradas que foram estas alternativas, a solução acabou por ser encontrada por via do caminho mais fácil, que foi o de adiar a resolução dos problemas e diluir a reforma, para poupar recursos no imediato. Desta forma, o compromisso de Berlim saldou-se nesta matéria crucial por uma menor redução dos preços das culturas arvenses (15% em vez dos 20% acordados em Bruxelas) e por um adiamento de 5 anos na concretização da reforma do sector leiteiro, o que permitiu também poupanças para reforçar em 14.000 milhões de euros a política de desenvolvimento rural e as medidas veterinárias e fitossanitárias.

3.2. *Posições dos Estados Membros e das Organizações Agrícolas*

Nenhum Estado Membro se opôs formalmente à reforma, até porque todos sabiam à partida que sem reforma da PAC, não haveria decisão sobre qualquer dossier da Agenda 2000. Todavia, o debate foi intenso e as divergências foram consideráveis nalgumas questões sensíveis, para além das orçamentais, já referidas.

O calendário da reforma, designadamente se esta deveria ocorrer antes ou depois da abertura das negociações para a próxima ronda da Organização Mundial do Comércio (OMC), revelou ser um tema recorrente, havendo quem defendesse, tal como já sucedera em 1992 a respeito da anterior ronda, que a reforma só deveria ser concretizada depois daquela ser encerrada. Era o caso da Bélgica, da Espanha, da França e especialmente da Alemanha[83], cujos argumentos se sintetizavam no risco de se *poder pagar duas vezes* se a reforma fosse feita antes. A rigidez temporal da Agenda 2000, que teria de ser forçosamente aprovada antes de 2000 (por terminar em 1999 o quadro comunitário de apoio e as inerentes perspectivas financeiras), sob pena de se abrir uma grave crise na UE, acabou por neutralizar muito cedo esta linha de estratégia negocial.

A questão das quotas leiteiras foi também alvo de um debate bastante intenso, revelando as posições já conhecidas dos adversários das quotas (Holanda, Itália, Reino Unido, Dinamarca e Suécia) que, todavia, impuseram na acta final do Conselho Europeu de Berlim uma análise da situação a meio do período, o que, em virtude do adiamento da reforma da OCM do leite, não faz qualquer sentido, a não ser como elemento de pressão política.

Ainda no sector animal, as divergências atingiram o auge a respeito do sistema de prémios aos bovinos, com a Alemanha a defender uma ligação à quantidade de produção (totalidade do prémio a ser atribuída ao abate) e a França a preferir um regime mais ligado à *territorialização* dos sistemas produtivos, defendendo o prémio por área de pastagem e forragem e um maior incentivo à extensificação. A decisão final a este respeito poderá classificar-se de salomónica, já que o sistema que veio a ser retido constitui uma bissectriz quase perfeita das duas posições.

A expressão a assumir pela política de desenvolvimento rural na PAC foi outro dos pontos de intenso debate, com o Reino Unido, a Áustria, a Suécia, a Finlândia, Portugal e, de forma mais discreta, a França, a defenderem um reforço substancial e a consagração deste *segundo pilar*

---

[83] De notar que entre este momento inicial dos debates e a decisão final, que decorreu sob a sua própria presidência, o Governo alemão mudou, passando da coligação CDU/CSU para a coligação SPD/Verdes com posições mais aparentemente liberais em matéria de política agrícola.

como parte integrante e de pleno direito da PAC. O significado não era, porém igual para todos os Estados integrantes deste bloco; para os defensores de uma reforma mais radical, como o Reino Unido e a Suécia, o desenvolvimento rural deveria significar a nova face da PAC com a eliminação total da política de preços e mercados; enquanto que para os outros significa tão só um complemento e um reequilíbrio que fazem uma notória e profunda falta na PAC.

Pela sua expressão financeira, a decisão final acabou por ficar mais perto dos que receiam que o desenvolvimento rural substitua a PAC, o que constitui em minha opinião um posição tecnicamente incorrecta e sem futuro, mas que é defendida pela maioria dos Estados Membros e pelos *lobbies* agrícolas.

Digna de nota é sem dúvida a posição francesa de defesa, ainda que prudente, do *segundo pilar* da PAC, o que constituiu uma agradável surpresa por representar uma inflexão nas posições habitualmente conservadoras e maximalistas em defesa do velho modelo da PAC. Sem o seu contributo não teria sido possível o reforço da verba obtido em Berlim nem alguns elementos de territorialização e de descentralização da PAC. Importará, porém, referir que esta posição da França não visava qualquer interesse filantrópico, mas o seu próprio. Na verdade, tendo aprovado internamente uma nova lei de orientação agrícola, procurava co-financiamento comunitário para as suas opções de política nacional no quadro dos *Contratos Territoriais de Exploração*[84] que, no fundo, visam aplicar uma política agrícola com objectivos nacionais a partir de financiamento comunitário.

Por fim é de referir que a polémica porventura mais mediática respeitou à proposta de limite máximo de ajudas por agricultor que, apenas contava inicialmente como adversários o Reino Unido, a Holanda, a Dinamarca e a Alemanha, mas que acabou por cair, apesar de no decurso da negociação da Agenda 2000 se terem verificado muitas mudanças nos executivos nacionais, e todas elas para governos socialistas[85].

---

[84] Ver a este respeito o Boletim do Ministério da Agricultura Francês – BIMA n.º 1479, Maio de 1999.

[85] Em Março de 1999, aquando da decisão da Agenda 2000, os socialistas, sozinhos ou em coligação, integravam 13 governos, tendo 11 dos 15 primeiros-ministros. A única observação que o facto me merece no presente contexto é a de que a subalternização do reequilíbrio e da equidade na PAC nesta reforma, temas tão caros a estas forças políticas, não estão em consonância com o seu discurso político tradicional e na base do qual chegaram ao poder

A posição das Organizações agrícolas esteve muito longe do fulgor que atingiu em 1992. Nessa altura opunham-se à mudança do modelo da PAC que baseava o apoio no sistema de preços, e à dependência dos rendimentos agrícolas das ajudas directas veiculadas pelo orçamento. Desta vez concentraram os seus esforços na suavização das medidas propostas nos casos em que estas eram mais penalizadoras, em especial a carne bovina, em que obtiveram um relativo sucesso.

Coube ao COPA/COGECA o lançamento da ideia inovadora do *Modelo Europeu de Agricultura*[86] (MEA), que visava consagrar a realidade agrícola europeia traduzida na exploração familiar e no carácter indissociável da função produtiva da agricultura de outras funções prestadas à sociedade e traduzidas no conceito de *multifuncionalidade*.

Apesar de ter constituído um elemento muito válido do debate da reforma, o COPA utilizou essencialmente o MEA como argumento para evitar grandes reduções de preços e a globalização desenfreada dos mercados agrícolas, defendendo assim a preservação da realidade europeia nas futuras negociações da OMC; e menos como um objectivo a perseguir internamente, como o comprova a desconfiança que continua a ter no desenvolvimento rural (onde estão contidas as respostas concretas à multifuncionalidade), o seu pouco empenho na discriminação positiva das pequenas explorações verdadeiramente familiares e a sua hostilidade aos elementos concretizadores da equidade como foi o caso do limite de ajudas por agricultor. A sua oposição ao financiamento do desenvolvimento rural a partir do FEOGA-Garantia constitui outro indicador desta desconfiança e do receio que os recursos sejam retirados *da agricultura para o desenvolvimento rural*.

Importa todavia referir que a mais influente estrutura representativa dos profissionais da agricultura – o bloco COPA/COGECA/CEJA – tem revelado alguma evolução, ainda que prudente, a que não será alheia a posição de maior abertura das suas filiadas francesas (a FNSEA[87] e o

---

[86] Ver a este respeito o documento do COPA/COGECA de Novembro de 1998 *Le Modèle Européen d'Agriculture-un Modèle d'Avenir*.(CapítuloV)

[87] FNSEA – *Federation Nationale des Syndicats d' Exploitants Agricoles*-, a mais poderosa das associadas do COPA. Das suas fileiras saíram os ministros da agricultura Edgar Pisani e François Guillaume. A sua capacidade de intervenção política condicionou a carreira de muitos políticos em França, como Jacques Chirac, Michel Roccard ou Edith Cresson, que foram também ministros da Agricultura. O CNJA (Centre National de Jeunes Agriculteurs) é a organização Juvenil da FNSEA.

CNJA) e o receio de aumento do protagonismo crescente da Confédération Paysanne[88], filiada da CPE. A sua posição[89] na fase final da reforma revela esta evolução, defendendo um maior equilíbrio entre agricultores, sectores e regiões, e uma abordagem sectorial selectiva da reforma na óptica da respectiva realidade e capacidade de adaptação às pressões externas.

Como seria de esperar, a estrutura mais representativa dos jovens agricultores – o Centre Européen des Jeunes Agriculteurs-CEJA –, manifestou de forma mais acentuada os desequilíbrios a corrigir na PAC e a que esta reforma não dá respostas. A denúncia dos poucos apoios às produções mediterrânicas e às zonas desfavorecidas e de montanha, assim como o desejo de que as propostas de desenvolvimento rural da Comissão sejam algo mais do que uma operação de cosmética, são exemplos desta posição.

Mais radical foi a CPE cujas posições quase não evoluíram desde a reforma de 1992 e que continua a reclamar uma PAC alternativa, propondo, designadamente: condicionar a atribuição de ajudas à produção efectiva; limitar e modular as ajudas compensatórias em função do volume de produção e do número de activos da exploração; ligar mais fortemente a atribuição das ajudas ao respeito por critérios ambientais, tais como o nível de utilização de fertilizantes, a densidade animal ou as rotações no uso dos solos. É particularmente crítica da política de subsídios à exportação da Organização Mundial do Comércio e de qualquer utilização de Organismos Geneticamente Modificados.

Diga-se, porém, que ressalvando a linguagem habitualmente radical desta organização, as suas posições de defesa das explorações em maior risco como é o caso das mais pequenas, do emprego, e da modulação selectiva das ajudas e consequente equidade, são valores indispensáveis para a PAC que o futuro parece exigir.

---

[88] A *Confederation Paysanne* é filiada na Coordination Paysanne Européene (CPE), e reclama que em França 40% dos agricultores não se sentem representados pela FNSEA. Para aferir da representatividade das diferentes organizações agrícolas ver Marie (1994).

[89] Ver o documento do COPA/COGECA de Setembro de 1998 *Revoir Les Propositions de la Commission de Reforme de la PAC de l'Agenda 2000*.

3.3. A Posição do Parlamento Europeu

Não tendo senão uma função consultiva no processo decisório de toda a Agenda 2000 à excepção das questões orçamentais e do alargamento, o Parlamento Europeu (PE) estabeleceu desde logo uma estrutura interna de coordenação e simultaneamente responsável pelas negociações com o Conselho. Estabeleceu para o efeito um procedimento a duas leituras, emitindo numa primeira fase as suas posições, mas sem aprovar as correspondentes resoluções legislativas que constituem o instrumento legal formalizador do parecer do PE. Pretendia-se assim negociar com a Comissão e o Conselho, por forma a que estas instituições se aproximassem das posições do PE, o que acabou em parte por acontecer.

O parecer do Parlamento sobre a PAC integrou-se na estratégia geral do procedimento fixado para a Agenda 2000. Porém, tal como aconteceu para a Política Regional, decidiu-se para a PAC um procedimento a dois tempos. Num primeiro tempo foi elaborado um relatório de iniciativa do próprio PE[90], com o objectivo de proporcionar uma análise global da situação da agricultura europeia e produzir um conjunto de princípios e orientações gerais. Visava proporcionar um quadro de referência para os pareceres sectoriais a discutir e aprovar posteriormente, assegurando assim uma maior influência do Parlamento nas questões fundamentais durante as negociações. Pretendia-se, por outro lado, obrigar a Comissão e o Conselho a uma discussão global da PAC e dos pressupostos em que assenta, que escapavam à mera elaboração dos pareceres sectoriais das diferentes organizações comuns de mercado. Era claramente o caso de temas como a filosofia futura da repartição das ajudas, da equidade, do reequilíbrio interno da PAC, do modelo de política agrícola pretendido para o futuro, ou das negociações com a OMC. E só então iniciar os debates sectoriais, depois de se terem fixado os princípios[91] orientadores.

Se bem que na votação final de cada uma das propostas sectoriais tivessem existido algumas incoerências com o relatório global[92], importará sublinhar que este constituiu ocasião para o Parlamento revelar, por

---

[90] Ver Relatório Cunha – Documento A4-0219/98, PE 226.544/def.

[91] O relatório geral da reforma foi aprovado em Junho de 1998 e os relatórios sectoriais só foram aprovados em Fevereiro e Março de 1999.

[92] A que não será certamente alheia a proximidade das eleições europeias, com os deputados mais preocupados em dar mensagens para os seus eleitores nacionais do que em defender princípios que internamente podem ser no imediato impopulares... Por outro lado, o próprio facto de cada OCM ter um relator diferente também acentuou tais incoerências.

larguíssima maioria, as suas posições políticas sobre o que deverão ser no futuro as linhas orientadoras da PAC. Sublinham-se algumas dessas principais orientações:

- Maior moderação na redução dos preços, tendo em conta a diferente capacidade competitiva e de experiência de internacionalização entre sectores, e acentuando a oposição à pretendida eliminação dos regimes de intervenção; neste contexto, era considerada excessiva a proposta de redução de 30% do preço da carne bovina;
- Uma política de ajudas directas ao rendimento mais equitativa entre sectores, agricultores e regiões, desligando as ajudas das produtividades e modulando-as especialmente em favor das zonas desfavorecidas e das explorações mais pequenas;
- Um reforço substancial da política de desenvolvimento rural com o respectivo financiamento assegurado pelo FEOGA-Garantia, dentro e fora das regiões de objectivo 1, e evolução da designação de Política Agrícola Comum para *Política Agrícola e Rural Comum (PARC)*;
- A defesa de uma limitação das ajudas, não na base de um montante único por agricultor, o que seria discriminatório por não distinguir as diferentes realidades sócio-produtivas, mas por unidade de trabalho agrícola;
- O reforço das dimensões da PAC relativas à qualidade dos produtos e à segurança dos alimentos, e a ideia de que qualquer liberalização do comércio agro-alimentar internacional não deve enfraquecer as medidas e critérios inerentes a esta componente da política agrícola;
- A consagração do princípio da *excepção rural* nas próximas negociações da OMC, o que deverá corresponder à limitação da lógica de globalização dos mercados agro-alimentares, para ter em conta os constrangimentos inerentes à actividade agrícola, e a diversidade de funções que ela exerce na sociedade, igualmente fundamentais no equilíbrio social e territorial; o que corresponderia, afinal, à aplicação prática do modelo europeu de agricultura;
- A criação de medidas especiais de incentivo às produções não alimentares e matérias-primas renováveis para usos industriais ou energéticos;
- A defesa do princípio de que na fase de pré-adesão dos PECO os apoios à reestruturação e reconversão dos diferentes sectores não

deveriam ser integrados nas rubricas orçamentais das políticas comuns correspondentes, mas a partir de uma rubrica própria. E, por outro lado, a orientação de que a PAC se deverá introduzir nestes países em duas etapas: a primeira incidiria apenas sobre a política de desenvolvimento rural (em toda a extensão da sua nova acepção) e a harmonização legislativa; a segunda incluiria já a política de preços e mercados e as ajudas ao rendimento.

Numa negociação desta natureza, era evidente o estreito espaço de manobra para alterar princípios gerais de reorientação da PAC, eliminar, por golpe de magia, os interesses estabelecidos e ignorar a estrutura política e aritmética dos votos no Conselho. Ficaram porém expressos princípios indubitavelmente úteis para o futuro, além de se terem consagrado na decisão final algumas das principais posições do PE, de que são exemplo a maior moderação na redução dos preços e na limitação do regime de intervenção, assim como o reforço do *segundo pilar* da PAC e das medidas de apoio aos produtos não alimentares.

4. Avaliação da Reforma

A reforma da PAC da Agenda 2000 foi a primeira realizada depois da integração da agricultura nas regras multilaterais de comércio em 1994, e a menos de um ano do início de negociações para uma nova ronda da agora designada OMC – Organização Mundial de Comércio. Com as pressões que já se conhecem dos Estados Unidos e seus aliados[93] para uma liberalização ainda maior do comércio agro-alimentar e uma redução dos apoios à agricultura, impunha-se que esta reforma criasse as condições necessárias para a sobrevivência e adaptação da agricultura europeia a um tal cenário. Se a tais condicionantes acrescentarmos os desequilíbrios internos da PAC e a desigualdade de respostas que continua a dar aos diferentes tipos de agricultura e de agricultores, estamos perante o quadro de referência para uma avaliação objectiva da reforma.

---

[93] Os aliados a que me refiro não são só os membros do grupo de Cairns e os restantes exportadores mundiais de produtos agro-alimentares, mas também os *aliados internos* na UE, que são todos os grupos de interesses que disputam com a agricultura as benesses do orçamento ou que se julgam prejudicados pelos efeitos da PAC.

Para além dos aspectos positivos e negativos de carácter geral, semelhantes aos referidos no capítulo II-1 a propósito da reforma de 1992, importa agora ponderar elementos de avaliação face aos objectivos e ao quadro de referência desta reforma.

Em primeiro lugar, por paradoxal que possa parecer o argumento, tenho para mim que o ponto mais positivo desta reforma foi ter existido. Porque na verdade, quando surgiram os primeiros sinais de erosão da reforma de 1992, o não fazer nada era uma opção possível, que foi devidamente ponderada pelos responsáveis institucionais e que tinha alguns adeptos. É certo que esta reforma fica muito longe de responder aos objectivos para que era invocada. Mas entre não fazer nada ou fazer alguma coisa, parece-me ser esta última a opção que mais serve os interesses futuros da UE e do seu mundo rural.

Um segundo aspecto positivo é que, apesar das limitações que referirei a seguir, deu passos de inquestionável importância na direcção que me parece correcta, como é o caso de uma política de preços mais razoáveis, do reforço e simplificação da política de desenvolvimento rural e da sua integração (ainda que só parcial) no FEOGA-Garantia, ou da flexibilização introduzida na política vitivinícola.

Em terceiro lugar, impõe-se referir que, apesar de ser questionável afirmar se esta reforma facilita ou dificulta as próximas negociações da OMC, não há dúvida de que facilitará a integração dos PECO[94], o que constitui um progresso de considerável alcance, apesar do revés que a este respeito representa o adiamento da reforma no sector dos produtos lácteos.

4.1. *Objectivos, Resultados e Pressupostos de Análise*

Como referi no ponto 1 deste capítulo, a Comissão Europeia fundamentou a reforma na necessidade de aumentar a competitividade da agricultura europeia, torná-la capaz de acompanhar o crescimento da procura no mercado mundial nos próximos anos, facilitar as negociações da próxima ronda da OMC e a integração de novos países da Europa Central e Oriental na União. E acompanhou esses objectivos proclamados com a afirmação de um outro relativo à consolidação do *modelo europeu de agri-*

---

[94] Tangermann (1999) tem a este respeito uma posição mais céptica, sustentando que esta reforma *"pouco adianta, quer para preparar a PAC para a próxima Ronda da OMC, quer para o alargamento a leste".*

cultura, caracterizado pela prevalência das explorações familiares de pequena e média dimensão, pela multifuncionalidade da actividade agrícola e pela consequente necessidade de, para além da produção de alimentos com altos padrões de qualidade e de segurança higio-sanitária, preservar o ambiente e a paisagem rurais e garantir o ordenamento do território.

A primeira observação que se impõe fazer é a de que o Compromisso final da reforma, não obstante ser melhor do que as propostas iniciais da Comissão, está em boa medida em contradição com os argumentos proclamados por esta para a realização dessa mesma reforma. Assinalo de seguida três aspectos que me parecem ser erros estratégicos desta reforma.

O primeiro é que todo o processo se baseou em dois falsos pressupostos: o de que todos os sectores a reformar têm a mesma capacidade e experiência de internacionalização; e o de que todos os agricultores e agriculturas têm a mesma capacidade competitiva para enfrentar os desafios e as condições de um mercado mundial mais competitivo, mais liberalizado, mais instável e mais cartelizado.

A realidade mostra o contrário. Se é verdade que os mercados dos cereais e das oleaginosas se encontram desde há muito globalizados, o mesmo não sucede nos lacticínios e na carne bovina, onde as exportações para o mercado mundial apenas representavam cerca de 10% da produção comunitária. Por outro lado, a agricultura europeia é profundamente heterogénea (Tracy, 1993), o que implica uma enorme diversidade de capacidades competitivas e de sobrevivência, dos diferentes sistemas produtivos agrícolas. Para fazer face a tais diferenciações seria necessário uma igual diferenciação de medidas e respostas, o que não aconteceu, tendo todos sido tratados por igual.

O segundo erro de estratégia tem a ver com a componente de desenvolvimento rural, que passou a beneficiar de uma melhor integração operativa no quadro de um único regulamento, em contraste com a anterior dispersão legislativa e operacional das medidas que lhe dão corpo. No entanto, a dotação orçamental inicialmente proposta quase não ultrapassava o somatório das anteriores medidas dispersas que visava substituir, e o reforço de 14.000 milhões de euros conseguido em Berlim é excessivamente modesto face a qualquer objectivo de reequilíbrio interno da PAC, por mais minimalista que seja. O título algo pomposo que a Comissão lhe atribui de *segundo pilar* da PAC está pois em manifesta contradição com os objectivos proclamados de consolidar o modelo europeu de agricultura e de levar à prática algumas das suas principais características, como a multifuncionalidade, o apoio às pequenas explorações ou uma maior territorialização das ajudas, o que implicaria desde logo um considerável reforço de meios. Em minha opinião toda esta componente necessitaria, como ponto de partida, de pelo menos um terço da dotação total da PAC (em contraste com os 10% previstos) para poder ter uma escala que lhe permitisse um mínimo de operacionalidade.

O terceiro erro traduz-se na proposta de alinhamento das ajudas às oleaginosas e proteaginosas pelas dos cereais, o que equivale a uma redução aproximada de 25 a 30% do rendimento dos produtores de oleaginosas e de 15 a 20% dos de proteaginosas, facto particularmente grave para a cultura de girassol nas regiões mediterrânicas (Viñas, 1998). Isto numa circunstancia de um défice europeu de 40% para as sementes oleaginosas e de 75% para as proteaginosas[95], e numa altura em que a proibição de farinhas animais na alimentação de ruminantes obriga a um aumento da procura de substituição nas proteínas vegetais. Ou seja, esperava-se tudo, menos o contrário daquilo que se deveria fazer. Um plano europeu de oleoproteaginosas afigurava-se, neste contexto, cada vez mais como uma prioridade estratégica de primeiro plano da PAC e da agricultura europeia.

4.2. A *Manutenção do* Status-Quo

A reforma da PAC que se negociou em Berlim saldou-se por uma reprodução parcial da reforma de 1992. Parcial porque, ao contrário daquela, limitou-se à redução de preços e sua compensação por ajudas directas, sem a inovação que na altura constituiu toda a vertente das medidas de acompanhamento, que passaram desde logo a representar 5% das despesas agrícolas.

Ora, quando a *parte de leão* de uma reforma se traduz na redução de preços e na sua compensação por ajudas directas vinculadas à produtividade, é evidente que ela serve especialmente os interesses dos agricultores mais eficientes[96]. Trata-se de uma situação que não teria tanta gravidade

---

[95] Parlement Européen (1999), *Le Déficit de l'Europe en Aliments Composés du Bétail et l'Agenda 2000*, Direction-Générale des Études, Bruxelles; Federation des Producteurs d'Oleagineux et Proteagineux – FOP (1997) *Un Nouveau Plan de Protéines pour l'Europe*, Strasbourg; FOP (1998), *Huiles et Protéines Vegetales – Agenda 2000*.

[96] Ver a este respeito a comunicação de Armando Sevinate Pinto *"Perspectivas para as Despesas Agrícola"* no Colóquio do Conselho Económico e Social, em Fevereiro de 1998 "A Agendo 2000 da UE- as suas implicações em Portugal"

num contexto de elevado nível de protecção do mercado comunitário, mas que passou a tê-la com as sucessivas aproximações dos preços da UE aos preços mundiais e especialmente da integração da agricultura nas regras multilaterais de comércio (OMC) a partir de 1994.

Quando se impunha uma mudança de rumo para ajustar a PAC às novas realidades e tendências futuras, insistiu-se no *status-quo*, sem a coragem política de indicar os novos caminhos que teremos de trilhar inexoravelmente mais tarde ou mais cedo.

Sou suficientemente realista para saber que as evoluções da PAC apenas podem ocorrer de forma gradual, sem cortes abruptos nem grandes oscilações nos rendimentos agrícolas. Doutra forma, aliás, não poderia ser, se atendermos ao processo de decisão política e à estrutura dos votos no Conselho. Todavia, teria sido necessário introduzir nesta reforma algumas inovações, de modo a ser possível assegurar uma adaptação mais tranquila e gradual aos desafios futuros. Face a essa mesma dificuldade política decorrente da estrutura dos votos no Conselho, cabe por regra à Comissão Europeia uma função mais ousada no apontar dos caminhos futuros. Sucede, porém, que desta vez a Comissão já fez propostas conservadoras à partida, e no decurso da negociação acabou por funcionar como uma *caixa de ressonância* do Conselho (Massot, 1999).

Alinho de seguida quatro dos aspectos que considero mais criticáveis, e que agravam a vulnerabilidade da PAC e da agricultura europeia.

4.2.1. O Reequilíbrio que Faltou

O reequilíbrio que era mais necessário que nunca, traduz-se em múltiplos aspectos que é imperioso corrigir na PAC, e que vão da maior expressão do agora designado *segundo pilar*, à mudança da base de atribuição das ajudas directas e respectivos critérios de distribuição, e ao reforço financeiro, legal e institucional das medidas relacionadas com a vertente higio-sanitária e de segurança alimentar. Referirei apenas o desenvolvimento rural, por ter sido erigido pela própria Comissão Europeia como ponto central da reforma.

O desenvolvimento rural não visa substituir a PAC, mas complementá-la, reforçá-la e torná-la minimamente capaz de dar respostas equitativas aos diferentes sistemas agrícolas. Na verdade, é evidente que uma política como a actual não apoia a competitividade das agriculturas não especializadas, extensivas e periféricas, porque as suas vantagens comparativas não estão nas produtividades nem na minimização dos custos de produção (como é o caso das agriculturas especializadas e de alto rendimento), mas na diferenciação e na qualidade dos produtos (Chevassus--Lozza &Gallezot, 1995).

Seria pois essencial um reforço substancial das verbas destinadas a apoiar todos estes segmentos da produção agrícola europeia, na promoção da qualidade, na pequena transformação local, na diversificação dos produtos e serviços oferecidos pelas explorações agrícolas, no financiamento das organizações de produtores para a certificação e comercialização dos seus produtos, etc.

Seria também a partir desta rubrica que seriam financiadas as ajudas ao rendimento mais relacionadas com os aspectos territoriais e sócio-regionais, como é o caso das indemnizações compensatórias para as zonas desfavorecidas das medidas agro-ambientais ou de ajudas especiais para as pequenas explorações. Ora, a evolução que agora tiveram foi marginal, se comparada com o aumento das ajudas compensatórias à descida de preços com objectivos e efeitos em grande parte conflituais com o reequilíbrio. No caso específico das indemnizações compensatórias para as zonas desfavorecidas, deu-se mesmo um passo atrás ao deixar de ser permitido o pagamento com base nas cabeças de gado, para passar a sê-lo exclusivamente com base na área. Prejudicam-se assim, as pequenas explorações que não poderão futuramente compensar a sua escassa área pela maior intensificação do uso da terra, traduzida numa maior carga animal por hectare.

A reforma da PAC da Agenda 2000 ao não consagrar ao *segundo pilar* mais do que 10,2% das dotações programadas para o FEOGA-Garantia, esvazia parcialmente e retira escala operativa a esta dimensão da PAC, atendendo a que o grosso das verbas são destinadas às actuais medidas agro-ambientais e à política estrutural, pouco sobrando para as restantes medidas concretizadoras da multifuncionalidade. Tal significa que a PAC que saiu da Agenda 2000 ainda não dá resposta à aplicação concreta do *modelo europeu de agricultura*, que continuará assim a ser essencialmente um elemento de *discurso político* para usar nos momentos e locais convenientes.

4.2.2. A Equidade e a Coesão Ausentes

Uma questão de fundo por onde passará necessariamente o debate futuro da PAC é a da equidade de respostas que ela deve proporcionar aos agricultores europeus. Com efeito a PAC apoia relativamente mais os agricultores que já têm níveis mais elevados de rendimento e os de maior dimensão, como o reconhece a própria Comissão Europeia no seu relatório sobre a situação agrícola relativa a 1998.

O Gráfico II evidencia, de forma inequívoca, as enormes diferenças entre os níveis de rendimento dos agricultores (avaliados pela relação entre a riqueza criada – *VALcf* – e as Unidades de Trabalho Anual – *UTA*), bem como entre os níveis de apoio concedidos pelo FEOGA. Da sua leitura pode concluir-se existir uma relação directa entre os níveis de rendimento e os níveis de apoio. Veja-se, por exemplo, o caso dos agricultores Portugueses cujos rendimentos correspondiam, em 1996, a menos de um sétimo dos auferidos pelos agricultores Ingleses ou Holandeses; não obstante este facto os nossos agricultores receberam nesse ano, como apoios do FEOGA, cerca de € 2 000 (por *UTA*) contra os quase € 14 000 de que beneficiaram os seus congéneres Dinamarqueses ou Irlandeses.

GRÁFICO II

Relação entre os Níveis de Rendimento Agrícola e os Apoios da PAC (1996)

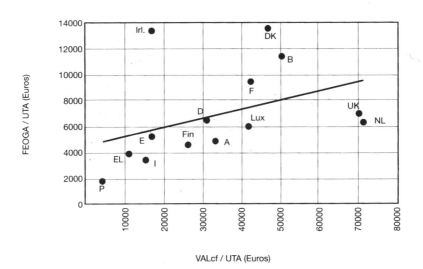

Fonte: Emerson & Gros, 1998

Ora, a reforma de 1999 não introduziu quaisquer critérios que melhorem a equidade.

Manteve-se o critério das produtividades históricas como base de cálculo das ajudas às culturas aráveis[97], estendendo-o no futuro longínquo ao leite. Recuou-se portanto face à regra adoptada no sector animal, em que os prémios aos bovinos e ovinos são iguais em toda a UE independentemente do peso dos animais.

Não se foi capaz de estabelecer um limite máximo de ajudas por agricultor a nível da UE. Tal limitação, se fosse feita numa base correcta, por exemplo por unidade de trabalho e não por exploração ou agricultor, seria um interessante elemento de equidade, libertando simultaneamente verbas que permitiriam reforçar as componentes necessárias ao reequilíbrio da PAC. Acabou por se permitir a aplicação marginal desse tipo de critérios dentro de cada Estado Membro, o que significa que se mantêm as disparidades de tratamento ao nível da União e a coesão continua arredada das preocupações da PAC, em contradição com o previsto no artigo 2.º do Tratado de Amesterdão.

Nos prémios ao sector bovino não se criaram novas medidas de discriminação positiva das pequenas explorações, que são as que têm menos meios para se adaptarem ao novo quadro competitivo internacional. Mantiveram-se os limites fixados na reforma de 1992 de isenção de 16 cabeças normais para aplicação da regra das densidades pecuárias. Face às perspectivas que se avizinham a respeito da actual ronda da OMC, seria justificado aumentar este limiar, além de garantir um prémio mínimo às pequenas explorações, no pressuposto de explorarem a terra.

Mas não estão apenas em causa disparidades de tratamento entre agricultores. Na verdade estas reflectem não só diferenças de prosperidade relativa, mas também o peso acumulado do tratamento que a PAC tem concedido historicamente aos diferentes sectores, como o demonstra o facto de quatro sectores produtivos (culturas arvenses, bovinos, ovinos e leite) absorverem, em 2001, 74,1% dos apoios do FEOGA-Garantia e 84,3% das ajudas directas totais, não obstante representarem apenas

---

[97] É de referir a este respeito que a Comissão chegou a fazer estudos internos ensaiando a atribuição das ajudas às culturas arvenses na base de uma determinada ponderação (1/4, 1/3 ou 1/2) das produtividades média da UE com a de cada Estado Membro, o que favoreceria inequivocamente a coesão e a equidade. Como, porém, tal sistema penalizava os países com produtividades médias mais elevadas, que são os mais ricos e poderosos, tudo não passou de uma piedosa intenção...

37,4% da produção agrícola da UE. A situação que, a este propósito, mais se evidencia é a das culturas arvenses que representando, nesse ano, 14,5% da produção final comunitária, beneficiaram de 41,5% dos pagamentos do FEOGA-Garantia (dos quais 75% dos foram canalizados para os cereais).

Da análise do Quadro 11, que reúne dados de 2001, conclui-se pela existência de fortes disparidades de tratamento entre sectores, agricultores e países, sendo evidente o desfavorecimento relativo dos agricultores dos quatro Estados Membros do Sul (Itália, Grécia, Espanha e Portugal). Na verdade, apesar de os activos agrícolas destes países serem os mais pobres da UE (com um rendimento de 72% da média da UE) recebem em média três vezes menos apoios do FEOGA-Garantia do que os seus congéneres do Norte. Uma distorção que está longe de ser corrigida pelas ajudas directas ao rendimento onde esta distorção é ainda de um para dois e meio.

O apoio total (ESP[98]) por UTA recebido, por exemplo por Portugal atingia, em 2001, 23,4% da média comunitária, havendo países, como a Bélgica (191,5%), a Dinamarca (214,7%), o Reino Unido (189,4%) ou a Suécia (186,3%), que se aproximam do dobro desta média. Este facto, aliado ao fraco nível de competitividade da nossa agricultura, explica também o nosso baixo nível de rendimento agrícola (por UTA) que se cifrava, nesse ano, em 21,7% da média dos quinze. Em situação de desvantagem estão também os outros Estados Membros dos Sul, cujos apoios totais (por UTA) não atingem, em nenhum caso, o valor mais baixo dos restantes países da UE. Esta diferenciação entre níveis de apoio tem fundamentalmente a ver com a estrutura produtiva agrícola de cada Estado Membro, verificando-se que a agricultura predominante nos países do Norte e Centro da UE é a que tem mais elevados níveis de protecção de mercado e simultaneamente de ajudas directas.

As disparidades no interior da PAC sempre existiram, e têm a ver com a forma gradual como decorreu o processo de construção europeia. Como referi antes, até à reforma de 1992, essas disparidades estavam escondidas nos preços de garantia para certos sectores, os quais constituíam o instrumento exclusivo de sustentação do rendimento.

Porém, com a substituição dos preços pelas ajudas directas operada pela reforma de 1992, essas disparidades ficaram mais visíveis e expostas à crítica pública.

---

[98] ESP – apoio total (preços, ajudas e protecção de mercado) medido pelo equivalente de subvenção à produção (conceito usado pela OCDE).

Poderá explicar-se que os agricultores que têm direito a ajudas directas são os que antes recebiam apoio via preços, e que, quando os políticos decidiram mudar o sistema, eles não podiam ser penalizados. Tratando-se de um argumento inquestionavelmente real, certo é também, que ele é insustentável a longo prazo.

Manter tal diferenciação equivaleria a perpetuar um certo *apartheid* no mundo rural entre agricultores com e sem direito a ajudas directas. Facto particularmente grave porquanto é sabido que são as agriculturas dos países mais ricos as que mais dependem dos subsídios directos, enquanto que a maioria dos agricultores dos países mais pobres tem de lutar e correr riscos no mercado para assegurar o seu rendimento e sobrevivência.

A PAC do futuro terá manifestamente e inexoravelmente que assumir a sua dimensão redistributiva. O discurso político oficial é o de que ela não tem essa vocação. Todavia, todos sabemos que a PAC nasceu com a lógica de equilíbrio distributivo entre os Estados Membros fundadores do Mercado Comum, e que, actualmente, após sucessivos alargamentos da União Europeia, desempenha na prática uma função dessa natureza, só que ao contrário: distribui mais aos que já têm mais, pelo que contribui claramente para o aumento de disparidades de rendimento e de desenvolvimento no espaço rural.

Prova de que esta questão começa a suscitar viva polémica é o facto de o próprio Tribunal de Contas a ter exposto no seu relatório anual, questionando as bases de (não) equidade da PAC e as razões justificativas de porque é que *"4% dos agricultores hão-de receber 40% dos subsídios*[99]*"*.

As razões da não alteração do *status-quo* distributivo decorrem da estrutura de votos no Conselho, onde existe uma larga maioria dos Estados Membros que mais beneficiam da PAC e que, consequentemente, não estão interessados em alterar a situação. Tratando-se também de uma questão recorrente sempre que se discutem reformas da PAC, voltarei a este assunto a propósito da reforma de 2003.

---

[99] Ver TC (98/C-401/01).

Quadro 11
Macrograndezas Comparadas dos Quinze

País	% da SAU (2001)	% ha de SAU em zona desfavorecida (2001)	% ha de SAU com ajuda por ha de culturas arvenses (2001/2)	% de UTA (2001)	% do VAAB a p.m. (2001)	% das ajudas directas do FEOGA Garantia sob o SIGC (2000)	% das ajudas às grandes culturas (2001/2)	Apoio total (ESP) por UTA (2000)	VAAB a p.m. por ha de SAU (2000)	Rendimento agrícola por UTA (2000)
Alemanha	13,1	50,0	19,7	13,5	13,0	17,4	20,9	151,32	85,37	101,36
França	22,9	35,0	26,8	14,5	21,3	28,0	30,6	130,65	98,87	126,64
Itália	11,8	50,0	8,8	15,5	19,2	10,0	12,2	66,84	166,96	92,59
Holanda	1,5	0	0,8	4,0	6,2	0,8	0,6	136,55	410,31	188,69
Bélgica	1,1	20,0	0,9	1,1	1,9	1,2	1,0	191,49	176,84	170,73
Luxemburgo	0,1	100,0	0,1	0,1	0,1	0,1	-	184,68	89,24	123,45
Reino Unido	12,1	30,0	8,6	6,0	6,7	13,3	9,5	189,39	59,52	141,59
Irlanda	3,4	52,0	0,6	1,8	1,9	3,5	0,7	112,84	53,14	76,39
Dinamarca	2,1	0	4,0	1,4	2,7	3,0	3,8	214,73	128,22	194,07
Grécia	3,0	69,0	2,7	9,1	5,8	3,5	2,9	47,92	197,78	73,12
Espanha	19,3	81,0	16,8	14,4	15,6	12,0	10,0	71,11	78,80	108,23
Portugal	2,9	86,0	1,4	7,5	2,0	1,5	0,8	23,38	64,20	21,66
Áustria	2,6	68,0	2,1	7,6	1,7	2,0	2,2	96,57	66,73	67,61
Finlândia	1,7	73,0	3,3	2,0	0,9	1,3	2,0	154,64	48,07	76,34
Suécia	2,3	47,0	3,4	1,6	1,0	2,2	2,6	186,32	48,98	91,01
UE	100,0	51,0	100,0	100,0	100,0	100,0	100,0	100,0	100,0	100,0

Fonte: Cunha – relatório do Parlamento Europeu (2003/0006 CNS)

4.2.3. O Risco da OMC

A reprodução do *status-quo* que foi feita nesta reforma, significa que quase dois terços[100] dos subsídios à agricultura veiculados pela PAC continuam a figurar na chamada *caixa azul* da classificação de subsídios consagrada na OMC; uma *caixa* que foi negociada exclusivamente para as ajudas da reforma de 1992 e que deveria terminar no fim do período da *cláusula de paz*[101] em 2004. Como a reforma da Agenda 2000 ainda aumentou este tipo de despesas, tal significa que a UE seria pressionada pelos seus concorrentes, no sentido de a remeter para uma posição defensiva no âmbito das negociações, o que, a acontecer, seria negativo para a estratégia europeia de defesa do seu mundo rural[102].

Os conflitos comerciais recentes com os Estados Unidos da América, como a importação de carne com hormonas[103], a importação preferencial de bananas dos países ACP[104] ou as regras de autorização dos organismos

---

[100] Esta percentagem refere-se à expressão na PAC das ajudas directas ligadas aos produtos e não ao cálculo da Medida Global de Apoio (ver conceito no Capítulo III e OCDE (1998), Políticas Agrícolas).

[101] Prevista no Art. 13 do Acordo Agrícola da Ronda de Uruguay, inibe as partes contratantes de agir contra as ajudas concedidas por outras partes, desde que as mesmas se integrem nas *caixas verde* ou *azul*, não podendo contudo ultrapassar o nível concedido em 1992.

[102] Apesar de os aumentos dos subsídios agrícolas americanos nos 2 últimos anos constituir também um elemento de contra ataque por parte da UE.

[103] O conflito remonta a 1988, quando a UE proibiu a produção interna e consequentemente a importação de carne tratada com hormonas. Todavia, a importação de carne americana sem hormonas continuou sempre, até ser interrompida no primeiro semestre de 1999 por se ter descoberto, na sequência de análises laboratoriais, que 12% das amostras analisadas, afinal tinham hormonas... Apesar de o Comité Científico Veterinário ter produzido um parecer em 30 de Abril demonstrando os efeitos nefastos para a saúde de seis hormonas de crescimento utilizadas para a produção de carne, que serviu de base à UE para manter a proibição, o Orgão de Apelo da OMC autorizou os Estados Unidos e o Canadá a aplicarem medidas retaliatórias contra a UE, sobre a forma da imposição de uma tarifa *ad-valorem* de 100% sobre uma lista de produtos europeus. De sublinhar que a UE está actualmente a financiar a execução de mais 17 estudos científicos para poder jogar com mais força os seus trunfos na OMC. (Ver designadamente a Comunicação da Comissão ao Conselho e ao Parlamento sobre as decisões da OMC relativas à proibição das hormonas por parte da CE – COM(99)0081.

[104] Trata-se de um outro conflito comercial que os Estados Unidos lideraram com os principais produtores da América do Sul, desde que a UE criou a nova OCM da banana em 1993, contestando o favorecimento que era dado aos países ACP, através de uma quota de mercado isenta de direitos. Também aqui os Estados Unidos (que não são produtores

geneticamente modificados[105] (OGM), demonstram claramente que a União Europeia tem absoluta necessidade de defender os seus interesses e clarificar as regras do jogo, já que não se trata apenas de acordar regras de comércio livre, mas regras que sejam simultaneamente de comércio justo.

Ora, se a UE se apresentasse nas negociações da Ronda do Milénio, com uma postura defensiva em resultado das opções que (não) fez nesta reforma da PAC, teria obviamente maiores dificuldades em defender os seus interesses de longo prazo.

Daí que, como se verá na terceira parte deste capítulo, *tenha sido obrigada* a fazer nova reforma apenas quatro anos depois.

5. Os Interesses Portugueses

Já anteriormente referi que a reforma da Agenda 2000, tendo em conta as novas condicionantes decorrentes dos compromissos externos assumidos na OMC, precisava de realizar algo mais do que reproduzir o modelo da reforma de 1992, tanto mais que era evidente que alguns dos problemas fundamentais da agricultura europeia não tinham sido resolvidos. Apesar disso, os argumentos que então aduzi para avaliar os efeitos macro-económicos e distributivos potenciais do modelo subjacente à reforma a nível da UE e em Portugal mantêm-se válidos.

5.1. *A Estratégia Negocial*

Os interesses portugueses jogavam-se em dois planos complementares: o da configuração final do compromisso da reforma ao nível da UE, e o dos problemas específicos de Portugal.

No que respeita ao plano da União, é óbvio que muitos dos problemas que temos em Portugal teriam sido atenuados ou resolvidos se a reforma tivesse ido mais longe em matéria de reequilíbrio interno e de equidade na PAC. Além disso, acresce que os progressos realizados com a

---

de banana mas possuem as principais empresas multinacionais que dominam o comércio das bananas sul-americanas) ameaçaram com a sua lógica das retaliações. Ver por exemplo o regulamento base da OCM – Reg(CE)404/93 e a a Comunicação da Comissão sobre a Banana – SEC(99)799.

[105] Ver designadamente Directivas 90/220 CEE e 98/95 CE e Reg. (CE) 285/97.

consagração do desenvolvimento rural e o reforço, ainda que limitado, da respectiva dotação orçamental, bem como a melhoria dos apoios à primeira instalação dos jovens agricultores e o aumento dos limites mínimo e máximo das indemnizações compensatórias para as zonas desfavorecidas, são contrariados por outras decisões tomadas. É designadamente o caso da extensão do critério da produtividade para atribuição das ajudas a atribuir aos produtores de leite para os compensar pela redução do preço, a compensação parcial e a redução das ajudas às oleaginosas e proteaginosas, ou ainda os novos critérios de determinação das indemnizações compensatórias para as zonas desfavorecidas.

No plano especificamente nacional, o Governo concebeu uma estratégia de negociação iniciada muito tempo antes e que passava por fazer passar a mensagem da existência dum *caso português* traduzido no facto de termos a agricultura mais atrasada da UE, a mais deficitária em matéria de auto-aprovisionamento alimentar, e simultaneamente a menos apoiada pela PAC[106]. Erigia-se assim como objectivo central da reforma para Portugal o *"reequilíbrio dos apoios entre Estados Membros, entre agricultores, e entre sectores de produção"*[107], e que se deveria traduzir num acréscimo substancial dos apoios da PAC à agricultura Portuguesa[108]

Numa primeira fase Portugal tentou conseguir a concretização dos seus objectivos através de todas as dimensões da reforma, designadamente a superação dos limiares de produção a atribuir a Portugal e o reequilíbrio global da PAC com o reforço do desenvolvimento rural e a limitação de ajudas por agricultor[109]. Numa segunda fase apresentou propostas para limitar e modular as ajudas ao rendimento ao nível comunitário em função

---

[106] Ver as intervenções do Ministro da Agricultura António Capoulas Santos nos Conselhos de Agricultura de 20 de Outubro de 1997 e de 31 de Março de 1998.

[107] Intervenção do Ministro da Agricultura no Conselho de 20 de Outubro de 1997.

[108] Depois de numa primeira fase ter falado na duplicação das transferências do FEOGA para Portugal, o Governo acabou por precisar que o que em rigor pretendia era duplicar as transferências relativas às medidas de desenvolvimento rural financiadas pelo FEOGA-Garantia. Como estas até agora apenas incluíam as medidas de acompanhamento, passando no futuro a incluir as indemnizações compensatórias para as zonas desfavorecidas, trata-se de algo substancialmente diverso... e bem mais fácil de atingir pelo declarado reforço da verba a atribuir a Portugal no quadro da dotação global para o desenvolvimento rural a financiar pelo FEOGA-Garantia (Diário Económico de 18 de Fevereiro e de 18 e 19 de Março de 1999).

[109] Ver a secção de economia de "o Público" de 1997.11.03 e as intervenções no Conselho Agricultura já referidas.

das produtividades médias ou do nível de ajudas por agricultor, utilizando as poupanças assim geradas para o reforço do desenvolvimento rural[110]. Goradas que foram essas tentativas, a estratégia dos negociadores portugueses teve que se adaptar às circunstâncias, acabando por se concentrar na reclamação de uma compensação pelo *caso português* através de um reforço especial da dotação para o desenvolvimento rural a financiar pelo FEOGA-Garantia[111]. Reclamação que, como veremos adiante apenas foi marginalmente atendida.

5.2. O Deve e o Haver da Negociação

Depois de um considerável fracasso no Conselho Agrícola de Bruxelas, que não contemplou nenhum dos pedidos portugueses e que levou Portugal a votar contra o acordo[112], foi preciso recorrer à Cimeira de Chefes de Estado e de Governo para se melhorar o acordo a respeito dos nossos interesses, o que foi feito em três domínios: a duplicação da quota do trigo rijo, que passou assim a ser de 118.000 hectares, e que constitui uma medida de grande importância para o Alentejo; uma derrogação às regras de penalização, por não se ter atingido a quota de tomate industrial em 1997 e 1998, o que, em conformidade com as regras da OCM respectiva, levaria a que se perdessem 70 000 toneladas da quota portuguesa, e que por via desta negociação não aconteceu; e uma declaração[113] de que Portugal teria um tratamento especial aquando da afectação das verbas do FEOGA-Garantia relativas ao desenvolvimento rural, de forma a compensar o apoio relativamente baixo que recebe da PAC.

---

[110] Ver a *Portuguese Delegation Note-CAP Reform, Reequlibrium and Financing*, apresentada pelo Ministro da Agricultura na fase final das negociações. De notar a grande coincidência entre esta proposta e a apresentada pela CAP no seu documento de posição, apresentado a 7 de Novembro de 1997 – *A CAP e a Reforma da Política Agrícola Comum*.

[111] Ver a entrevista do Ministro da Agricultura na secção de economia de "o Público" de 1999.04.05.

[112] O que faz com que as declarações feitas na ocasião pelo Ministro da Agricultura reclamando vitória nas negociações sejam no mínimo inesperadas...tendo utilizado como argumento do voto negativo o facto de não ter sido aprovado o limite máximo de ajudas por agricultor... (ver por ex. o Diário de Notícias de 1999.03.12).

[113] O ponto 22 das Conclusões da Presidência refere designadamente *"Tendo em conta a especificidade da agricultura portuguesa, o Conselho Europeu reconhece a necessidade de reforçar o equilíbrio do apoio concedido à agricultura através de medidas de desenvolvimento rural financiadas pelo FEOGA-Garantia"*

Para além desses aspectos positivos, manda a mesma verdade que se diga que este acordo ficou muito longe de satisfazer as necessidades da nossa agricultura. Esperava-se nesta negociação que, ao estabelecer uma nova Política Agrícola para um horizonte de sete anos, fosse atribuído a Portugal um conjunto de condições para dar resposta à sua situação específica atrás referida. Mas isso não foi conseguido.

Um domínio verdadeiramente estratégico da negociação, era o de Portugal aumentar as suas quotas de produção com direito a ajudas[114], visto ser o país mais deficitário da UE e o de mais baixas produtividades. Era pois plenamente justificado que fosse atribuído um tratamento específico a Portugal nas áreas de base dos cereais, oleaginosas e proteaginosas[115], bem como nos rebanhos de referência (os novilhos de engorda e vacas aleitantes), tal como aconteceu com outros países para a quota leiteira.

Com a excepção do trigo rijo, isso não foi conseguido, já que apenas tivemos, nas mesmas proporções, o que os restantes tiveram.

Na vinha, os 3.760 hectares[116] de novos direitos de plantação que obtivemos correspondem a 2% do aumento global, restando como factor positivo a recuperação de cerca de 20.000 hectares de direitos caducados que acresceram à reserva nacional; apesar de essa área também vir a ser utilizada para regularizar todas as vinhas ilegais.

No leite, as novas 28.100 toneladas da quota portuguesa correspondem, a médio prazo, ao aumento comum de 1,5%, com as atrás referidas excepções da Irlanda, Itália, Espanha e Grécia, que obtiveram aumentos específicos e imediatos da sua quota de, respectivamente, 3% (mais 150.000 toneladas), 6% (mais 600.000 toneladas;) 10% (mais 550.000 toneladas) e 11% (mais 70.000 toneladas). O tratamento que Portugal teve neste sector afigura-se verdadeiramente incompreensível, porquanto é sabido que já atingiu a sua quota de produção de leite negociada em 1990, correndo o risco de ser penalizado pelas quantidades que produzir acima dela. Não se conseguiu o financiamento comunitário de um plano de res-

---

[114] Ver a este respeito o quadro resumo dos limiares quantitativos de produção propostos pela CONFAGRI em anexo ao documento apresentado na conferência de imprensa de 1998.02.18.

[115] Não se conseguiu sequer incluir a tremocilha (*lupinus luteus*) (a nossa mais representativa proteaginosa) na lista das proteaginosas elegíveis para ajuda.

[116] Que na prática correspondem a 3041 hectares por haver que deduzir 719 ha de novas licenças de plantação cuja distribuição está em curso.

gate de 200 mil toneladas de quota de leite atribuída mas não utilizada, que seria fundamental para a reestruturação do sector, e que constituía o aspecto a que as organizações profissionais do sector atribuíam maior prioridade nas negociações sectoriais.

Por fim, não fomos capazes de explicar que a modernização da nossa agricultura passa pelo aumento das áreas de regadio e das produtividades físicas das culturas. De resto, nem conseguimos obter um aumento líquido da área de base para o regadio, nem da produtividade de referência para as culturas aráveis, tanto mais que estava previsto que o Alqueva viesse a regar cerca de 30.000 hectares no período até 2007.

Na realidade, o que se negociou foi um aumento de 60.000 hectares da superfície de base para o regadio, mas por transferência da superfície de base do sequeiro. O que significa que, não tendo aumentado a superfície de base global em termos líquidos, nem a produtividade de referência, para se dar ajuda às novas produções do regadio, terão que ser reduzidos os montantes unitários das ajudas aos actuais beneficiários, do sequeiro, ou do regadio, ou mais provavelmente de ambos.

Em contraste total com esta situação, a Espanha e a Itália foram capazes de negociar o aumento da sua produtividade de referência. Importará neste contexto referir que a produtividade de 2,9 toneladas por hectare, negociada por Portugal em 1992 (na altura superior em 80% à produtividade estatística oficial), já se exauriu, como o demonstra o facto de em anos recentes Portugal ter sido já penalizado, por ultrapassar as suas áreas de base e a correspondente perequação do limite de ajudas que têm em conta a superfície e a produtividade de referência.

5.3. *A Declaração de Berlim e o Caso da "Especificidade"*

Face ao anúncio feito pelo Governo de que a Declaração de Berlim salvaguardaria a *especificidade* da agricultura portuguesa, aguardava-se com grande expectativa a repartição pela Comissão Europeia da dotação do FEOGA-Garantia destinada ao desenvolvimento rural, que foi conhecida em Setembro[117]. Dos 4.339 milhões de euros a distribuir em média anual para o período da Agenda 2000, foram afectados a Portugal 200 milhões de euros que, face ao nível médio de compromissos de 136,5

---

[117] Ver Documento da Comissão IP/99/658, de 8 de Setembro de 1999.

milhões de euros no período 1994-99, representam um aumento de 46,5%. Se é certo que um tal aumento foi bastante superior ao aumento médio na UE (de 20,7%), certo também é que ele constitui uma frustração, em virtude de o aumento anual previsto (cerca de 74 milhões de euros) não ter dimensão absoluta, para realizar o objectivo de inverter a situação de desfavorecimento dos agricultores portugueses face aos seus colegas da UE. Além disso, o inerente aumento da quota-parte de Portugal neste tipo de despesas da UE, de 3,8% para 4,6%, nem sequer serve como prémio de consolação face ao afastamento, atrás referido, que tivemos na percentagem de despesas totais do FEOGA-Garantia nos 4 anos anteriores. Importará referir que os Estados Membros com agriculturas muito mais desenvolvidas do que a portuguesa, tiveram tratamento ainda mais favorável (caso da Holanda, com um aumento de 60,8%), ou próximo do nosso: Espanha (36,1%), Itália (33,4%) Suécia (35%). E a própria Grécia, cujos agricultores já recebem do FEOGA-Garantia, em média, quatro vezes mais do que os agricultores portugueses, também viu aumentada a sua dotação para o desenvolvimento rural em 39,5%, ou seja numa percentagem muito próxima da nossa.

As organizações mais representativas da agricultura portuguesa também primaram pela discrição, à semelhança das suas congéneres europeias. Em geral partilhavam muitos pontos comuns de oposição à reforma como: a redução de preços e a consequente atenuação da preferência comunitária, o co-financiamento, ou a compensação parcial. Mas defendiam especialmente o reconhecimento da nossa *especificidade*, que implicava designadamente o aumento do potencial de produção nos sectores com direito a ajudas, e uma maior equidade da PAC a nível da UE.

A CAP insistiu especialmente em três aspectos, que deveriam em sua opinião também servir para avaliar os resultados finais da negociação[118] (ver Anexo III): o aumento substancial da *taxa de apoio* da PAC à agricultura portuguesa; a necessidade de uma excepção a respeito das limitações quantitativas impostas às nossas produções; a duplicação dos apoios estruturais à agricultura no período 2000-2006 relativamente ao período 1994-1999. A duplicação da quota do trigo rijo e a não redução da quota do tomate, sendo questões altamente sensíveis aos interesses que representa, também contribuíram para que as críticas veementes que fez ao acordo de Bruxelas se esbatessem após Berlim.

---

[118] Posições sobre a Reforma apresentadas em Novembro de 1977, Janeiro e Março de 1999.

A CONFAGRI insistiu mais no reforço da política de desenvolvimento rural, na não alteração dos regimes de intervenção, no apoio a um programa de resgate para a reestruturação do sector leiteiro e à questão dos limiares quantitativos de produção, chegando a apresentar uma proposta detalhada do que seriam, na sua avaliação, as necessidades portuguesas[119] (ver Anexo IV).

A CNA[120] insistiu especialmente nos aspectos equitativos da reforma e nos apoios à pequena agricultura e às zonas desfavorecidas, tendo criticado com particular contundência o falhanço da aprovação de qualquer dispositivo limitador das ajudas por agricultor.

A AJAP[121], como lhe competia, colocou o acento tónico das suas posições no reforço dos apoios ao rejuvenescimento e à modernização do tecido sócio-empresarial agrícola, na defesa das explorações familiares, e no reequilíbrio interno da PAC.

---

[119] Ver o documento "Posição da CONFAGRI sobre a Agenda 2000-Vertente Agrícola", Fevereiro de 1999.

[120] Ver documento "Agenda 2000-Reforma da PAC" de Março de 1998 e nota apresentada na conferência de imprensa de 16 de Março de 1999.

[121] Ver documento "Tomada de Posição sobre a Reforma da PAC" apresentado em Janeiro de 1998.

ANEXO I: Diferenças entre as Propostas da Comissão e o Compromisso Final

CULTURAS ARVENSES (COP)

Proposta da Comissão	Compromisso Final no Conselho
Redução do preço de intervenção de 119.19 para 95.35 (-20%) em Julho 2000	15% de redução (119.19 para 101.31) em dois anos; compromisso de qualquer redução de preço posterior a 2002/3 ser tomada à luz da evolução do mercado, e de ser compensada a 50% em pagamentos por superfície.
Supressão dos incrementos mensais do preço de intervenção	Manutenção com o valor actual (1 euro/ton) decidida na Cimeira de Berlim
Redução da taxa de base do pousio para 0%	Fixação em 10% para o período 2000-2006.
Aumento da Ajuda Directa (por ha) de 54 para 66 euros/ton, numa etapa.	Aumento de 54 para 63, em duas etapas, com pagamento da ajuda entre 16.Nov e 31.Jan
	Pagamento suplementar de 19 EURO na Finlândia e nas regiões árcticas da Suécia.
	Aumento do rendimento regional de referência para Espanha (2,9 t/h) e Itália (3,9 t/h).
	Nos Estados sem tradição de silagem de milho, serão elegíveis as áreas de erva de silagem (Suécia e Finlândia)
	Fixação definitiva da Área de Base para os novos Lander da Alemanha em 150 000 h.
	Aumento de 60 000 h da área irrigada em Portugal, sem aumento da Área de Base e do rendimento regional de referência (2,9 t/h).
Simplificação das penalizações por ultrapassagem da Área de Base, e supressão do pousio de penalização	Aprovado, sem supressão do conceito de sub - áreas de base.
Supressão das sub – áreas de base para o milho	Possibilidade de os Estados manterem as sub – áreas para o milho, distinguindo entre áreas irrigadas e não irrigadas, e de manterem rendimento regional de referência específico.
Prorrogação dos suplementos para o trigo rijo (em zonas específicas)	Aumento da área "para produção tradicional" em Portugal, de 59 000 para 118 000 h (Cimeira de Berlim).
Alinhamento da ajuda específica às oleaginosas pela dos cereais (66 EURO/t) numa etapa em Julho 2000.	Alinhamento em 3 anos pela ajuda aos cereais.
	Conversão da ajuda de acordo com os rendimentos regionais de referência dos cereais, com regime transitório opcional até 2001/2.
	Fixação de um mínimo (66 EURO/t) para a ajuda às oleaginosas.
	Antes de Julho 2002, a Comissão elaborará um relatório de avaliação do regime, com propostas ajustadas ao eventual decréscimo do potencial de produção.
	Os Programas respeitantes ao girassol e à colza de Primavera podem ser abrangidos pelas medidas agro-ambientais.
Alinhamento do pagamento do pousio pela ajuda aos cereais, numa etapa (Julho 2000)	Alinhamento em duas etapas.
Alinhamento da ajuda à semente de linho pela ajuda aos cereais, numa etapa (Julho 2000)	Alinhamento em três etapas, tendo em conta os rendimentos regionais de referência para os cereais.
Redução da ajuda às culturas proteicas para 72.,5 euros/t numa etapa (prémio de 6,5 euros/t)	Aprovada, com um prémio de 9,5 euros/NT devido à descida decidida para a ajuda aos cereais.
Redução de 20% no preço da fécula de batata, com compensação de 50% da redução pelo aumento da ajuda para 105,6 euros/NT	Redução de 15% em duas etapas, com aumento da ajuda para 110.54 euros/t (75% da redução de preço) e redução de quotas que garanta neutralidade orçamental da decisão.
	Os direitos niveladores à exportação só serão aplicados em casos de extrema urgência.

Diferenças entre as Propostas da Comissão e o Compromisso Final (cont.)

SECTOR DA CARNE DE BOVINO

Proposta da Comissão	Compromisso Final no Conselho
Redução de 30% dos preços institucionais em três etapas com início em Julho 2000.	Redução de 20% em duas etapas.
Abolição da intervenção pública a partir de Julho 2002, substituída por ajudas à armazenagem privada a accionar quando os preços desçam abaixo de 103% do preço de base	Accionamento da armazenagem privada quando o preço de mercado desça abaixo de 2290 euros/t. Manutenção após 2002 do sistema de rede de segurança da intervenção pública para os machos adultos, a accionar se os preços descerem abaixo de 1560 euros/t (60 % do preço de intervenção).
	A Comissão pode decidir compras de intervenção "ad hoc" pelo procedimento do comité de Gestão
Aumento dos Pagamentos Compensatórios em 3 anos (em cerca de 80% da redução do preço), 50% do qual na forma de complemento dos prémios já existentes	Ajustamento das medidas propostas – maior nas vacas aleitantes, menor nos machos), mas a menor redução de preços decidida aumenta a taxa de compensação para 85%-90%.
Os restantes 50% de aumento dos Pagamentos Compensatórios incorporam um envelope nacional (calculado com base na produção anual) a ser atribuído aos Estados membros de acordo com critérios e prioridades nacionais (principalmente como complemento de prémios já existentes, mas também com a possibilidade de pagamentos por hectare de pastagem permanente).	Introdução durante 3 anos de um prémio ao abate de 80 EURO/cabeça (pagável a todos os animais com mais de 8 meses, incluindo vacas leiteiras e vitelas), e de 50 EURO/cabeça para os vitelos (idade de 1 a 7 meses, com peso inferior a 160 kg). O número de animais com direito a prémio é calculado com base na produção de 1995, incluindo os animais exportados. Sendo o financiamento correspondente externo aos envelopes nacionais, o montante disponível para estes é apenas 25% inferior ao montante inicialmente posposto. este montante pode ser utilizado como complemento dos prémios já existentes (excepto prémio ao abate de vitelos)
Limite no valor absoluto pagável em cada prémio (valor de base + complemento).	Abolido
Prémio ao abate das vacas leiteiras (35 EURO), com possibilidade de pagamento de 35 EURO adicionais provenientes dos envelopes nacionais	Incorporado no prémio ao abate
Alinhamento dos direitos de prémios à vaca aleitante pela produção (redução de 11 371 para 10 285 milhões), 3% acima da produção de 1995 ou 1996.	Fixação dos direitos de prémio (Áustria, Suécia e Finlândia) cf. Tratado de Adesão, e 3% acima da produção de 1997 para os outros Estados membros, com fixação do limite global de cabeças em 10,82 milhões.
	Os Estados membros podem optar por definir o conceito de vaca aleitante, excluindo a regra de que o animal não pode produzir mais de 120 000 kg/leite/ano.
	Até 20% dos direitos a prémio podem ser atribuídos, em limites nacionais específicos, a novilhas em países onde 60% das vacas aleitantes/novilhas se localizem em regiões de montanha (Áustria).
Abolição do prémio adicional co-financiado à vaca aleitante (Regiões Obj. 1)	Manutenção deste complemento em 50 EURO/cabeça, co-financiado em certas regiões.
Congelamento dos limites regionais para o prémio especial aos bovinos (aumento de 8% para Espanha e Portugal).	Maior aumento para Portugal e Espanha, Grécia, Suécia, Finlândia, Reino Unido e Irlanda.
	Redução da idade mínima para acesso ao prémio para 9 e 21 meses (Itália), podendo este critério ser substituído pelo de peso mínimo ao abate de 185 kg.
Manutenção do limite de 90 cabeças/exploração para acesso aos prémios	Os Estados membro podem fixar um limite diferente, com a possibilidade das penalizações por ultrapassagem dos limites regionais não serem aplicadas às pequenas explorações (definição nacional)
Aumento do prémio à extensificação, de 36 a 52 EURO/animal, para 100 EURO, com densidades pecuárias inferiores a 1,4 CN/h (o cálculo da densidade passa a incluir todos os animais adultos, nomeadamente as novilhas sem direito a prémio)	Mantendo a neutralidade orçamental, manutenção de dois limites (33 EURO-1,6 a 2 CN/h; 66 EURO-<1,6 CN/h) até 2001, e 40 EURO (1,4 a 1,8 CN/h) e 80 EURO (< 1,4 CN/h) a partir de 2002.
	Flexibilização da definição de pastagem
	Nos países onde 50% da produção de leite esteja em região de montanha, as vacas leiteiras são elegíveis.

Diferenças entre as Propostas da Comissão
e o Compromisso Final (cont.)

DESENVOLVIMENTO RURAL

Proposta da Comissão	Compromisso Final no Conselho
Fixação de montantes máximos de Apoio aos Projectos de Investimento em cada Estado Membro	Os montantes máximos foram fixados em 45% e 55% (em regiões desfavorecidas) para Jovens Agricultores e em 40% e 50% para os restantes casos.
Nas Regiões Desfavorecidas e com Condicionantes Ambientais o valor das Indemnizações Compensatórias é fixado entre 40 euros/h e 200 euros/h. São permitidos valores superiores desde que o valor médio não exceda o tecto previsto	O limite mínimo do valor das IC's foi fixado em 25 euros/h. São permitidas IC's cujo valor se situe abaixo do mínimo para evitar sobrecompensações.
A duração dos pagamentos da Cessação Antecipada de Actividade não pode exceder 10 anos e não podem continuar para lá da idade normal de reforma (nunca após 70 anos), com um máximo anual individual de 15.000 EURO/titular da exploração e 3.500 EURO/trabalhador.	A duração dos pagamentos não pode exceder 15 anos para os titulares da exploração (ou idade de 75 anos) e 10 anos para os trabalhadores (ou idade normal de reforma), ou 15.000 EURO por titular/ano (150.000 no total) e 3.500 EURO por Trabalhador/ano (35.000 no total)
Apoio nas medidas agro-ambientais: 600 euros/h nas culturas anuais 900 euros/h nas culturas especializadas perenes 450 euros/h nos restantes casos	Inalterado
Apoio à formação profissional de agricultores e outros activos agrícolas	Elegibilidade dos proprietários florestais e outros activos envolvidos em actividades florestais tendo em vista a melhoria das funções económicas, ecológicas e sociais da floresta
Prémios compensatórios na Florestação: 600 euros/h para agricultores e suas associações 150 euros/h para outros titulares	Aumento dos Prémios compensatórios para: 725 euros/h para agricultores e suas associações 185 euros/h para outros titulares
A Comissão e os estados Membros devem assegurar acompanhamento efectivo da implementação dos Programas de Desenvolvimento Rural	A Comissão pode contribuir para o financiamento da avaliação do desenvolvimento rural nos Estados membro ou a nível da Comunidade
Apoio à Comercialização e Transformação de Produtos Agrícolas	O montante total do apoio é limitado a 50% do montante elegível de investimento nas Regiões Objectivo 1, e a 40% nas restantes.

Diferenças entre as Propostas da Comissão e o Compromisso Final (cont.)

REGULAMENTAÇÃO HORIZONTAL

Proposta da Comissão	Compromisso Final no Conselho
Âmbito abrangente a todas as ajudas directas em vigor	Inalterado
Respeito por critérios de eco-condicionalidade é condição obrigatória para recebimento das ajudas	Amplo poder discricionário dos estados membros na fixação de normas ambientais e das sanções a aplicar, sendo obrigatória a fixação das normas
Modulação – opção para redução das ajudas directas até 20% em função das unidades de trabalho	Âmbito alargado aos conceitos de "unidades de trabalho", "rendimento bruto marginal" e ao "montante total de ajudas directas" por exploração
As poupanças resultantes da "integração das ajudas" e da "modulação" revertem para as medidas agro-ambientais	As poupanças podem ser canalizadas no seio de cada Estado Membro para medidas agro-ambientais, florestação, regiões desfavorecidas e áreas com restrições ambientais, e cessação antecipada de actividade
Limites de modulação – redução das ajudas directas em 20% nos casos de pagamentos/exploração superiores a 100 000 EURO; e redução de 25% nos casos de pagamentos/exploração superiores a 200 000 EURO. As poupanças resultantes revertem para o Orçamento	Suprimido. Apenas mantém como facultativa ao nível dos Estados Membros a modulação com base nas ajudas totais recebidas por exploração.

ANEXO II

CLASSIFICAÇÃO DOS SECTORES SEGUNDO OS MECANISMOS DE GESTÃO DE MERCADOS APÓS A REFORMA DA AGENDA 2000

Com intervenção automática	Com intervenção condicionada	Mistas: com preço garantido e ajudas directas	Com ajudas directas	Produtos sem apoio (OCM aduaneiras)
. Açúcar . Leite (até 2005)	. Vinho . Porcinos . Frutas e Hortícolas	. Cereais . Arroz . Carne de ovino . Banana . Leite (2005/6) . Carne de bovino (até 2002)	. Oleaginosas . Proteaginosas . Forragens . Tabaco . Algodão . Outros têxteis . Legumes . Frutas e verduras transformadas . Lúpulo . Espargo . Avelã . Azeitona (2000) . Azeite (2000) . Carne de bovino(2002) . Arroz (proposta)	. Aves . Ovos . Transformados-PATs . Flores e plantas . Algumas frutas e legumes frescos . Batatas . Álcool etílico . Outros produtos marginais

Fonte: MASSOT, A (1999)

MECANISMOS DE CONTROLO QUANTITATIVO DA OFERTA APÓS A REFORMA DA AGENDA 2000

Quotas nacionais de produção	Quotas nacionais com ajuda garantida	Quotas comunitárias de produção garantida	Quotas nacionais de excedentes
. Açúcar e glucose (quotas A e B)	. Arroz (SMG)	. Algumas frutas e hortícolas transformados (Níveis de garantia para pêras e pêssegos; níveis para transformação de citrinos; SMG para as uvas passas)	. Produtos vitivinícolas (Volumes de destilação voluntários e condicionados)
. Vinha (proibição de plantação)	. Algodão (QMG) . Forragens (QMG)	. Legumes (SMG)	. Frutas e legumes frescos (níveis de "retirada" por OPA)
. Produtos lácteos (com quota garantida até 2006)	. Tabaco (QMG) . Fécula de batata . Tomate transformado . Bovinos (cabeças) . Vacas aleitantes (cabeças) . Ovinos (cabeças) . Culturas arvenses (SMG, que inclui desde 1997 o trigo rijo, excepto as oleaginosas a partir de 2002/3) . Produtos lácteos (ajudas a partir de 2005/6) . Azeite . Azeitona	. Banana (QMG)	

Fonte: MASSOT, A (1999)

ANEXO III: **Propostas da CAP para a Reforma da PAC**

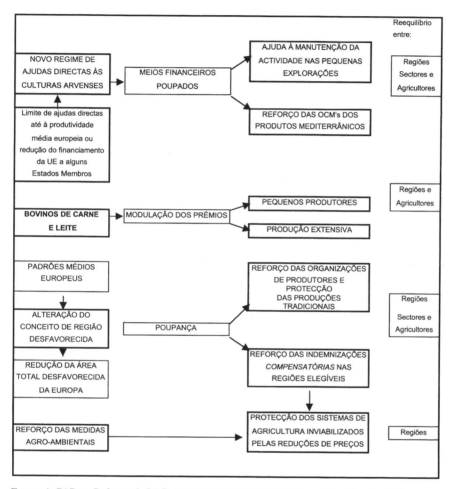

Fonte: A CAP e a Reforma da PAC – uma proposta detalhada, Lisboa, Novembro de 1997

ANEXO IV: Propostas da CONFAGRI
para Fixação dos Limiares Quantitativos de Produção

PRODUTOS /OCM			hectares	
			Situação Actual	Necessidades
CEREAIS OLEAGINOSAS PROTEAGINOSAS LINHO NÃO TÊXTIL	Superfície Base Nacional		1 034 753	1 300 000
	Classes Rendimento	Sequeiro	3,5 t/h	4,5 t/h
		Regadio	9 t/h	12 t/h
TRIGO RIJO	Superfície Máxima		59 000	120 000
ARROZ	QMG*		34 000	60 000
TOMATE	Quota (toneladas)		939 474	1 100 000
TABACO	Quota (toneladas)	Virgínia	5 500	6 000
		Burley	1 200	1 500
AZEITE	QMG* (toneladas)		51 244	120 000
BETERRABA	Quota (toneladas)		70 000	200 000 (a)
VINHA	Limites de Plantação		719	(b)
NOVILHOS	cabeças		154 897	15%
VACAS ALEITANTES	cabeças		285 934	20%
OVINOS E CAPRINOS	cabeças		2 705 000	70 000

Fonte: Posição da CONFAGRI sobre a Agenda 2000, Lisboa Fevereiro de 1999
   * QMG: Quantidade Máxima Garantida
   (a) na perspectiva do Alqueva
   (b) Vinha: apoios financeiros para a reestruturação de 40% da nossa superfície vitícola (120 000 ha)

II – 3 – A REFORMA DE 2003

1. Antecedentes e Contexto

A possibilidade de introdução de novas alterações na PAC antes do fim da implementação da reforma da Agenda 2000 (2000-2006) ficou expressamente prevista no compromisso final do Conselho Europeu de Berlim de Março de 1999. Tais ajustamentos intercalares ficaram previstos não apenas no quadro dos regulamentos sectoriais aprovados para o leite, cereais, e carne bovina, como também nas conclusões finais do Conselho (parágrafo 22), ao convidar a Comissão Europeia a *apresentar ao Conselho em 2002 um relatório sobre a evolução das despesas agrícolas, acompanhado, se necessário, de propostas adequadas (...)* e o Conselho a *tomar as decisões que forem necessárias de harmonia com os objectivos da reforma.*

Neste contexto, o pedido formulado à Comissão ia apenas no sentido da introdução de eventuais ajustamentos decorrentes da evolução dos mercados e da situação orçamental, sem se pôr em causa a substância do pacote aprovado em Berlim. Em vez disso, porém, a Comissão optou por apresentar em 2002 propostas para uma nova reforma mais substancial do que a anterior e visando substitui-la.

Porquê uma tal opção? A resposta da Comissão foi dada em dois planos:

Num plano mais formal respondeu que o mandato do Conselho Europeu não limitava a sua capacidade de iniciativa. Noutro plano, mais político e substancial, respondeu que, para além de dar sequência ao repto do Conselho Europeu de Gotemburgo[122], as suas propostas de reforma da PAC se justificavam pela necessidade de preparar o sector agrícola para novos desafios fundamentais como: i) pôr as decisões de produção dos agricultores a serem tomadas em função do mercado e não do tipo de subsídios existentes; ii) aumentar a capacidade de resposta da PAC para fornecer *serviços públicos* à sociedade, legitimando-a assim mais perante os cidadãos; iii) facilitar as negociações multilaterais de comércio no âmbito

---

[122] O Conselho Europeu de Gotemburgo de 15/16 de Junho 2001 aprovou uma estratégia europeia para o desenvolvimento sustentável, de acordo com a que os efeitos económicos, ambientais e sociais das diferentes políticas comuns deverem ser devidamente avaliados num quadro coerente e integrado e tidos em conta na formulação ou revisão futura dessas políticas.

da OMC; e iv) melhorar a resolução dos problemas decorrentes do alargamento da UE a novos países.

Sem pôr em causa a pertinência dos diferentes argumentos invocados pela Comissão para justificar a reforma, é consensual (ver por ex. Massot, 2003) a conclusão de que os factores que verdadeiramente a determinaram foram os dois últimos.

Como se verá mais em pormenor no capítulo III deste livro, o facto de a agricultura ter passado a integrar a lógica da globalização do comércio a partir de 1994, com o acordo da Ronda do Uruguay do GATT (designado OMC – Organização Mundial do Comércio – a partir daí), veio a ter implicações profundas na configuração das políticas agrícolas dos países mais desenvolvidos. Para além dos efeitos decorrentes da redução das protecções tarifárias e do consequente aumento do acesso aos mercados, a exigir maiores níveis de competitividade, a principal influência de OMC exerceu-se também sobre os tipos de instrumentos de apoio à agricultura no quadro dessas políticas.

Foi neste contexto que a reforma de 1992 iniciou o processo de substituição gradual das políticas de preços e mercados, em que se baseava historicamente a PAC, para uma política de apoio directo aos rendimentos dos agricultores. Sem ela não se teriam desbloqueado as negociações da Ronda Uruguay em 1994 que estavam um impasse desde a Conferência Ministerial de Heysel de Novembro de 1990. Mas forçoso é também referir que sem a pressão exercida pelas negociações do GATT a reforma não se teria provavelmente feito, ou, a fazer-se, não teria necessariamente aquela configuração.

Sucede, porém, que a Ronda Uruguay foi apenas o início de um processo de liberalização do comércio agrícola, que deverá ser continuado pelo acordo que deverá sair da ronda iniciada em Doha em Novembro de 2001. É no contexto desta ronda que vários países concorrentes da UE começaram a pôr em causa a suficiência das reformas da PAC operadas em 1992 e 1999, pondo designadamente, em causa as ajudas directas então criadas, por estarem ainda vinculadas a produções específicas (cereais, oleaginosas, bovinos, ovinos e caprinos, etc.) e terem supostamente ainda um carácter distorçor da concorrência internacional.

Ao apresentar uma proposta de reforma que visava transformar ajudas directas ligadas a produções específicas em ajudas directas desligadas da produção (a atribuir independentemente das opções produtivas dos agricultores), a Comissão Europeia deixa, assim, transparecer a ideia de que as negociações em curso na OMC foram um factor determinante desta reforma.

No que respeita à contribuição do alargamento da União para a reforma da PAC de 2003, existem duas principais razões a sugeri-la.

A primeira é a necessidade de simplificar o sistema de ajudas directas, tendo em conta que estas são pagas e controladas por produções ou actividades específicas e que o número de agricultores da UE27, a partir de 2007, mais do que duplicará. Não apenas pelas dificuldades administrativas inerentes a um aumento tão acentuado nos pagamentos a fazer, mas também porque na maior parte destes países não existem elementos cadastrais da propriedade que permitam uma boa aplicação do sistema integrado de implementação e controle das ajudas. Foi face a estas dificuldades que a Comissão recomendou que as ajudas directas a pagar aos agricultores dos novos Estados Membros fossem desligadas da produção e baseadas num pagamento único por hectare ou por exploração[123].

A segunda razão pela qual o alargamento pesou na decisão da Comissão em avançar para uma nova reforma da PAC tem a ver com as questões orçamentais, tendo em conta que a UE não poderia extrapolar no futuro o esforço financeiro que faz actualmente para apoiar os seus agricultores dos quinze Estados Membros. No curto e médio prazo o problema orçamental foi resolvido através da introdução gradual das ajudas directas[124], mas novas soluções serão previsivelmente necessárias a partir de 2012.

Foi esta necessidade de estabilizar as despesas agrícolas na União alargada que esteve na base das duras dificuldades de negociação do faseamento da introdução das ajudas directas nos novos Estados Membros e que levou à realização do Conselho Europeu de Bruxelas em Outubro de 2002. Para além de confirmar as propostas da Comissão sobre o alargamento, o Conselho de Bruxelas teve como principal decisão fixar um novo limite de crescimento das despesas agrícolas, substituindo assim, a antiga *linha directriz agrícola* criada em 1988 por uma fórmula mais restritiva que fixa o seu montante para o período de 2007-2013 ao nível de 2006

---

[123] Ainda antes da apresentação das propostas de reforma em Julho de 2002, a Comissão já recomendava a adopção deste sistema desligado de ajudas com base no *regime simplificado* previsto no Regulamento (CE) 1244/2001.

[124] No Conselho Europeu de Copenhaga de Dezembro de 2002 foi decidido que os agricultores dos novos Estados Membros começarão por receber em 2004 25% das ajudas directas que recebem actualmente os seus parceiros dos Quinze, aumentando esta percentagem 10% anualmente até atingir 100% em 2013. De notar, porém, que os novos Estados Membros podem complementar estes montantes com ajudas do programa de apoio estrutural e ao desenvolvimento rural (SAPARD).

com um aumento anual de 1% para acautelar a inflação (ver adiante). O que corresponde na prática a um congelamento, ou mesmo regressão em termos reais, tendo especialmente em conta que tal limite já inclui os Estados Membros que estarão na União a partir de 2004.

As novas restrições ao financiamento da PAC passaram a implicar que a continuação do processo da reforma, mediante o seu alargamento a outras produções (envolvendo despesas adicionais em resultado da compensação das reduções de preços com ajudas directas) só será possível no futuro através da diminuição dos apoios actualmente recebidos pelos agricultores. Foi por essa razão que a Comissão apresentou as suas propostas de *modulação* e de *degressividade*.

Pode, assim, afirmar-se que o processo de alargamento, pelas pressões orçamentais que gerou, não só funcionou como um factor determinante da reforma, como também contribuiu decisivamente para a sua configuração final, designadamente o reduzido reforço que veio a ser decidido para o desenvolvimento rural e o novo mecanismo de *disciplina financeira* da PAC, que prevê a possibilidade de novas reduções das ajudas directas (*modulação*) sempre que for necessário.

2. Das Propostas da Comissão ao Compromisso do Luxemburgo

2.1. *As Propostas da Reforma Intercalar*

No dia 10 de Julho de 2002 a Comissão apresentava finalmente a tão anunciada e pré-debatida Reforma Intercalar da PAC, através de uma Comunicação ao Conselho e ao Parlamento Europeu (COM(2002)394 final).

A Comunicação da Comissão integrava medidas de duas naturezas distintas: sectoriais e horizontais.

As primeiras referem-se a i) cereais, propondo de redução de 5% do preço de intervenção, fim das majorações mensais, fim da intervenção para o centeio e redução das ajudas ao trigo rijo (com supressão das ajudas aos produtores das regiões não tradicionais); ii) arroz, com redução drástica do preço de intervenção e sua substituição por uma ajuda directa, a fim de compatibilizar a OCM com a iniciativa *Tudo menos armas*[125]; iii)

---

[125] A iniciativa conhecida por *Tudo menos armas* (TMA) foi lançada pela Comissão Europeia e aprovada pelo Conselho para ajudar a tentar ganhar como aliados os países ACP e outros países em desenvolvimento no quadro das negociações da Ronda de Doha

frutos secos, com a criação de uma ajuda de € 100 por hectare; iv) introdução de um subsídio de € 45 por hectare de culturas energéticas (*crédito de carbono*); v) Previam-se ainda 4 opções possíveis para a política leiteira, a discutir durante o debate da reforma: manter o *status-quo*; continuar o processo da reforma da Agenda 2000; sistema de dupla quota; e eliminação das quotas e liberalização total do sector.

As medidas horizontais apresentadas, para além da *dissociação* e da *modulação* das ajudas, abordadas com mais detalhe a seguir, traduziam-se designadamente em:

- aprofundamento e generalização da aplicação dos critérios de eco-condicionalidade, impondo regras estritas a respeitar em matéria ambiental como condição prévia ao recebimento das ajudas, sob pena de pesadas sanções financeiras em caso de incumprimento;
- transformação do pousio rotacional existente num *pousio ambiental* fixo, com a mesma taxa de 10%;
- um sistema de auditorias agrícolas, co-financiado pela UE no sentido de ajudar os agricultores a adaptar-se e cumprirem com os novos requisitos de eco-condicionalidade;
- alargamento do âmbito do segundo pilar da PAC com a possibilidade de poder começar a financiar iniciativas no âmbito do bem estar animal, e da segurança e qualidade alimentar.

A *dissociação*[126] das ajudas a pagar aos agricultores e a sua *modulação*, além de constituírem uma inovação em matéria de reforma da PAC, são indubitavelmente os dois eixos principais desta reforma.

A *dissociação* proposta traduzia-se na introdução de um pagamento único por agricultor, desligado de qualquer actividade produtiva, que substituiria as ajudas directas existentes baseadas nas superfícies cultivadas e no número de cabeças de gado. A ajuda desligada seria equivalente ao montante que o agricultor já recebia no período de referência (2000-2002) ao abrigo do anterior regime, mas condicionado ao cumprimentos das re-

---

da Organização Mundial do Comércio (OMC). Por esta sua decisão unilateral a UE compromete-se a receber nos seus mercados sem quaisquer direitos aduaneiros todos os produtos agrícolas dos 49 países mais pobres do Mundo. Para o açúcar, bananas e arroz, considerados *produtos sensíveis*, foi fixado um período transitório durante o qual a medida se aplicará progressivamente.

[126] Também designada habitualmente por *desligamento*, pela sua maior proximidade aos termos homónimos em inglês (*decoupling*) e francês (*decouplage*).

gras de eco-condicionalidade em matéria de ambiente, segurança alimentar, sanidade e bem estar animal e segurança no trabalho. Respeitadas estas condições os agricultores estariam habilitados ao recebimento do *pagamento único* ficando com a liberdade de produzirem o que entenderem mais adequado face aos sinais do mercado e à configuração dos recursos das suas explorações. Poderiam inclusivamente optar por não produzir nada, desde que assegurassem que as suas terras se mantinham em *boas condições agronómicas*. Com o objectivo de facilitar a mobilidade da terra e dos agricultores, propunha-se também que o *pagamento único* fosse dividido pela área elegível de cada exploração, dando origem a um determinado número de *títulos de pagamento*, que poderiam ser vendidos com ou sem a área agrícola que lhe dera origem.

O pagamento único deveria substituir completamente as ajudas pagas aos produtores de cereais, oleaginosas, ovinos e caprinos, batata para fécula, leguminosas para grão, forragens secas, linho e cânhamo, assim como as ajudas a pagar aos produtores de leite a partir de 2005, quando começasse a redução de preços prevista. Noutros sectores, porém, para além de uma ajuda de base integrada na ajuda dissociada, previa-se ainda o pagamento de ajudas suplementares ligadas à produção. Esta modalidade aplicava-se ao trigo duro, arroz e proteaginosas, assim como o prémio aos transformadores de linho, cânhamo, forragens secas e batata para fécula.

A *modulação dinâmica* consistia numa redução progressiva de todas as ajudas directas, começando por 3% em 2005 e aumentando 3% ao ano até chegar a 20% ao fim do sexto ano. Os montantes assim gerados (cerca de 500 – 600 milhões de euros no primeiro ano) seriam redistribuídos pelos Estados Membros em função das respectivas áreas agrícolas, mão de obra e nível de rendimento (critério de coesão), sendo destinados ao reforço do *segundo pilar* da PAC.

Com base nestes critérios a Comissão elaborou uma grelha (ver Quadro 12) de repatição, por país, dos fundos libertados a serem transferidos para o desenvolvimento rural.

A chave de repartição final, se é desfavorável para alguns dos países que tradicionalmente tem sido mais beneficiados com a PAC ,como a França (-8,5%), a Alemanha (-5,3%) e o Reino Unido (-4%), favorecia outros, como a Espanha (+6,3%), a Itália (+4,7%) e Portugal (+3,9%), o que comprova o que já se sabia: serem os países mediterrânicos os mais prejudicados em virtude de, para além da sua estrutura produtiva, os apoios do FEOGA-Garantia não terem em consideração critérios de emprego,equidade e território.

QUADRO 12

Estimativa dos Impactos do Efeito Modulação
(na redistribuição dos fundos libertos para reforço do segundo pilar)

Estado Membro	Critérios			Chave de repartição final
	Emprego.(35%)	*Área* (65%)	*PIB/per capita*	
Alemanha	13,5%	13,1%	106	12,9%
Áustria	7,6%	2,6%	110	4,2%
Bélgica	1,1%	1,1%	108	1,0%
Dinamarca	1,4%	2,0%	119	1,7%
Espanha	14,4%	19,3%	81	18,5%
Finlândia	2,0%	1,7%	102	1,8%
França	14,5%	22,9%	99	19,8%
Grécia	9,1%	3,0%	68	5,6%
Holanda	4,0%	1,5%	115	2,2%
Irlanda	1,8%	3,4%	112	2,7%
Itália	15,5%	11,8%	103	12,9%
Luxemburgo	0,1%	0,1%	187	0,1%
Portugal	7,5%	2,9%	74	4,9%
Reino Unido	6,0%	12,1%	102	9,8%
Suécia	1,6%	2,3%	102	2,0%
UE15	100,0	100,0	100	100,0

Fonte: AGRAFACTS, n.º 21-03

A lógica de maior equidade na redistribuição entre Estados Membros, também se aplicava a nível individual, através de duas propostas emblemáticas.

A primeira era a isenção de modulação para os primeiros € 5.000 de ajudas recebidas por cada agricultor, deixando assim livres de redução de ajudas as explorações de pequena dimensão, recebedoras de um nível mais baixo de ajudas. Para além disso previa-se que aquele limiar aumentasse 3.000 por cada unidade de trabalho na exploração (UTA) acima de duas unidades, premiando-se assim as explorações que proporcionam mais emprego.

A segunda proposta consistia na imposição de um limite máximo de ajuda por agricultor beneficiário, que foi fixada em € 300.000. As receitas geradas desta forma também reverteriam para o segundo pilar, mas ao invés das resultantes da modulação, ficariam nos Estados Membros de origem.

Como seria de esperar, atendendo à natureza algo radical das propostas, a reacção da maioria dos Estados Membros foi táctica e hostil, com uma grande maioria de ministros a clamar que o que a Comissão tinha apresentado não era uma "*revisão intercalar*", como acordado em Berlim, mas uma "*reforma radical*" (ver Agra Europa de 2003.06.19 – EP/1 – EP/8).

2.2. A Perspectiva de Longo Prazo para um Agricultura Sustentável e o Compromisso Final

Cinco meses depois da apresentação da *revisão intercalar*, e após ter recebido reacções dos Estados Membros, instituições comunitárias e grupos de interesses, a Comissão apresentou as propostas legislativas da Reforma, desta vez sob o título de *uma perspectiva de longo prazo para uma agricultura sustentável* (COM (2003)023).

Com excepção da modulação, as propostas de Janeiro de 2003 reiteravam as de Julho de 2002, incluindo o seu elemento mais polémico da *dissociação*, com algumas pequenas alterações, designadamente na fécula de batata, que passaria a ter um regime de dissociação parcial, na inclusão das ajudas aos produtores de leite no pagamento único a partir de 2004/2005, e na exclusão deste regime das ajudas pagas nas regiões ultraperiféricas.

Era ainda especificado que os agricultores não podiam plantar culturas permanentes nas terras que beneficiassem de pagamento único, a fim de evitar distorções de concorrência com produtores destas culturas já estabelecidos, sem direito a um tal pagamento.

Ou seja, a Comissão Europeia *temperou* um pouco o regime de ajudas dissociadas para responder às críticas dos Ministros e dos agricultores, mas não o deixou cair.

Quanto à *modulação*, o conceito foi substituído pelo de *degressividade*, traduzido numa redução progressiva e diferenciada das ajudas directas em função do montante recebido por cada agricultor. Começariam em 1% no ano de 2006 até atingir 19% em 2012, mas com a diferença substancial de que, dos montantes resultantes, apenas cerca de um terço se destinaria ao reforço do desenvolvimento rural. A *parte de leão* ficaria disponível para o financiamento de futuras reformas da PAC, o que traduz na prática as consequências do Conselho Europeu de Bruxelas de Outubro de 2002.

Outra alteração de fundo foi ter-se deixado cair o tecto dos € 300.000, apesar de se ter mantido a franquia dos € 5.000, mas sem a adicionalidade dos € 3.000 por cada UTA em excesso das duas unidades por exploração.

O compromisso final da reforma de 2003 foi finalmente alcançado a 26 de Junho, após uma longa sessão-maratona do Conselho de Agricultura, iniciada a 11 de Junho e duas vezes suspensa, e quatro propostas de compromisso da Presidência grega da UE (Agra Europe 2003.06.27).

O Anexo I a este Capítulo revela com pormenor os pontos principais do acordo final, assim como as principais diferenças face às propostas de Julho 2002 e Janeiro 2003. Após alguns meses para as habituais discussões em torno da interpretação do *conteúdo exacto* do compromisso, os textos finais dos regulamentos da reforma foram aprovados em Outubro de 2003.

Referir-me-ei de seguida aos pontos principais deste compromisso.

Pagamento Único Dissociado

O sistema de pagamento único dissociado da produção foi aceite pelo Conselho, passando a constituir a norma na atribuição de ajudas aos agricultores da União a partir de 2005[127], para os sectores constantes do compromisso final, podendo, no entanto os Estados Membros ser autorizados a aplicá-lo só em 2007, se demonstrarem que desse facto não incorrem custos adicionais para o orçamento comunitário. Como referido estes pagamentos baseiam-se nos montantes históricos recebidos pelo Estados Membros no período de referência 2000-2002, não havendo lugar a alteração da correspondente estrutura distributiva (ver anexo VIII do Regulamento 1782/2003).

No entanto, por razões relacionadas com a especificidade de alguns sectores e com o receio de alguns Estados Membros em se poderem verificar fenómenos de abandono da produção, designadamente nas regiões menos competitivas, o princípio geral é temperado com o princípio de *dissociação parcial*, na linha da Proposta do Parlamento Europeu[128] assumindo três variantes.

A primeira é o pagamento de ajudas suplementares ligadas à produção, para além da ajuda de base integrada no *pagamento único*. Aplica-se ao trigo rijo, culturas proteaginosas, arroz, linho, cânhamo, forragens secas e batata para fécula.

---

[127] No caso dos produtores de leite a ajuda compensatória pela redução dos preços só passará a integrar o novo regime de ajudas a partir de 2007/2008, quando estiver terminado o processo de redução de preços do leite em pó e da manteiga, mas os EM podem antecipá-lo para 2005.

[128] Relatório Cunha – PE 320.178 e A5-0197/2003.

A segunda traduz-se na isenção de alguns tipos de ajudas, que continuam a ser atribuídas na base do *status-quo*, ou seja, de forma ligada à produção. É o caso das ajudas à produção de sementes, forragens secas e a todas as ajudas atribuídas aos agricultores das regiões ultraperiféricas dos Açores, Madeira, Canárias e territórios ultramarinos franceses.

A terceira modalidade de dissociação parcial consiste em dar a possibilidade aos Estados Membros que o pretenderem de continuar a manter uma certa percentagem de ajudas ligadas à produção em sectores cuja regra geral é a aplicação total do sistema dissociado. No sector das culturas aráveis as ajudas ligadas à produção podem ir até 25% ou até 40% no prémio base do trigo rijo. No prémio aos ovinos e caprinos, até 50%. No sector da carne bovina os Estados Membros têm três opções possíveis mutuamente exclusivas: manter ligado à produção 100% do prémio às vacas aleitantes e 40% do prémio ao abate; manter 100% do prémio ao abate, ficando todos os outros prémios aos bovinos no regime dissociado; ou ainda manter ligado à produção 75% do prémio especial aos bovinos machos e o resto dissociado.

O facto de o compromisso alcançado permitir que o novo sistema de ajudas desligadas possa ser aplicado a partir de 2007, corresponde à pretensão da França e de todos os países que assinaram a *carta* de 22 de Setembro[129], assim como a ceder à exigência da generalidade das organizações agrícolas de que o conteúdo e o calendário de aplicação da reforma da Agenda 2000 (2000-2006) deveriam ser respeitados.

Independentemente do uso que venha a ser feito desta *margem de manobra* pelos Estados Membros, ela serviu pelo menos como elemento amortecedor de choque político causado pela reforma.

Merecedoras de relevo são ainda duas decisões.

A primeira é a de os Estados Membros poderem reservar até 10% do equivalente das ajudas directas para encorajar sistemas agrícolas específicos que sejam importantes para a preservação do equilíbrio ambiental, fomentar a qualidade dos produtos agrícolas e promovê-los no mercado.

---

[129] Trata-se de uma carta aberta subscrita pelos Ministros dos países que mais reservas levantavam à reforma – Áustria, Bélgica (só o Ministro da Valónia), França, Espanha, Irlanda, Luxemburgo e Portugal. O seu propósito fundamental era sensibilizar os europeus para a importância da PAC na preservação do mundo rural, dos riscos que poderiam advir para algumas regiões da dissociação das ajudas, e da necessidade de uma política mais ambiciosa de desenvolvimento rural. Ao mesmo tempo, os sete Ministros também mostravam que constituíam um grupo poderoso, o que implicava que a Comissão teria de lhe fazer concessões (Financial Times, 2002.09.22).

A segunda é a possibilidade de aplicação regionalmente diferenciada do pagamento único, que pode ser estendido, inclusivamente, aos agricultores que não eram originalmente elegíveis.

Modulação e Disciplina Financeira

Após sucessivas mudanças, desde as propostas de Julho de 2002 e das de Janeiro de 2003, o Conselho estabeleceu finalmente uma taxa de 3% em 2005, 4% em 2006 e 5% para o período de 2007 a 2013, para as ajudas superiores a € 5.000 por agricultor. Os agricultores das Regiões Ultraperiféricas estão isentos e nos novos Estados membros a modulação só se aplicará quando as ajudas directas recebidas pelos seus agricultores estiverem harmonizadas com os da UE15.

Acabou, assim, por não prevalecer a tese da diferenciação das taxas de modulação em função do montante recebido por cada agricultor (como preconizava a Comissão e o Parlamento Europeu) e em função da localização, como também defendia o PE.

Para além da queda da limitação dos € 300.000, o Conselho acabou por mitigar consideravelmente os critérios de redistribuição dos recursos resultantes da modulação e destinados ao segundo pilar ao decidir que pelo menos 80% desses fundos (90% no caso da Alemanha) não deveriam sair dos Estados Membros onde foram libertados.

Rejeitada que foi a proposta de *degressividade*, o Conselho decidiu criar em seu lugar um mecanismo de *disciplina financeira* que, além da fixação das taxas de modulação acima referidas, prevê a possibilidade de novas reduções das ajudas a partir de 2007 se existirem previsões fundamentadas de se poder exceder o tecto de despesas fixado para 2007-2013.

Desenvolvimento Rural

Para além das novas áreas da elegibilidade da qualidade e segurança alimentar e do bem-estar animal, ficou em aberto a possibilidade de financiamento de novas tecnologias, assim como um aumento da taxa de co-financiamento comunitário nas medidas agro-ambientais de 50% para 60% nas regiões normais e de 75% para 85% nas regiões de Objectivo 1.

Os problemas dos jovens agricultores não tinham sido equacionados de modo específico pela Comissão Europeia no âmbito das suas propostas de reforma. Após uma extensa campanha de sensibilização por parte do CEJA (Centro Europeu dos Jovens Agricultores) a Presidência Grega da

UE decidiu incorporar no compromisso final três medidas específicas: i) o aumento de 25.000 para € 30.000 do prémio à primeira instalação sempre que os jovens agricultores recorram ao serviço de aconselhamento; ii) aumento de 5% para 10% da taxa de majoração nos investimentos; iii) prioridade máxima na atribuição de direitos ao pagamento único, visto muitos dos que iniciam actividade não terem uma exploração com um registo histórico de ajudas.

Por fim, registaram-se também consideráveis diferenças nos critérios de eco-condicionalidade(ver Anexo II), designadamente com a simplificação de procedimentos, a redução do número de regulamentos a respeitar de 40 para 18, a suavização das multas por incumprimento e a reversão de 25% dos montantes por elas gerados a favor dos Estados Membros.

Na mesma linha foram alterados os termos das auditorias agrícolas, que de obrigatórias para os agricultores que recebessem mais de € 15.000, passaram a ser facultativas a partir de 2007[130], com a obrigação de a Comissão fazer uma avaliação do funcionamento do sistema em 2010, cabendo ao Conselho então decidir de o tornar obrigatório ou não.

Questões Sectoriais

As principais diferenças entre as propostas e as decisões finais ocorreram nos sectores das culturas aráveis e do leite.

No primeiro caso, ficou sem efeito a projectada redução de 5% dos preços de intervenção dos cereais, reduziram-se a metade as majorações mensais e acabou-se com a intervenção no centeio, ficando os Estados Membros com a possibilidade de compensar os agricultores das regiões mais afectadas com verbas disponibilizadas pela *modulação*.

Outras alterações foram também introduzidas nas propostas para o trigo rijo, arroz, forragens secas e frutos secos, embora respeitando o figurino apresentado pela Comissão. O Anexo I dá conta detalhada de tais alterações.

No sector lácteo, para além da decisão do prolongamento do regime de quotas até à campanha de 2013/14, foi decidido: i) manter a redução de 15% decidida na Agenda 2000 para o leite em pó desnatado (LPD), embora antecipando um ano (para 2004), operando-se assim uma redução de 3x5% a partir de 2004; ii) na manteiga, a redução decidida foi de 25%,

---

[130] No entanto, os Estados Membros que quiserem podem já aplicar o sistema a partir de 2006.

com 7% de redução nos primeiros 3 anos a partir de 2004 e de 4% no 4.º ano (3x7%+1x4%), tendo-se assim decidido uma redução adicional de 10% relativamente à aprovada pela reforma da Agenda 2000.

3. O Processo Negocial

O processo de negociação da reforma 2003 teve uma duração relativamente curta para a sua complexidade visto terem decorrido apenas 11 meses entre a apresentação da reforma e a decisão final do Conselho, em contraste com os 15 meses da reforma de 1992 e os 20 meses de negociação da Agenda 2000. Tal não significa, porém, que tenha sido pacífico.

Para compreender a configuração final da reforma importa analisar os principais protagonistas, suas motivações e estratégias, assim como o conteúdo dos principais debates ocorridos. Do ponto de vista institucional, os principais protagonistas de uma reforma desta natureza são a Comissão, a quem cabe o direito exclusivo de iniciativa, e o Conselho, responsável pela decisão final. Apesar de ter apenas uma função consultiva, o Parlamento Europeu dispõe de alguma capacidade de influência política, como se verá mais adiante, enquanto que o Comité Económico e Social (CES) e o Comité das Regiões (CR) se limitam normalmente à aprovação de pareceres.

3.1. *Principais Protagonistas e Dinâmicas Negociais*

O processo da reforma revelou dois principais protagonistas: a Comissão Europeia, liderada pelo Comissário responsável pela Agricultura e Desenvolvimento Rural, Franz Fischler, e o eixo Franco-Alemão, ora liderado pelos respectivos líderes governativos, ora pelos Ministros da Agricultura.

A Comissão e o Comissário Fischler

A obstinação do Comissário Fischler em levar por diante esta reforma da PAC deve provavelmente ser encontrada na insatisfação sentida com o desfecho do compromisso final da Agenda 2000, em Março de 1999, por ter ficado muito aquém das suas expectativas em matérias tão fundamentais como a redução de preços, o adiamento da reforma do sector leiteiro, o reforço do desenvolvimento rural e o financiamento futuro da PAC.

Para reforçar o *segundo pilar* e resolver os problemas de financiamento da PAC, a Comissão tinha proposto, como se viu na análise da reforma de 1999, a redução das ajudas por via de instrumentos alternativos como a *modulação* e a *degressividade* e um tecto máximo de ajudas por agricultor. Após demoradas negociações, quer em diversas sessões do Conselho Agricultura, quer no Conselho Europeu de Berlim, as propostas da Comissão foram rejeitadas ou substancialmente enfraquecidas. Salvou-se à última da hora a emblemática ideia da criação do *segundo pilar*, graças ao adiamento da reforma leiteira, descomprimindo-se assim a pressão orçamental.

Desta insatisfação se fez eco o próprio Comissário pouco tempo após o compromisso de Berlim (Fischler, 1999) deixando claro que a reforma de 1999, ao preservar essencialmente o *status-quo*, se revelava insuficiente para responder aos desafios internos e externos que se colocavam à agricultura europeia, ao mesmo tempo que lançava a ideia de uma nova reforma repescando as propostas *modulação* e *degressividade*, que acabavam de ser recusadas.

Com boa parte do ano 2000 passado a discutir formas de reparar o fracasso da Conferência Ministerial de Seattle, destinada a relançar um novo ciclo da OMC, o ano 2001 viu renascer com alguma intensidade o debate em torno da futura reforma, com o Comissário e os seus principais colaboradores a alimentarem esse debate, caracterizado por mensagens cruzadas e contraditórias, que oscilavam entre uma mera revisão intercalar e uma reforma profunda (Cunha, 2002 e Swinbank, 2002).

As justificações à época avançadas em defesa de uma reforma profunda baseavam-se em factores de ordem interna e externa.

No primeiro caso, a preocupação dominante era assegurar a continuação do equilíbrio dos mercados dos produtos mais estratégicos, como a carne bovino (com excedentes a crescer em espiral devido ao regresso da crise da BSE), o leite e os cereais. As pressões externas decorriam das preocupações e incertezas com o processo do alargamento e com as negociações para uma nova ronda da OMC, marcadas por uma nova Conferência Ministerial, realizada em Doha, em Novembro de 2001. Numa intervenção no Parlamento Europeu logo após a referida Conferência, o Comissário Fischler disse com a maior franqueza possível que *"Não é Doha que dita a reforma (...) mas terá que ser tida em consideração. Não poderemos manter eternamente o actual nível de restituições à exportação"* (Agra Europe, 2003.11.23, EP-4).

Por esta época, a perspectiva do Comissário sobre a futura reforma apontava mais no sentido de ligeiros ajustamentos, próprios de uma revisão intercalar, ponderada com as suas habituais preocupações sobre o desenvolvimento rural e a qualidade e segurança alimentares, assim como sobre o contexto internacional. São essas as preocupações que sobressaem, por exemplo, da conferência que realizou em Belfast em Setembro de 2001, por ocasião de Conferência da Confederação Europeia da Agricultura (CEA): *"(...) os objectivos da Agenda 2000 continuam a ser válidos. Isto significa que a Revisão Intercalar da PAC que teremos que realizar no próximo ano não será uma nova reforma. O que temos a fazer é avaliar os instrumentos que temos implementado no âmbito da Agenda 2000 e verificar como é que estão a concretizar os objectivos que estabelecemos"* (Fischler 2001).

Em contraste com estas ideias, Dirk Ahner (Director Geral Adjunto da DG-Agricultura e um dos principais conselheiros do Comissário) referira, pouco tempo antes, na Conferência Anual da Agra Europe que a próxima reforma intercalar da PAC proporciona *"uma oportunidade única para reavaliar e lançar um novo debate sobre a reorientação futura da PAC"* (Agra Europe, 2001.03.30, A/1).

Não cabe, no âmbito deste livro avaliar as razões do contraste de perspectiva entre o Comissário e o seu Director-Geral Adjunto. Duas ideias surgem no entanto plausíveis para o explicar. A primeira tem a ver com o facto de o Comissário estar a falar para agricultores e não querer deixar de dar uma nota de popularidade. A segunda ideia é a de que Franz Fischler nunca perdeu a perspectiva de uma reforma de fundo no quadro da Reforma Intercalar da PAC, mas revelar prematuramente as suas intenções poderia *matar* o projecto[131].

A estratégia que acabou por ser seguida consistiu em fazer avançar os preparativos da reforma num grupo restrito de funcionários da confiança do Comissário, ao mesmo tempo que se iam avaliando as reacções dos Estados Membros e de outras entidades às notícias que iam entretanto surgindo.

Há duas razões objectivas que podem explicar a evolução progressiva do Comissário para fazer uma reforma de carácter mais profundo.

A primeira era o imperativo de simplificação da PAC para ser aplicável nos novos Estados Membros.

---

[131] A Agra Europe de 2001.07.13 (EP-2), refere declarações dum alto funcionário da Comissão no sentido de que a Comissão nunca apresentaria qualquer documento sobre a reforma da pAC antes das eleições presidenciais francesas em Maio 2002 – *"Se o fizéssemos, a reforma afundar-se-ia sem deixar rasto"*.

A segunda tem a ver com o calendário e conteúdo das negociações da OMC, com os Estados Unidos e o Grupo de Cairns a manifestarem a sua insistência não apenas na eliminação dos subsídios às exportações (o que teria implicações relevantes na redução de preços dos sectores mais protegidos), mas também na eliminação da *caixa azul* e sua transformação em *caixa amarela*, consequentemente sujeita às reduções de apoio interno. A Comissão estava consciente de que uma defesa excessiva do *status-quo* da *caixa azul* colocaria a UE numa posição defensiva, limitando assim fortemente a sua margem de manobra negocial.

O ano de 2002 foi marcado por duas situações distintas.

A primeira metade, pelos rumores de que o Comissário Fischler e a sua Direcção Geral de Agricultura estavam a trabalhar num projecto de *reforma radical*. Tais rumores *fizeram soar as campainhas* numa França cujo Presidente Jacques Chirac disputava a sua reeleição. Numa visita a Paris o Comissário ter-se-á comprometido com o Presidente a não apresentar qualquer projecto de reforma antes das eleições presidenciais de Maio e das eleições parlamentares de Junho. O compromisso foi respeitado, mas não faz mudar as ideias do Comissário sobre o conteúdo da reforma.

A segunda metade do ano foi marcada pelas reacções ao documento da Comissão. Logo que as discussões se iniciaram a Comissão foi capaz de organizar uma ampla campanha de comunicação para explicar o conteúdo e a necessidade de uma reforma tão substancial da PAC. Porém, com a reeleição do Presidente Chirac e a formação de um governo de centro-direita (tradicionalmente oposto a ideias de alteração do *status-quo*) a tarefa da Comissão tornou-se mais difícil, porque a França liderou desde logo a oposição à reforma, designadamente contra a ideia de dissociação das ajudas directas e contra qualquer mudança do método de apoio dos agricultores antes do fim do período de implementação da Agenda 2000, isto é 2006.

Por fim, quando a Cimeira de Bruxelas de Outubro de 2002 decidiu fixar novos limites para a evolução das despesas agrícolas e muita gente dava como *nado-morto* o projecto de reforma, o Comissário foi capaz de resistir ao contratempo e adaptar a sua emblemática proposta da *modulação dinâmica* para o reforço do segundo pilar, sem deixar cair o essencial: o novo sistema dissociado de pagamento das ajudas directas.

O Eixo Franco-Alemão

A França e a Alemanha desempenharam uma vez mais uma função liderante do processo da reforma tendo claramente condicionado a evolução do processo negocial.

Tal foi conseguido em quatro fases distintas.

A primeira, ainda em Agosto de 2001 (praticamente 1 ano antes da apresentação do primeiro documento da reforma) os dois Ministros da Agricultura, o socialista Jean-Glavany e a *verde* Renate Künast publicaram um artigo no jornal *Le Monde* em que defendiam uma *reorientação* da PAC, dirigida ao reforço do desenvolvimento rural através de uma *modulação obrigatória* das ajudas directas (Le Monde, edição 2001.07.31).

Numa segunda fase o eixo Franco-Alemão funcionou ao mais alto nível para condicionar o financiamento futuro da PAC no Conselho Europeu de Bruxelas de Outubro de 2002 (a discutir mais adiante).

Numa terceira fase, as duas delegações trabalharam intensamente durante meses para chegarem a uma posição comum sobre a reforma. Apesar da grande diferença de posições à partida (agora com um governo mais conservador em matéria de política agrícola em França) o acordo foi possível na antevéspera do Conselho de 11 de Junho.

Por fim, foi o eixo que forçou a suspensão da sessão do Conselho de 20 de Junho, para dramatizar mais a negociação no sentido da Comissão não levar por diante a redução do preço de cereais e os critérios de redistribuição dos fundos gerados pela *modulação*; a primeira questão interessava especialmente à França, e a segunda aos dois países.

O resultado final desta aliança estratégica traduziu-se num sólido sucesso para os dois países. A Alemanha conseguiu que se levasse por diante o processo de reforma e que as despesas agrícolas fossem progressivamente reduzidas, objectivos que dificilmente conseguiria se continuasse a oposição da França. A França, por seu lado, pretendia reduzir ao mínimo uma reforma que sabia ser politicamente incontornável. Contudo, para conseguir esse objectivo, tinha de contar com a compreensão da Alemanha, especialmente porque não podia contar com o apoio da Comissão.

O Parlamento Europeu e outros Protagonistas

Apesar da sua função consultiva no processo decisório da PAC, o PE tentou condicionar a evolução das negociações através da sua influência política, fomentando posições comuns entre os Estados Membros e as Organizações de Agricultores.

A posição do PE a respeito da reforma pode reunir-se nos pontos seguintes: i) uma posição mais moderada do que a da Comissão a respeito das reduções de preços nos sectores dos cereais e do leite[132]; ii) a aceitação do princípio de uma modulação moderada para o reforço do *segundo pilar*, recusa da degressividade tal como proposta, mas aprovação de novas reduções de ajudas quando se conhecer o calendário e o custo das futuras reformas. O PE propunha uma franquia de € 10.000 (em vez dos 5.000 propostos pela Comissão) e propunha uma taxa mais baixa de modulação quer para os agricultores que recebessem menos de € 50.000, quer para as regiões desfavorecidas[133]; iii) o princípio da *dissociação parcial*, traduzido na atribuição de uma ajuda de base desligada da produção (designada *ajuda multifuncional às explorações*), complementada por outra ajuda complementar ligada ao exercício da produção. No caso de o agricultor decidir não produzir nada, receberia apenas a parte dissociada.

Como se pode facilmente concluir, o Parlamento Europeu teve a percepção de antever a evolução do curso das negociações, tendo sido capaz de gerar um amplo consenso[134] em torno das duas mais polémicas propostas da PAC: a *modulação* e a *dissociação* das ajudas.

Com tais posições o PE deu uma indicação de que apoiava inequivocamente a reforma da PAC, ao mesmo tempo que condicionava os seus contornos a respeito dos seus elementos mais polémicos. O facto de o compromisso final do Conselho assentar nos princípios fundamentais defendidos pelo Parlamento evidencia a influência que inequivocamente tem no processo da reforma.

A principal luta das organizações agrícolas, designadamente do COPA/COGECA, era contra a *dissociação* e uma modulação excessiva das ajudas e a alteração das regras estabelecidas antes do fim de 2006. Apesar de terem recorrido esporadicamente a manifestações de rua, estas revelaram-se sensivelmente ao nível das de 1999, e muito longe da turbulência atingida em 1992. Talvez por saberem que os tempos vão mudando na direcção de novos instrumentos de política agrícola que permi-

---

[132] Os relatores do PE foram os Deputados Dominique Souchet (França) e Elisabeth Jeggle (Alemanha) respectivamente para os cereais e o leite.

[133] Ver relatório do relator designado para as questões horizontais, Arlindo Cunha, PE-A5-0197/2003. As taxas de *modulação* propostas eram: de 6% e 5% nas regiões normais e desfavorecidas, respectivamente, para pagamentos entre 10.000 e € 50.000; e de 9% e 6% nas mesmas regiões, respectivamente, para pagamentos acima de €50.000.

[134] A votação final no Plenário de Estrasburgo a 5 de Junho de 2003 resultou de 271 votos a favor (64%), 108 contra (25%) e 48 abstenções (11%).

tam à sociedade compreender porque é que contribui para o orçamento agrícola, os dirigentes das organizações jogaram mais no trabalho de bastidores, ao nível do Conselho, Comissão, Parlamento e Governos nacionais, sem no entanto deixar de dar um sinal exterior para satisfazer e aglutinar as suas bases.

3.2. Principais Debates

Para além das discussões acerca do calendário de reforma, das relações com as negociações da Organização Mundial do Comércio (OMC) e das incontornáveis questões nacionais, a reforma da PAC centrou-se em dois grandes debates estratégicos que atravessaram horizontalmente todo o percurso da reforma: por um lado, a *dissociação* das ajudas; e, por outro, as preocupações orçamentais, por sua vez inseparáveis da *modulação/ /degressividade* e do desenvolvimento rural.

Em relação às propostas sectoriais, as discussões apenas tiveram alguma relevância a respeito dos preços dos cereais e do leite, bem como acerca da continuação ou não do regime de quotas leiteiras. Com a decisão sobre as quotas a ser arrumada relativamente cedo, foi nas reduções de preços que existiu alguma vivacidade nos debates, especialmente pela recusa do Conselho em aceitar uma redução tão elevada para o leite em pó desnatado e a rejeitar a redução de 5% do preço de intervenção para os cereais. Perante a insistência da Comissão nesta proposta, foi necessário algum dramatismo por parte do Conselho, designadamente a interrupção da sessão de 20 de Junho forçada pelo eixo franco-germânico, para a Comissão abdicar de tal proposta.

A *Dissociação* das Ajudas

O debate em torno da *dissociação* das ajudas foi indubitavelmente o mais polémico. Não só por ser contestado pela generalidade das organizações agrícolas, como por, ao mesmo tempo, constituir um núcleo central das propostas da Comissão, sem o qual não haveria, em consequência, qualquer acordo de compromisso sobre a reforma.

As vantagens de um sistema dissociado de ajudas directas foram insistentemente advogadas pela Comissão: os agricultores passariam a receber uma *almofada financeira* para os ajudar, quer a suportar os custos de produção mais elevados decorrentes das exigências da sociedade europeia (respeito por normas ambientais, bem-estar animal, segurança dos alimentos, etc.), quer a intensificação da concorrência resultante da OMC e de outros compromissos internacionais da UE; e, ao mesmo tempo teriam a liberdade de produzir o que lhes fosse mais conveniente, quer em função das perspectivas de mercado, quer da natureza dos recursos das suas explorações.

Para além da sua racionalidade económica intrínseca, o novo sistema permitiria uma enorme simplificação na aplicação da PAC, especialmente necessária na perspectiva do alargamento da UE.

A tais argumentos, as organizações de agricultores e alguns Estados Membros opunham três principais críticas.

A primeira e mais propalada era o risco de um abandono da produção e consequente aumento do desemprego, tendo em conta que o novo sistema permitiria no futuro que os agricultores pudessem receber as ajudas sem serem obrigados a produzir. Este risco era particularmente temido nas regiões mais desfavorecidas, onde as baixas produtividades obtidas e a menor competitividade poderiam pressionar os agricultores nesse sentido[135].

Relacionados com este risco existiam ainda dois outros problemas.

Por um lado, o receio que os agricultores tinham de uma reacção negativa da *opinião pública* europeia perante a concretização do risco de se estar a subsidiar os agricultores sem a consequente obrigação de produzir – receio esse que poderia afectar gravemente o apoio e a sensibilização da sociedade no sentido da necessidade de se continuar a apoiar a agricultura europeia, mesmo depois desta reforma.

Por outro lado, agricultores e Estados Membros receavam que também estivesse em risco a *multifuncionalidade* tão característica da agricultura europeia. Na verdade, como na maioria dos casos ocorre uma *produção conjunta*[136] de *bens transaccionáveis* e *bens públicos*, o abandono da

---

[135] Os Ministérios da Agricultura de Portugal e de Espanha apresentaram dois estudos desses presumíveis impactos. No caso português, o estudo concluía que poderiam estar em risco de desaparecimento 14% das explorações agrícolas representando 46% da superfície agrícola útil (SAU) e 30 a 40% da produção de ovinos, caprinos e bovinos (MADRP, 2003).

O estudo espanhol concluía que cerca de 1,75 milhões de hectares de SAU poderiam ser abandonados, particularmente nas regiões de Castilha, la Mancha, Aragón e Estremadura (MAPA, 2003).

[136] O conceito e a sua aplicabilidade à agricultura europeia são desenvolvidos em Massot (2001).

produção em certas áreas (função produtiva) poderia prejudicar consideravelmente as outras (multi)funções (não transaccionáveis) inerentes à actividade agrícola e, consequentemente, conduzir à *morte* económica e social dessas regiões.

A segunda grande crítica tinha a ver com o a utilização de base de referência histórica (2000-2002) para pagamento do futuro regime de ajudas, implicando que cada agricultor receberia no futuro aproximadamente o mesmo que recebia no passado. Tal significava, não só a perpetuação das importantes iniquidades distributivas da PAC, como a consequente continuação de uma discriminação entre produções, produtores e regiões. Uma tal situação implicaria designadamente a continuação da discriminação contra os agricultores produtores de bens sem direito a ajudas directas. Estes, no passado, nunca receberam o generoso benefício da protecção dos preços e mercados. Por essa razão não foram integrados nas reformas da PAC de 1992 e de 1999 e, consequentemente, não tiveram direito a receber as ajudas então criadas para substituir a baixa dos preços. Por esta sequência histórica, tais agricultores ficariam agora definitivamente fora do novo sistema de ajudas directas, apesar de defrontarem custos de produção e exigências semelhantes aos dos seus colegas que as recebem, e de desempenharem a mesma função face à sociedade europeia.

O Quadro 13 (cuja análise deve ser complementada com a informação constante do Quadro 11 e do Gráfico II) é elucidativo da situação descrita, sendo evidentes duas conclusões: que os países com níveis mais baixos de rendimento agrícola (em geral os países mediterrânicos) são os que beneficiam de um nível mais baixo de apoio por parte da PAC; e, consequentemente, que a PAC não funciona como instrumento de coesão (conforme recomenda o Artigo 2.º do Tratado da União); antes pelo contrário...

QUADRO 13
Indicadores Estatísticos de Apoio e Rendimento
(Ranking, VABagr. por Unidade de Trabalho (UTA) e Índice (UE=100)

	Ajudas Directas FEOGA-Garantia			Subsídios líquidos de impostos			Ajudas de Mercado			Ajuda Total			Valor Acrescentado Bruto Agrícola (VABagr.)		
	Ranking	Euro/UTA	Indice	Ranking	Euro/UTA	Indice	Ranking	Euro/UTA	Indice	Ranking	Euro/UTA	Indice	Ranking	Euro/UTA	Indice
Dinamarca	1	9.612	229	5	9.313	172	2	23.599	238	1	32.913	215	1	48.793	193
Bélgica	10	3.599	86	14	2.921	54	1	26.430	267	2	29.351	191	4	36.732	145
Reino Unido	2	9.496	226	2	12.045	222	5	16.984	172	3	29.029	189	5	32.822	130
Suécia	3	7.044	168	3	11.993	221	6	16.396	166	4	28.390	185	8	28.492	112
Luxemburgo	9	3.705	88	4	10.514	194	4	17.792	180	5	28.306	185	3	37.064	146
Finlândia	14	2.377	57	1	16.724	308	13	6.977	70	6	23.702	155	12	22.426	89
Alemanha	5	5.736	137	6	7.965	147	7	15.227	154	7	23.193	151	6	31.563	125
Holanda	15	1.075	26	16	-98	-2	3	21.028	212	8	20.930	137	2	38.565	152
França	4	6.023	144	9	6.384	118	8	13.642	138	9	20.026	131	7	31.448	124
Irlanda	7	4.170	99	8	6.847	126	9	10.448	106	10	17.295	113	14	17.322	68
UE-15	6	4.196	100	10	5.426	100	10	9.900	100	11	15.327	100	9	25.334	100
Austria	13	2.521	60	7	7.588	140	11	7.214	73	12	14.802	97	13	19.503	77
Espanha	8	3.966	95	12	4.476	82	14	6.424	65	13	10.900	71	10	24.830	98
Itália	12	2.850	68	13	3.142	58	12	7.104	72	14	10.246	67	11	24.764	98
Grécia	11	3.172	76	11	4.636	85	15	2.710	27	15	7.346	48	15	15.316	60
Portugal	16	819	20	15	1.045	19	16	2.539	26	16	3.584	23	16	6.712	26

Fonte: EUROSTAT, MADRP (2002)

QUADRO 14

Quadro Financeiro da Rubrica 1-a para 2007-2013

	Base 2006	2007	2008	2009	2010	2011	2012	2013
I. LIMITE MÁXIMO FIXADO PELO CONSELHO (a preços correntes)	45502	45502	45502	45502	45502	45502	45502	45502
II. DISPONIBILIDADE CONSOLIDADA - pelo aumento annual de 1%	0	257	715	1177	1644	2115	2591	3072
III. LIMITE MÁXIMO FIXADO PELO CONSELHO (I+II)	45502	45759	46217	46679	47146	47617	48093	48574
IV. ORÇAMENTO CONSOLIDADO PARA A RUBRICA 1-a	44749	45659	46734	47467	48257	48852	49448	50044
i) para a UE15	42083	42653	43368	43505	43669	43669	43669	43669
ii) para os 10 novos Estados Membros	2666	3006	3366	3982	4558	5163	5749	6345
V. MARGEM DE MANOBRA RESULTANTE (III-IV) (Status-quo)	753	100	-517	-788	-1111	-1235	-1355	-1470
VI. IMPACTO DA PROPOSTA DE REFORMA DA COMISSÃO	354	503	611	-101	98	47	-3	-55
i) para a UE15	337	470	566	-64	186	186	186	186
ii) para os 10 novos Estados Membros	17	33	45	-37	-88	-139	-189	-241
VII. PREVISÃO DE DESPESAS COMO A PROPOSTA DE REFORMA DA COMISSÃO	44395	45156	46123	47568	48159	48805	49451	50099
VIII. NOVA MARGEM (III-VII)	1107	603	94	-589	-1013	-1188	-1358	-1525
IX. DISPONIBILIDADE ADICIONAL COM A PROPOSTA DE MODULAÇÃO (DEGRESSIVIDADE) PARA FINANCIAR NOVAS REFORMAS	-	-	276	1.289	2.322	1.576	1.719	1.662
X. NOVA MARGEM (VIII-IX)	1.107	603	370	400	1.309	388	361	337
XI. PRÓ-MEMÓRIA: PROPOSTA DE MODULAÇÃO A FAVOR DO 2º PILAR	-	228	475	741	988	1.234	1.481	1.482
XII. IMPACTO DA DECISÃO DO CONSELHO DE 26 DE JUNHO	467	1.034	221	- 1.289	2.322	1.578	1.719	1.852
XIII. PREVISÃO DE DESPESAS APÓS A ADOPÇÃO DA REFORMA (VII+XII)	44.862	46.191	46.345	46.985	47.581	48.157	48.813	49.429
XIV. NOVA MARGEM (III-XIII)	640	- 432	- 128	- 306	- 436	- 580	- 720	- 855
XV. PRO-MEMÓRIA: CUSTO PREVISTO DA ADESÃO DA BULGÁRIA E DA ROMÉNIA (a preços constantes)	-	-	951	1.091	1.230	1.370	1.510	1.649

Fonte: Cunha (2003, Massot, (2003)

A terceira crítica à dissociação das ajudas directas tinha a ver com a distorção de concorrência que poderia causar entre produções e produtores, dado que nas propostas da Comissão de Julho de 2002 a liberdade de produção para os agricultores que recebiam as ajudas dissociadas era total.
Para aferir da distorção, imagine-se o caso de dois agricultores vizinhos. Um, porque produziu sempre frutos, vinho ou hortícolas, não teria direito às novas ajudas porque nunca tinha recebido ajudas directas no passado. O outro, porque produzia, por exemplo, cereais ou oleaginosas, tinha direito a tal benefício. Contudo, com a aplicação do regime desligado de ajudas, o segundo agricultor teria liberdade para passar a produzir o mesmo que o primeiro. Com a grande diferença, porém, de que um era subsidiado e o outro não.
Não era, pois, difícil concluir que tal discriminação e distorção, além de injusta, eram insustentáveis a prazo. Foi por reconhecer tais críticas que a Comissão alterou consideravelmente as suas propostas, primeiro, na apresentação das propostas legislativas em Janeiro de 2003, ao excluir as culturas permanentes da *liberdade de produzir* e, depois, na fase final das negociações, ao aceitar também a exclusão de legumes e hortícolas frescos, incluindo as batatas.

Questões Orçamentais, Modulação e Degressividade

A Comunicação de Julho de 2002 tinha uma debilidade essencial: a reforma proposta gerava um problema de financiamento, já que não tinha cobertura orçamental total no quadro das perspectivas financeiras existentes a partir de 2007. A solução foi encontrada no Conselho Europeu de Bruxelas de Outubro de 2002, que estabeleceu como nova linha directriz para as despesas agrícolas o nível da despesa prevista para 2006, de € 45.502, aumentada de 1% anualmente, até atingir o limite de € 48.574 em 2013, para a UE-15 (ver Quadro 14).
Apesar de aquele limite não incluir as despesas inerentes ao *segundo pilar* (categoria 1-b do orçamento), a decisão do Conselho criou consideráveis restrições às ambições do Comissário Fischler a respeito do seu tão estimado reforço do desenvolvimento rural e consequente reequilíbrio interno da PAC.
Tendo sido tomada por unanimidade, esta decisão do Conselho Europeu não deixou, porém, de ser liderada pelo eixo Franco-Alemão, que conseguiu concretizar algumas das suas importantes posições. A França, que nunca fora uma entusiasta do desenvolvimento rural, conseguiu adiar a

modulação para 2007. E a Alemanha conseguiu um resultado coerente com a sua reivindicação estratégica de reduzir o peso das despesas agrícolas.

A Comissão Europeia foi assim obrigada a incorporar estas decisões dos Chefes de Estado e de Governo nas suas propostas legislativas da reforma, o que teve duas consequências fundamentais na configuração final do compromisso da reforma.

A primeira foi ter de apresentar a proposta da *degressividade* das ajudas para financiar a PAC no futuro.

A segunda foi o fim da emblemática proposta da *modulação dinâmica* e a redução para menos de um terço das transferências, inicialmente previstas, do primeiro para o *segundo pilar*.

O debate da *modulação* esteve ainda associado ao debate da distribuição de fundos operada pela PAC e da tentativa da Comissão em introduzir correcções aquando da redistribuição pelos Estados Membros dos recursos gerados pela aplicação dessa mesma modulação. Com o Conselho dividido entre Norte e Sul, como é habitual nestes casos, e com a Espanha[137] pouco empenhada, não foi possível à Comissão segurar a totalidade da sua proposta, conforme já referido atrás.

4. Avaliação Crítica da Reforma

4.1. *Principais Inovações*

A reforma de 2003 marca alguns pontos de inflexão na Política Agrícola Comum que dificilmente serão reversíveis, como é designadamente o caso da dissociação das ajudas directas, da modulação e da nova disciplina financeira a ela associada, da generalização do princípio da eco-condicionalidade e da flexibilidade de aplicação ao nível de cada Estado Membro.

Apesar do carácter manifestamente inovador, esta reforma da PAC insere-se numa linha de continuidade com as anteriores reformas de 1992 e 1999, assim como com propostas apresentadas pela Comissão mas que o Conselho ao tempo não aprovou.

---

[137] O pouco empenho da Espanha decorre de duas razões: o facto de ser já hoje um dos países mais beneficiados pela PAC, o que levou o Ministro Arias Cañete a não ver com bons olhos o corte das ajudas proposto pela Comissão; e o receio de que a aplicação de tais critérios numa UE alargada a prejudicasse significativamente no futuro.

A *dissociação* dificilmente seria concretizável sem a separação entre a política de preços e mercados e a política de rendimentos, operada pela reforma de 1992 com a introdução das ajudas directas compensatórias da redução dos preços.

Por duas razões principais.

Primeira, pela base histórica de fluxos financeiros que permitiu criar para cada agricultor, sem o que seria bem mais complicado encontrar consenso para um novo referencial distributivo. Segunda, porque permitiu familiarizar os agricultores, as suas organizações e a própria sociedade com o novo instrumento das ajudas directas e, no que respeita aos primeiros, permitiu demonstrar que as inovações então introduzidas não resultaram no descalabro que temiam. Pelo contrário, a evolução dos rendimentos foi manifestamente mais positiva do que no período anterior à reforma (Quadro 3), facto que seguramente terá esbatido a hostilidade dos agricultores ao novo regime dissociado de ajudas.

A disciplina financeira também não é um elemento inteiramente novo. Como se referiu no capítulo I, a introdução de limitações às despesas agrícolas data da Cimeira de Fontainebleau de 1984, apesar de só ter assumido um carácter mais rígido com a criação da *linha directriz agrícola*, criada pela Cimeira de Bruxelas de 1988, ao fixar um tecto automático ao crescimento das despesas agrícolas. Por sua vez, o Conselho Europeu de Bruxelas de Outubro de 2002 veio fixar um tecto ainda mais restritivo, que corresponde na prática a uma redução real do orçamento da PAC na União Europeia alargada.

O que tem de inovador o novo conceito de *disciplina financeira* criado pela reforma de 2003 é o facto de se assegurar o seu respeito através de recurso a uma *modulação adicional*[138] sempre que seja necessário.

De notar que se trata aqui de um novo automatismo, visto esse recurso ter um carácter sistemático já que, tal como refere o texto do Compromisso de 26 de Junho, *"Será estabelecido um ajustamento nas ajudas directas sempre que as previsões indiquem que a rubrica 1-a*[139], *deduzida de 300 milhões de euros*[140], *seja ultrapassada no orçamento relativo a um*

---

[138] Trata-se da redução das ajudas para além das taxas de 3% em 2005, 4% em 2006 e 5% a partir de 2007, visto estas serem destinadas ao reforço do financiamento do desenvolvimento rural.

[139] Rubrica do orçamento respeitante às *despesas obrigatórias*: política de preços e mercados, ajudas directas e medidas agro-ambientais e agro-florestais.

[140] Reserva para imprevistos.

determinado ano." Sublinha-se ainda que este carácter automático é acentuado pelo facto de o Conselho ter pré-determinado prazos para tal operação: 31 de Março para a Comissão apresentar propostas e 30 de Junho para a decisão do Conselho.

Apesar de a *modulação* ter sido também agora aprovada pela primeira vez pelo Conselho, importará lembrar que tal conceito, tal como o de *degressividade* a ela associado, já havia estado em cima da mesa nas negociações da Agenda 2000 (ver cap. II.2).

A eco-condicionalidade também tem as suas raízes mais próximas na reforma de 1992, ao estabelecer um conjunto de condições restritivas de carácter ambiental para o recebimento dos prémios, designadamente os limites de encabeçamento para os prémios ao sector animal e uma tipologia de práticas amigas do ambiente.

Com esta última reforma o princípio é alargado a todas as actividades agrícolas e instrumentos de apoio da PAC e regulamentado a ponto de prever pesadas penalizações por incumprimento.

Para além do respeito por regras básicas nos sectores da produção animal e vegetal, o conceito de eco-condicionalidade passou também a incluir o respeito por certas práticas no tratamento dos animais (bem-estar animal), assim como de segurança dos alimentos.

O princípio da *flexibilidade* aplicado no âmbito do *primeiro pilar* da PAC foi criado na reforma da Agenda 2000, ao consagrar os chamados *envelopes nacionais*, mediante os quais os Estados Membros poderiam utilizar até 20% dos prémios a pagar aos produtores de bovinos para acções diversas em benefício do próprio sector.

Na reforma de 2003 tal princípio foi levado bastante mais longe, em dois sentidos.

Primeiro, porque aos Estados Membros foi dada uma considerável liberdade de escolher as opções de aplicação da *dissociação* (desde a dissociação total até qualquer uma das modalidades de *dissociação parcial* anteriormente referidas), as quais podem, inclusivamente variar entre regiões do mesmo país. Os Estados além de poderem introduzir diferenciações regionais, chegam mesmo a ter a liberdade de poder aplicar um pagamento único igual para todos os agricultores, fossem ou não anteriormente beneficiários de ajudas (Artigos 58 a 62 do Regulamento Horizontal). Obviamente que neste caso isso seria feito com base numa redistribuição exclusivamente interna de cada um.

Segundo, porque, conforme já foi referido, os Estados Membros podem utilizar até 10% dos montantes correspondentes ao total das ajudas directas e utilizá-los para "*tipos específicos de agricultura importantes para a protecção ou a valorização do ambiente ou para melhorar a qualidade e a comercialização de produtos agrícolas*"(...) (Artigo 69 do Regulamento Horizontal).

Face a uma tão vasta margem de manobra deixada aos Estados Membros, pode afirmar-se que se está a evoluir para um modelo de aplicação descentralizada da PAC, em contraste com o seu tradicional carácter uniforme e descentralizado. Com a liberdade agora deixada aos Estados Membros é possível (se tal margem for exercida) estabelecer e aplicar políticas agrícolas adequadas às especificidades nacionais ou regionais, sem que isso implique uma contradição com a PAC ou o recurso ao dossier das Ajudas de Estado.

4.2. *Uma Avaliação* Ex-Ante

Sendo evidente que esta reforma se integra num percurso de evolução da PAC desde 1992[141], também não é difícil reconhecer tratar-se de uma reforma inacabada, que vai, consequentemente, evoluir.

Primeiro, porque o modelo da dissociação das ajudas que constitui a sua base não se aplicou a todos os sectores. É nesta sequência que a própria Comissão se comprometeu, a 26 de Junho, a apresentar propostas de reforma, numa base semelhante, para os chamados sectores mediterrânicos: azeite, algodão e tabaco. Estas propostas foram aprovadas pelo Colégio de Comissários do dia 23 de Setembro, encontrando-se em processo de discussão e negociação ao longo de 2004[142]. Da mesma forma foi apresentado um documento de reflexão contendo três possíveis opções[143] para

---

[141] Estes condicionantes sobre uma política exercidos pelas políticas precedentes são sustentados pela teoria da *path dependency* que explica uma relativa continuidade na sequência das reformas. Kay (2003) aplica o quadro analítico desta teoria para explicar a evolução da PAC.

[142] As reformas para os sectores do azeite e do algodão traduzem-se num regime de *dissociação parcial*, com uma ajuda de base desligada da produção de 60% e os restantes 40% a atribuir em função da actividade produtiva; e uma dissociação progressiva e por escalões de quantidades de produção para o sector do tabaco, que culminará num prémio dissociado de cerca de 70%. Ver COM (2003)554 final.

[143] As três opções apresentadas são: manutenção do *status-quo*; eliminação do regime de quotas (liberalização total do sector; e redução adequada dos preços com eliminação progressiva das quotas.

a reforma da organização comum de mercado (OCM) do açúcar, que se seguirá às anteriores.

Segundo, porque nos próprios sectores em que se aplica desde já, permite a adopção de um regime *parcial*, ainda que com uma parte da ajuda vinculada ao exercício da função produtiva.

Terceiro, porque o reequilíbrio pretendido na PAC entre o primeiro e o segundo pilares ficou ainda muito longe de ser atingido, sendo provável que numa próxima reforma se centrem maiores esforços neste sentido.

As inovações acabadas de referir constituem uma marca inequívoca da reforma agora aprovada, colocando a PAC em razoável sintonia com a agenda de reforma das políticas agrícolas recomendada pela OCDE[144] e pela própria OMC.

Tal não significa, porém, que, que ela seja ou venha a ser em si mesma positiva. Impõe-se colher a experiência de alguns anos de aplicação para poder extrair algumas conclusões.

Todavia, é possível avançar alguma reflexão no plano de uma avaliação *ex-ante*, a qual comporta inexoravelmente aspectos positivos e negativos.

No plano positivo, destacam-se a facilitação das negociações internacionais no seio da OMC e do alargamento da União, assim como a capacidade de permitir uma aplicação descentralizada da política comum.

No plano negativo, para além dos riscos inerentes à dissociação das ajudas, atrás referidos, importará salientar três: a consolidação das assimetrias distributivas da PAC, a continuação da atrofia do *segundo pilar* e a dissociação *à la carte*.

O Alargamento e as Negociações da OMC

A reforma contribuiu para aliviar a pressão sobre a UE no contexto das negociações da OMC, o que lhe permitiu chegar a um pré-acordo sobre pontos essenciais do dossier agrícola com os Estados Unidos poucas semanas antes da Conferência de Cancun e aparecer nas negociações com uma posição manifestamente mais descontraída e ofensiva.

Facilita também a integração agrícola dos novos Estados Membros, por duas razões: primeiro por proporcionar a opção de aplicação de regime dissociado de ajudas, que a ser aplicado integralmente tem um efeito sim-

---

[144] Ver OCDE – *Politiques Agricoles dês Pays de L´OCDE : um programme de reforme constructif* (Nov.2002)

plificador; segundo, porque estabelece um mecanismo de disciplina financeira que permite o desenvolvimento normal dos processos de alargamento futuros.

Flexibilidade e Descentralização

O novo princípio da *flexibilidade* permite, pela primeira vez, uma aplicação descentralizada da PAC nas suas componentes essenciais. Num quadro de globalização crescente, torna-se evidente a necessidade de aplicar as políticas agrícolas de forma diferenciada consoante as regiões ou sistemas de produção, em função das suas especificidades próprias e do grau de dificuldade de adaptação às novas realidades.

Para que esta descentralização seja uma vantagem efectiva, torna-se, porém, necessário, que a margem de manobra nacional agora criada não deixe de ser utilizada no contexto de uma política de raiz comunitária, a fim de evitar distorções de concorrência e perverter o objectivo de coesão económica e social. É neste contexto que importa assegurar que esta capacidade concedida aos Estados Membros não se constitua em *cavalo de Tróia* para uma renacionalização da PAC.

Consolidação das Iniquidades Distributivas

A aplicação desta reforma consolida as iniquidades distributivas da PAC, ainda marcadas pelo seu modelo original baseado na política de preços e mercados. Conforme referido atrás, as reformas de 1992 e 1999 apenas alteraram marginalmente a estrutura distributiva dos apoios da PAC, na medida em que as ajudas directas entretanto criadas se destinavam exclusivamente a compensar a redução dos preços.

Não só esta compensação não foi universal (ficando de fora os sectores onde não havia uma história de preços de garantia elevados), como nos sectores abrangidos seguiu o critério das áreas plantadas e das produtividades nacionais.

Com a dissociação das ajudas agora aprovada, transformaram-se ajudas que tiveram como razão de ser a compensação pela redução de preços – que pela sua natureza deveria ser temporária – em ajudas permanentes, agora designadas de ajudas ao rendimento. É bom de ver que se trata de um entorse de grande significado, que só foi possível pela correlação de forças no seio do Conselho, onde os países mais beneficiários da PAC são os que mais votos têm, conseguindo consequentemente formar maiorias capazes de assegurar o *status-quo* distributivo em seu favor.

A Atrofia do *Segundo Pilar*

Tal como havia acontecido na Agenda 2000 esta reforma não consegue reequilibrar internamente a PAC, já que as pressões orçamentais, a correlação de forças no Conselho e a pressão das organizações profissionais impediram que se adoptassem as propostas da Comissão no sentido de um reforço substancial do *segundo pilar*.

Sem tal equilíbrio e reforço, os diferentes instrumentos que operam neste âmbito não têm dimensão financeira suficiente para terem um impacto efectivo em domínios tão importantes como a qualidade e segurança dos alimentos, a perspectiva de sustentabilidade ambiental e económica dos sistemas agrários, o bem-estar animal, a promoção dos produtos típicos regionais, a modernização estrutural, etc..

Como também é certo que é neste âmbito que se encontram os principais instrumentos de apoio à agricultura multifuncional e ao *modelo europeu de agricultura* a ela associado, pode concluir-se que tais conceitos continuam a ser usados como instrumentos de retórica para *consumo externo* nas negociações da OMC, sem consequências práticas no plano da PAC. Por outro lado, resulta claro que o argumento de *legitimação social* da PAC que esteve na base desta reforma se ficou também pelo mesmo plano.

A Simplificação em Risco

A simplificação pretendida com o regime dissociado de ajudas será difícil de alcançar, devido ao facto de a proposta da Comissão ter sido consideravelmente transformada pelo Conselho no sentido da *dissociação parcial*.

É certo que sem este compromisso não haveria reforma. Mas certo é igualmente que uma dissociação parcial *à vontade do freguês* afecta consideravelmente a eficácia pretendida pela simplificação: por um lado, porque a *dissociação parcial* continua a implicar o controle das declarações de produção e das superfícies cultivadas dos agricultores, e, por outro, pela possível coexistência de diferentes regimes de dissociação num país, quer entre sectores quer entre regiões, o que acresce inevitavelmente a carga burocrática.

5. Os Interesses Portugueses

5.1. *A Estratégia da* Especificidade

No período que antecedeu a apresentação da Comunicação da Comissão de Julho de 2002, bem como nos meses imediatos, Portugal através do seu Ministro da Agricultura Armando Sevinate Pinto[145] teve uma postura crítica da reforma (tal como a maioria dos Estados Membros), defendendo que a revisão intercalar da PAC devia ser *"(...) uma revisão e não uma reforma e muito menos uma reforma radical"* (O Público de 2003.06.28).

Foi nesta linha que assinou a já referida *carta aberta* juntamente com os seus colegas de Espanha, França, Luxemburgo, Áustria, Irlanda e Bélgica (Valónia), que procurava sensibilizar os cidadãos europeus para os valores do mundo rural e das realizações que foram possíveis através da PAC, que era apresentada como algo de que os europeus se deveriam orgulhar.

Não descartando totalmente um cenário de revisão ou ajustamento da PAC, os sete Ministros opunham-se radicalmente à filosofia da dissociação das ajudas e defendiam que a reforma da Agenda 2000, aprovada pelo Conselho Europeu de Berlim, deveria ir até ao fim (Boden et al, 2002).

As críticas mais violentas à reforma foram feitas nos meses subsequentes à apresentação da Comunicação de Julho, tendo-se estendido até ao fim do ano. As críticas subiram de tom no período que se seguiu ao Conselho Europeu de Bruxelas de Outubro de 2002 que fixou os limites altamente restritivos à evolução futura das despesas agrícolas, onde se esperava que, face ao revés do plano Fischler para transferir 20% de verbas do primeiro para o segundo pilar, o Comissário desistisse da reforma (Cunha, 2002).

Tais expectativas caíram, porém, por terra com a decisão rápida da Comissão de apresentar as propostas legislativas logo em Janeiro de 2003. Face à evolução dos acontecimentos que apontava claramente para um cenário de negociação, Portugal, tal como outros Estados Membros, teve que ajustar a postura inicial mais hostil e preparar estratégias e tácticas de negociação efectiva, sob pena de ficar marginalizado no processo negocial.

---

[145] Sendo antigo Director Geral do Gabinete de Planeamento do Ministério da Agricultura e Director da DG-VI (Estruturas Agrícolas) entre 1986 e 1993, o Ministro conhecia bem os meandros das negociações desta natureza.

A partir daí a estratégia de Portugal para defender os seus interesses assentou uma vez mais no argumento da *especificidade* da agricultura portuguesa, tal como já havia sucedido em 1999 no âmbito da Reforma da Agenda 2000.

Fê-lo, porém, no quadro de uma sequência de iniciativas em fases distintas do processo de discussão e negociação da reforma. O objectivo era demonstrar que a agricultura portuguesa estava a ser maltratada pela PAC e que carecia consequentemente de soluções específicas.

Ainda antes da apresentação da Comunicação da Comissão de Julho de 2003, o Ministro da Agricultura apresentou ao Conselho e à Comissão um documento cujo título era bem elucidativo do seu conteúdo e propósito: *Portugal: um Estado Membro Fortemente Penalizado pelo Desequilíbrio dos Apoios Provenientes do FEOGA-Garantia e que Necessita de Produzir Mais* (MADRP, 2002).

O problema era colocado sensivelmente nos termos dos anteriores documentos sobre a *especificidade*: porque é que um país com poucos recursos, o mais baixo nível de desenvolvimento agrário da UE-15 e o quarto maior défice comercial agrícola, é também um dos menos apoiados pelo primeiro pilar da PAC, quer em termos absolutos, quer em termos relativos? (op.cit. p. 1).

Bem elaborado, o documento tem a clarividência de usar poucas palavras, mas muitos números.

Na primeira parte são evidenciados os desequilíbrios das respostas da PAC à agricultura portuguesa em termos comparativos com as suas congéneres comunitárias (ver Quadros 11 e 13), evidenciando-se uma vez mais a desproporção dos apoios do 1.º pilar (1,8% do total da UE) face à realidade agrícola portuguesa no contexto da UE, representando 2% da produção agrícola, 2,9% da superfície agrícola e 7,5% do emprego agrícola. Um desequilíbrio que se traduz num nível de apoio médio por unidade de trabalho de cerca de 5 vezes inferior à média da UE, ainda inferior ao nosso nível de rendimento agrícola, equivalente a um quarto do nível médio da UE. Demonstrava-se assim que, em vez de operar como elemento corrector das assimetrias de rendimento agrícola, como instrumento de coesão, a PAC funcionava ao revés, no que respeita à agricultura portuguesa.

Na segunda parte o documento aponta as causas que geram esses desequilíbrios (p. 4): i)a aplicação generalizada de um sistema de quotas e de limitações produtivas que têm por base referências históricas que não têm em conta nem o nível de desenvolvimento agrícola de cada Estado

Membro, nem o seu grau de auto-abastecimento, nem a importância relativa da sua produção, nem a sua necessidade de desenvolvimento; ii) as fracas produtividades agrícolas históricas na base das quais são fixadas uma grande parte das ajudas ao rendimento; iii) o baixo nível de apoio da PAC aos produtos agrícolas com maior peso na estrutura produtiva portuguesa.

Na terceira parte o documento apresentado por Portugal explicita como principal conclusão (pag. 7) que, apesar de também ser insuficiente o nível de apoios ao desenvolvimento rural as maiores insuficiências têm a ver com os apoios do *primeiro pilar*, cujo reforço substancial se torna essencial para o futuro da agricultura portuguesa.

Nesta sua primeira grande ofensiva negocial, Portugal deixava assim bem claro que o seu posicionamento no processo da reforma passava pelo aumento das quotas e direitos de produção e em geral de tudo o que contribuísse para mais transferências do primeiro pilar da PAC, ao mesmo tempo que se manifestava contra qualquer tentativa de renacionalização da PAC e a favor de *uma modulação moderada, obrigatória e uniforme em toda a União*. (ib.).

Foi na sequência deste documento e desta estratégia que o Primeiro Ministro de Portugal apresentou o *problema agrícola português* no Conselho Europeu de Copenhaga de 12 e 13 de Dezembro de 2002, cuja principal decisão foi a aprovação definitiva do alargamento da União a 10 novos Estados Membros. Ao fazê-lo, invocou a declaração que o mesmo Conselho Europeu já havia aprovado a 24 e 25 de Março de 1999 em Berlim (ver Capítulo II.2), e que entretanto não tivera consequências práticas relevantes. Como é normal nestes casos, a conclusão é *redonda*, de forma a não comprometer a Comissão e o Conselho: "*O Conselho Europeu considera que subsiste um problema específico decorrente da forma como a PAC é actualmente aplicada à agricultura portuguesa. Para o efeito, a Comissão foi convidada a apresentar um relatório de análise da situação e ainda a estudar a situação noutros pontos da União onde possam existir problemas específicos da mesma natureza*" (p. 18 das Conclusões do Conselho).

Esta conclusão (número 37) do Conselho Europeu de Copenhaga, não se fez, porém, sem alguma polémica, já que a decisão final do alargamento requeria unanimidade e nos corredores políticos insinuava-se que Portugal estaria a condicionar o alargamento com a sua *questão* agrícola. Tal não era, porém, o caso, pois quem conhece bem o jogo do processo decisório comunitário sabe bem que utilizar a *bomba atómica* do veto numa tal circunstância, vindo especialmente de um país com a nossa dimensão, acarretaria não só o isolamento político, como custos de oportunidade elevadíssimos no futuro subsequente.

A declaração de Copenhaga serviu sobretudo para passar a mensagem política de que Portugal estava empenhado na resolução de um problema a que atribuía a maior prioridade, fazendo consequentemente subir a pressão sobre os negociadores comunitários.

Com a fasquia negocial colocada ao nível dos Chefes de Estado e de Governo, o Ministro da Agricultura aprofundou o plano técnico com o já referido estudo sobre o impacto das propostas de reforma, designadamente por via da aplicação do sistema dissociado de ajudas directas na agricultura portuguesa. Estava-se numa fase de avanço definitivo para as negociações finais e um estudo desta natureza ajudava a dramatizar a situação da agricultura portuguesa e, consequentemente, sensibilizar a Comissão e o Conselho para a necessidade de serem encontradas soluções especiais e adequadas.

Na fase que antecedeu a negociação firme, o Ministro Português da Agricultura deu finalmente a conhecer à Comissão a tradicional *shopping list* (que todos os ministros apresentam, verbalmente ou por escrito nesta altura das negociações, mas que nunca é assumida publicamente pelos próprios), a qual reivindicaria o aumento de quotas e possibilidades de produção ou direitos de prémio para o leite, tomate, açúcar, algodão, trigo rijo, vacas aleitantes e bovinos machos (Público Plus de 2002.12.02).

Importará neste ponto referir que a Comissão deu sequência imediata ao pedido do Conselho Europeu de Copenhaga, conhecedora no entanto de que o *estudo* solicitado era algo mais do que isso: também um instrumento de pressão política utilizado por Portugal. Com uma experiência ímpar no tabuleiro das negociações, a Comissão *pagou com a mesma moeda*. O Comissário Fischler encarregou um dos seus mais próximos colaboradores de supervisionar os trabalhos da equipa técnica, sendo patente a ideia de que as conclusões finais do estudo estariam relacionadas com a posição que o Ministro Português viesse a tomar a respeito da reforma.

É no decurso deste *jogo do gato e do rato* que se negoceia o compromisso de 26 de Junho (que Portugal vota contra – ver adiante), que a Comissão dá a conhecer o conteúdo do estudo resultante da incumbência do Conselho Europeu de Copenhaga, através de uma *Comunicação ao Conselho e ao Parlamento Europeu sobre a situação da Agricultura Portuguesa* – (Comissão Europeia 2003-a, COM (2003) 359 final).

A Comunicação constitui a versão *política* de um estudo mais aprofundado (Comissão Europeia, 2003-b), extraindo duas principais conclusões (Comissão Europeia, 2003-a, p. 10).

A primeira é a de que a agricultura continua a enfrentar problemas de atraso estrutural e económico consideráveis, apesar de ter feito importantes progressos após a adesão, designadamente na produtividade do trabalho, na qualidade e na reconversão de alguns sectores.

A segunda é a de que *os problemas específicos que a agricultura portuguesa enfrenta não podem ser atribuídos apenas a dificuldades de ajustamento estrutural, fortemente enraizados, mas também estão ligados à forma como a PAC é actualmente aplicada em Portugal* (ib).

Ou seja, depois de um certo braço de ferro entre o Ministro da Agricultura e a Comissão sobre o conteúdo da redacção final[146], o Governo Português acabou por ter as conclusões que queria, já que davam manifestamente abertura às suas pretensões negociais: o aumento de quotas e de direitos a prémios, para permitir a expansão da actividade produtiva[147] no âmbito do *primeiro pilar*; e a continuação do esforço de modernização mediante o reforço financeiro do *segundo pilar*.

A estratégia portuguesa não se limitou ao jogo da *especificidade*. Defendia igualmente uma *modulação moderada* acompanhada de redistribuição entre os Estados Membros pautada por critérios de coesão e um reforço do desenvolvimento rural. Estas posições surgiam, porém, num plano político menos relevante, face à aposta nos ganhos a obter no primeiro pilar.

A posição portuguesa era compreensível: como uma dissociação total das ajudas perpetuaria para sempre a nossa situação de desfavor face à PAC, a lógica era apostar num aumento das quotas e direitos de produção e prémios, adiando a dissociação e melhorando a nossa posição rela-

---

[146] A prova mais evidente de que a Comissão fez uma gestão *política* na elaboração das conclusões é dada pela redacção da versão provisória imediatamente anterior à final, exclusivamente redigida em inglês: *In the Commission's opinion the specific problem experiencied by the Portuguese agriculture is almost exclusively due to rooted structural adjustment problems rather than arising from the way the CAP currently applies to Portugal*. Como resulta evidente esta redacção tapa praticamente qualquer solução no âmbito do *primeiro pilar*, remetendo tudo para o segundo pilar e visando baixar as expectativas dos negociadores portugueses. Ao contrário da versão final, que abre ambas as portas.

[147] A necessidade deste aumento só era, porém, referida explicitamente no documento da Comissão para os sectores do leite, dos bovinos e do açúcar, apesar de este último sector não fazer parte da reforma – COM(2003-a), p. 11.

tiva face à PAC. Quando um dia a dissociação fosse inevitável, nessa altura já o congelamento das assimetrias seria menos grave por estarmos supostamente num patamar superior.

Sucede, porém, que o contexto negocial era de grande dificuldade na obtenção de ganhos substanciais no primeiro pilar, por via da invocação da situação de excepção.

Por três razões principais.

Primeira, pela aversão da Comissão Europeia em reabrir negociações sobre quotas, direitos de produção ou direitos a prémios; beneficiar um determinado Membro, mesmo por razões objectivas e justificadas, implica sempre o rompimento de um delicadíssimo equilíbrio na distribuição dos benefícios da PAC que os restantes dificilmente aceitam. Daí que, quando uma tal discussão se abre, apresentem de imediato reivindicações semelhantes. Foi o que aconteceu, por exemplo, com o pedido português de aumento da quota leiteira, que levou todos os outros países a pedir o mesmo (Público de 2003.06.27).

Segunda, porque apesar de a situação da agricultura portuguesa face à PAC ter sido bem explicada à Comissão e ao Conselho pelo Ministro Sevinate Pinto durante o processo negocial, a invocação do argumento da especificidade em sucessivas negociações tem um *rendimento marginal decrescente*. Apesar de reconhecer que existe um défice de resposta da PAC à agricultura portuguesa, a Comissão não deixa de invocar também que já por diversas vezes no passado reconheceu essa mesma especificidade, dando resposta a vários pedidos das autoridades portuguesas[148]. Como esta informação da Comissão é veiculada pelos restantes ministros, o Conselho fica assim cada vez menos sensibilizado para os nossos problemas.

---

[148] Na sua Comunicação ao Conselho e ao PE sobre a Situação da Agricultura Portuguesa (Comissão Europeia 2003-b), a Comissão refere várias dessas medidas: regime especial de transição em duas etapas; Programa específico de Desenvolvimento da Agricultura Portuguesa (PEDAP), dotado de 700 Milhões de Euros para o período 1986-95; isenção das disciplinas de produção no âmbito da alterações da PAC em 1988 que criou os *estabilizadores agro-orçamentais*; excepção à regra histórica na fixação das produtividades de referência para atribuição das ajudas directas criadas pela reforma da PAC de 1992; programa de reconversão de 200.000ha de terras aráveis para pecuária intensiva com o consequente aumento dos direitos de prémios para bovinos em regime de pecuária extensiva (100.000 cabeças); aumento dos direitos de produção para o trigo rijo, superfície de base das culturas aráveis de regadio e dos prémios aos bovinos de carne, no âmbito da reforma da Agenda 2000.

A terceira razão tem especialmente a ver com o cenário de aperto orçamental progressivo à medida que se vai processando o alargamento da UE e a consequente má vontade da Comissão e do Conselho em assumirem novos compromissos.

Apesar de terem posteriormente posições distintas sobre o resultado final do compromisso, as organizações agrícolas portuguesas apoiaram de um modo geral a estratégia portuguesa, já que, ainda que com matizes diferentes, eram bastante críticas da reforma, especialmente da dissociação das ajudas directas.

5.2. Resultados da Reforma

Portugal foi o único Estado Membro da UE a votar contra o compromisso final da reforma. Tal como o próprio Ministro refere, o seu voto contra não se deveu a discordância de fundo sobre o conteúdo da reforma, mas por entender que a solução encontrada para o problema do leite nos Açores ter ficado aquém das suas expectativas e dos compromissos assumidos nesta matéria (Sevinate Pinto, 2003). Como sempre sucede nestas circunstâncias, os resultados do compromisso ficam sempre aquém das metas estabelecidas por cada delegação. No caso de Portugal essa insatisfação foi evidente e corroborada com um voto contra.

Uma *Dissociação* a Pedido, mas que pode não ser utilizada

A dissociação aprovada a 26 de Junho foi um dos domínios que mais se aproximaram das posições portuguesas.

Primeiro por ser parcial, respondendo assim aos receios expressos de um abandono significativo da produção nas zonas mais problemáticas.

Segundo por ser flexível, permitindo a Portugal adoptar soluções diferenciadas em função da grande diversidade dos sistemas agrários existentes no país. Estando actualmente em curso os trabalhos preparatórios de aplicação da reforma, resta saber até que ponto será utilizada a margem de flexibilidade conseguida no compromisso do Luxemburgo. Assim como importará saber se e como vai ser utilizada a margem discricionária até ao máximo de 10% das ajudas directas para medidas específicas. Se ela não servir para atenuar as assimetrias internas nos apoios da PAC, designadamente a favor de sectores que não beneficiam de ajudas directas e dos grupos de agricultores e sistemas agrícolas mais vulneráveis, então terá sido em vão esta dimensão da reforma.

Da *Modulação* Insuficiente à Saga do Desenvolvimento Rural

A modulação que foi finalmente aprovada constitui um bom exemplo da dificuldade do Conselho em conseguir ter uma visão estratégica de conjunto, capaz de olhar a realidade rural da UE para além dos interesses de cada um dos Estados que o integram.

O recurso à modulação foi desde o início pensado como um meio para transferir recursos do primeiro para o segundo pilar da PAC com o objectivo de reequilibrar internamente a PAC, preparando-a para dar respostas às novas exigências e expectativas da sociedade, designadamente no que respeita à segurança e qualidade dos alimentos, preservação do ambiente e paisagem rurais, bem-estar animal, etc..

Da *modulação dinâmica* inicial, para a *modulação com degressividade* de Janeiro de 2003, até à solução final de *modulação como disciplina financeira*, assistiu-se a uma conjugação de más vontades negociais que deram como resultado final um montante bastante modesto, com uma redistribuição por Estados Membros igualmente modesta foi a manutenção da franquia de € 5.000 proposta pela Comissão, que permite isentar da redução das ajudas cerca de 96% dos agricultores portugueses (Sevinate Pinto, op cit).

A nunca escondida ambição do Comissário Fischler em reforçar substancialmente a componente de desenvolvimento rural da PAC contrastou com o pouco entusiasmo dos Estados Membros, incluindo Portugal, embora por razões diferentes.

Para os países mais ricos o problema consistia em que tal reforço passava ao mesmo tempo por uma redistribuição dos recursos libertados pela modulação (ver Quadro 12). Seriam inevitavelmente perdedores, conforme mostra a chave de repartição apresentada pela Comissão e aprovada sem alterações.

Para os mais pobres pesavam especialmente as dificuldades orçamentais em assegurar a contrapartida nacional para assegurar a mobilização do orçamento comunitário.

E para uns e outros, pesavam ainda dois factores: a oposição das organizações agrícolas a qualquer reforço do *segundo pilar* que implicasse cortes das ajudas recebidas pelos actuais beneficiários; e a experiência anterior de dificuldades de aplicação no total das dotações afectas ao desenvolvimento rural já aprovadas em Berlim.

Não tendo partido para esta negociação com metas definidas, Portugal acabou por conseguir um montante previsível de 30 a 35 milhões de euros (MADRP, 2003), o que constitui um resultado modesto para as necessidades do país (menos de 10% de aumento) a reflectir a pouca vontade geral no reforço do *segundo pilar*.

Fica como prémio de consolação ter-se conseguido que mesmo assim uma parte desses fundos, ainda que pequena, tivesse sido redistribuída. Impõe-se, assim, salientar que o reforço do *segundo pilar* agora obtido só terá uma expressão capaz de reequilibrar a PAC nos seus dois pilares se for continuado de forma bem mais substanciada em 2006 no quadro da negociação das novas perspectivas financeiras para a rubrica 1-b para o período 2007-2013.

O Compromisso no Sector Leiteiro

Os interesses portugueses a respeito do leite e lacticínios centravam-se em duas frentes: a continuação do regime de quotas e a resolução da questão da *quota dos Açores*[149].

O debate sobre a continuação ou não do regime de quotas repetiu os mesmos argumentos e os mesmos protagonistas de idêntico debate aquando da reforma da Agenda 2000, em 1999. Apesar de ser ter divulgado a ideia simplista de que se trata de um confronto entre os países do *Norte*, a quererem acabar com o regime, e os do *Sul* a pretenderem mantê-lo, tal não corresponde à realidade objectiva. Na verdade, manteve-se o *núcleo duro* dos Estados Membros com uma perspectiva mais liberal da política agrícola, designadamente a Holanda, a Bélgica, a Dinamarca e a Suécia. Mas a Itália, que é do *Sul* sempre foi uma entusiasta do fim das quotas[150], e a Alemanha que sendo do *Norte* acabou por ser um aliado de peso dos países que defendiam a continuidade do regime.

A continuação do regime de quotas até 2015 constitui sem dúvida uma garantia de que se conseguirá assegurar um razoável equilíbrio no mercado comunitário, que continuará a exigir um nível relativamente elevado de protecção na fronteira e que a baixa de preços apenas reflectirá aproximadamente a redução dos preços institucionais que foi decidida.

---

[149] A linguagem é simplificada, por ter sido assim designada pela imprensa. Na verdade a quota de produção de leite é nacional, existindo um acordo interno que atribui aos Açores a margem de produção de 400.000 toneladas.

[150] Por ter uma quota altamente insuficiente para satisfazer as suas necessidades de consumo e um contencioso de longa data com a Comissão por causa do pagamento das multas pela ultrapassagem das quantidades que lhe estão atribuídas.

Assegurou-se assim um calendário razoável para permitir aos países menos competitivos uma adaptação progressiva a um quadro de maior liberalização que poderá ocorrer após 2014.

Apesar de dispor de uma boa organização comercial, baseada no sector cooperativo, Portugal não é reconhecidamente dos países mais competitivos na UE, como o prova o facto de ter um nível de preços ao produtor relativamente superior à média europeia. É neste contexto que a decisão do Conselho satisfaz os interesses portugueses, que estavam dum modo geral consensualizados entre os parceiros económicos do sector.

O caso dos Açores revestiu-se de uma grande complexidade negocial.

Primeiro, por se tratar de um pedido para aumento de uma quota de produção, o que, como se referiu antes, é sempre difícil de conseguir quando não está em causa uma negociação generalizada sobre a redistribuição das quotas.

Segundo, pelos antecedentes do problema. Estes remontam à campanha de 1999/2000 em que os produtores da Região Autónoma dos Açores teriam que pagar uma elevada multa devido à ultrapassagem das suas quantidades de referência, uma vez que, como se referiu no capítulo II-2, Portugal não atribuíu prioridade ao aumento da quota do leite na negociação da Agenda 2000. Foi só após esta reforma que o Governo Português, depois de ter tentado negociar um aumento da quota, conseguiu no Conselho Europeu de Nice um regime de franquia para uma quantidade de 73.000 toneladas, o equivalente ao consumo da Região; esta quantidade não seria assim contabilizada na quota portuguesa até 2003, ano em que estava previsto ocorrer a reforma intercalar da PAC. Sucede porém, que tal solução só foi possível na base de um compromisso do Governo Português de redução da produção de leite naquela Região Autónoma[151]. Foi a existência de um tal compromisso, aliada à acima referida dificuldade em negociar aumentos de quotas de forma isolada, que esteve na base do não cumprimento de uma das mais emblemáticas metas dos negociadores portugueses nesta reforma. A decisão final do Conselho traduziu-se em transformar a franquia em definitiva, mas só para 61.500 toneladas em 2004/5 e 50.000 toneladas a partir da campanha de 2005/6.

Apesar de ter conseguido uma *meia vitória* Portugal votou contra o compromisso da reforma em virtude do grau de politização que o assunto assumiu nos Açores, atendendo à elevada dependência da economia agrí-

---

[151] Carta do Ministro da Agricultura António Capoulas Santos ao Comissário Fischler em 16 de Novembro de 2000.

cola da Região em relação ao leite (51 % do Produto Agrícola Bruto) e à relativa proximidade das eleições regionais.

Face à insistência do Governo Português foi, porém, possível encontrar no Conselho Europeu de Roma de Novembro de 2003 uma solução que não implica o pagamento de multa para as 23.000 toneladas que, a partir de 2006, ficariam sujeitas ao regime de imposição suplementar. Face à impossibilidade política de essa quantidade ser transformada em aumento de quota[152], ficou decidido manter o regime acordado em Nice para esta quantidade suplementar até 2015. Consegue-se assim isentar os produtores do pagamento das penalizações sem que, porém, isso corresponda a um aumento efectivo da quantidade de referência autorizada.

Outros Resultados Sectoriais

Para além das questões acabadas de referir, os negociadores portugueses conseguiram negociar um aumento líquido de 90.000 novos direitos de prémios das vacas aleitantes. Tal incremento fixa o efectivo de vacas aleitantes com direito a prémio em 416.500, número que já inclui 48.000 novos direitos negociados ao abrigo da chamada *reserva específica* negociada em 1992 e posteriormente reforçada no sentido de permitir uma reconversão de 200.000 hectares de culturas aráveis para pecuária extensiva, com um encabeçamento de 0,5 CN por hectare (Reg. 1461/95, de 22 de Junho).

As restantes ambições, que nunca foram assumidas publicamente como objectivos negociais, ficaram por conseguir. É designadamente o caso dos limiares de produção para o tomate industrial, e de quotas para o açúcar de beterraba, trigo rijo e algodão. O aumento das áreas de base para o regadio ou das produtividades de referência também não foram conseguidos. O facto de Portugal não ter utilizado plenamente as suas possibilidades nestes últimos domínios, como lembra a Comissão no seu relatório sobre a especificidade da agricultura portuguesa (Comissão Europeia, 2003-a pág. 3), pesou seguramente no resultado final da negociação, apesar de reconhecer que tais quotas eram limitativas em sectores como o trigo rijo e o açúcar.

Resta saber se algumas destas questões, designadamente a da quota de açúcar, serão resolvidas no pacote de propostas de reformas sectoriais acabadas de apresentar e a negociar previsivelmente ao longo de 2004.

---

[152] É bom de ver que a Presidência Italiana, que de há muito reivindica aumento de quotas, não estaria em condições para reabrir um tal dossier.

ANEXO I: Do Anterior *Status-quo* à Evolução das Propostas e Decisão Final

	Status-quo	Comunicação (Julho 2002)	Propostas da Comissão (Janeiro 2003)	Decisão Final do Conselho (26 Junho 2003)
Cereais	Preço de intervenção 101,31€/t; ajudas directas de 63€/t multiplicados pela produtividade referência	Redução dos preços de intervenção em 5% (além dos 20% propostos na Agenda 2000) para 95,35€/t. Aumento das ajudas directas para 66€/t, dissociadas.	Inalterado (OCM consolidada para os cereais)	Preço inalterado (mantém-se nos 101,31€/t)
	Majorações mensais(cada uma com 7 etapas adicionando 0,93 €/t ao preço de intervenção).	Abolição das majorações mensais	Supressão das restituições para a produção de amido de cereais e fécula de batata	Mantiveram-se as majorações mensais mas em metade do nível actual.
Centeio	Intervenção a nível geral dos cereais	Abolição da intervenção	Inalterado	Inalterado
Trigo duro	Ajuda complementar específica:	Dissociação e redução da ajuda complementar para:		
	344,5 €/ha nas "zonas tradicionais"	250€/ha nas "zonas tradicionais" em 3 anos	Inalterado	304,25€/ha em 2004; 290,9€/ha em 2005 e 285€/ha a partir de 2006 nas "zonas tradicionais"
	138,9 €/ha nas zonas designadas "zonas de produção consolidada"	Zero para as "zonas de produção consolidada"	Prémio de 40€/ha nas "zonas tradicionais"com uma SMG limitada	
			Majoração de 15€/t em função da qualidade	Eliminação das ajudas nas "zonas não tradicionais" em 3 anos a partir de 2004
	Dentro do limite das Superfícies Máximas Garantidas (SMG)	Introdução do prémio complementar em função da qualidade de 15 €/t, de acordo com um critério mínimo de qualidade.		Complemento de qualidade de 40 €/ha dissociado da produção
Oleaginosas	Nivelamento do pagamento por superfície para as oleaginosas e cereais	Inexistência de medidas específicas. Aumento da ajuda para 66 €/t, dissociada.	Inalterado	Inalterado
Proteaginosas	Ajuda complementar específica de 9,5 €/t multiplicada pela produtividade de referência	Complemento único de 55,57 €/ha (9,5€/t) multiplicada pela média da produtividade de referência das regiões produtoras de culturas proteaginosas	SMG mantém-se nos 1,4 mio ha fixados	Inalterado
Arroz	Preço de intervenção nos 298,35 €/t (arroz integral)	50% de redução no preço para 150 €/t, provocando o armazenamento privado. Abaixo de 120 €/t, funciona o mecanismo específico de rede de segurança		Preço de intervenção efectivo fixado nos 150 €/t (em vez dos 120 €/t)
	Ajuda directa de 52,65 €/t multiplicada pela produtividade de referência e paga por hectare, de acordo com as Superfícies Máximas Garantidas (SMG)	Pagamento complementar de 177 €/t do qual 75 €/t concedidos como ajuda específica à produção	Inalterado	Inalterado
		SMG reduzidas a nível nacional para o valor médio entre 1999-2001.		Inalterado

	Status-quo	Comunicação (Julho 2002)	Propostas da Comissão (Janeiro 2003)	Decisão Final do Conselho (26 Junho 2003)
Batata para fécula	Medidas aos produtores: . Preço mínimo de 178,31 €/t Pagamento de 110,54€/t	Dissociação	Ajuda de 50% ligada à produção e 50% dissociada. Supressão do preço mínimo para a batata para fécula e restituições para produção de amido	Ajuda aos produtores inalterada. 40% desligada e 60% ligada Manutenção do preço mínimo.
Crédito de Carbono	Regime não alimentar para retirada de terras (necessário contrato com indústria ou transformadores)	45€/ha para culturas energéticas obrigação de contrato com indústria - ou transformadores) SMG de 1,5 mio ha atribuídos por Estado Membro	Inalterado SMG EU15 - Inalterada, não distribuída por Estado Membro	Inalterado Inalterado
Forragens secas	Pagamentos directos: . 68,83 €/t para forragens secas à produção . 38,64 €/t para forragens secas à indústria	Ajuda mista (50%/50%) para: . Ajuda desligada aos agricultores (160mio €) Quantidade Máxima Garantida (QMG) única+ajuda à indústria de 33€/t	Inalterado, excepto: . ajuda aos agricultores segundo as entregas e as Quantidades Máximas Garantidas (QMG) . Manutenção da ajuda à indústria degressiva por 4 anos Abolição da franquia de 5%	Inalterado Ajuda às indústrias fixada em 33 €/t
Frutos de casca rija	Incremento de projectos de qualidade/marketing multianuais desenvolvidos pelos agrupamentos de produtores Medidas específicas revogadas em 1996, mas possibilidade de acabar os projectos existentes (10 anos), devendo os últimos terminar em 2006/7 Sem medidas específicas de apoio posteriores	Ajuda comunitária de base de 100 €/ha tendo cada Estado Membro opção de aumento até 109 €/t com financiamento nacional SMG de 800.000 ha Zonas já com projectos activos de modernização não são elegíveis para novo regime de apoios	Inalterado	Aumento da ajuda base para 120,75€/ha podendo os Estados Membros decidir o aumento do montante até outro tanto com financiamento nacional
Bovinos	Preço base de 2224€/t com armazenagem privada possível a 103% deste preço. Nível de intervenção líquido a 1560€/t Prémios por cabeça: 150€ para novilhos(2 pagamentos); 210€ para touros /ano e 200€ /ano para vacas leiteiras Prémios ao abate de 80€ (touros, novilhos e vacas) e de 50€ (vitelas)	Inalterado Não estão previstas medidas específicas, contudo fortes implicações da dissociação Redução dos incentivos com vista à produção intensiva de carne (dissociação)	Inalterado Inalterado	Inalterado Inalterado

	Status-quo	Comunicação (Julho 2002)	Propostas da Comissão (Janeiro 2003)	Decisão Final do Conselho (26 Junho 2003)
Bovinos	Critério de elegibilidade : até 1,8CN/ha (a partir de 01.01.03 geralmente 1,9 CN/ha)	Reforço das condições de eco-condicionalidade incluindo as condições de exploração da terra	Pastagens permanentes à data de 31/12/2002 devem ser mantidas (de acordo com as boas práticas agrícolas)	Inalterado
	Prémio de extensificação: 100€ (encabeçamento de 1,4CN/ha)	Reforço da qualidade e apoio para a produção de carne "amiga do ambiente" através do 2° Pilar	Inalterado	Inalterado
	Outras opções para os Estados Membros: 80€ de prémio para capacidade de armazenamento abaixo de 1,4 CN/ha e 40€ de 1,4 a 1,8CN/ha.	Concessão de subsídios à exportação só para animais vivos com base em pedidos justificados respeitando os requisitos de bem-estar animal		
	Envelope nacional (orçamento)			Retenção de 10% para envelopes nacionais - mas para todos os sectores agrícolas
Leite e Lacticínios	Regime de quotas em vigor até 2008	4 opções possíveis : A manutenção das medidas da Agenda 2000 até 2015	Mantêm-se as quotas até 2014/15	Inalterado
	Redução por etapas do preço de intervenção de 15% a partir de 2005/2006, compensada por uma ajuda directa	Aplicação da Agenda 2000 com corte adicional no preço.(-15% para manteiga e -5% para LPO) e aumento da quota (+3%);	Antecipação em um ano (para 2004) da Agenda 2000 com corte assimétrico do preço de:	
	Aumento do prémio às vacas leiteiras de 5,75€/t para 17,24€/t da quota a partir de 2005/6	Introdução do regime de dupla quota	- 3,5% anual de 2004 a 2008 para o leite em pó	- 15% para o leite em pó desnatado (inalterado face à Agenda 2000) de 2004 a 2006: 3x5%
	Aumento global da quota de 2,39% (primeiro aumento para ES, IT, GR e Irl em 1999-2001 e para outros Estados Membros a partir de 2005-2007)	Eliminação das quotas com um corte de 25% na intervenção		-25% para a manteiga (redução adicional de 10% face à Agenda 2000), de 2004 a 2007: 3x7%+1x4%
			- 7% anual de 2004 a 2008 para a manteiga	
			Adicionalmente, continuação das reduções do preço em 2007 e 2008, com uma subida de 1% das quotas e correspondente aumento nos pagamentos	Não aumento de quotas
			Pagamentos directos dissociados a partir do início de 2004	Pagamentos dissociados só obrigatórios a partir de 2008
			Limite máximo para intervenção na manteiga: superior a 30.000t	

		Status-quo	Comunicação (Julho 2002)	Propostas da Comissão (Janeiro 2003)	Decisão Final do Conselho (26 Junho 2003)
Dissociação das Ajudas Directas		Prémio variáveis às culturas aráveis ligadas à produção de culturas específicas.	**Pagamento único dissociado da produção agrícola** compreendendo:	A medida proposta é autorizada com os seguintes ajustamentos:	Culturas aráveis: possibilidade para Estados Membros de associar a ajuda à produção até 25%, ou 40% para o trigo duro
		Dissociação parcial devido somente ao alinhamento dos pagamentos aos cereais e oleaginosas.	. Cereais, oleaginosas, proteaginosas, linho, cânhamo, linhaça (ajuda base de 66€/t)	. Ajudas ao leite feitos a partir de 2004 (ano orçamental de 2005)	Pagamentos ao leite só após 2007/8
		Prémio animal associado à produção de carne ou de leite	Suplemento ao trigo duro (reduzido para 250€/t),	Inalterado	
			batata para fécula,	50% da ajuda à batata para fécula é dissociada	40% da ajuda à batata para fécula é dissociada
			leguminosas para grão,	Algumas ajudas regionais estão incluídas (regiões ultra-periféricas e mar Egeu)	
			arroz (102€/t),	Os montantes totais da ajuda, as condições e os limites nacionais de cada Estado Membro estão anexados (sujeitos) ao regulamento base	Ajuda ao arroz: 102€/t dissociada e 75€/t associada à produção
			forragens secas (novo),	Na liberdade de produção estão excluídas as culturas permanentes.	Ajuda dissociada para zonas sub-árticas com aumento de 19 para 24€/t
			carne (bovinos),		Três opções para a carne: 1) 100% do prémio às vacas aleitantes associado à produção e prémio ao abate associado até 40%; 2) manutenção do prémio ao abate associado até 100%; 3) manutenção do prémio especial ao bovinos machos associado até 75%
			ovinos,		Possibilidade de pagamentos associado até 50% para ovinos e caprinos
				. leite a partir de 2004/05	Ajuda dissociada para o leite só a partir de 2007/8
			Os pagamentos seguintes não estão incluídos:		
			. Prémio de qualidade ao trigo duro,		Inalterado
			. Suplemento às proteaginosas (55,57€/t),		Ajuda específica às proteaginosas do mesmo montante (55,57€/t)
			ajuda específica para o arroz (75€/t),		Inalterado

	Status-quo	Comunicação (Julho 2002)	Propostas da Comissão (Janeiro 2003)	Decisão Final do Conselho (26 Junho 2003)
Dissociação das Ajudas Directas		linho, cânhamo (transformadores)		Inalterado
		fécula de batata (transformadores)	Inalterado	
		forragens secas (transformadores, 33€/t, transitório)	Inalterado	
		Na liberdade de produção não se excluem as culturas permanentes	Culturas permanentes excluídas	Inalterado
				Culturas hortícolas excluídas da liberdade de produção
				Sementes
				Todos as ajudas directas nas regiões ultraperiféricas
Período de referência		Não especificado	2000, 2001, 2002	Inalterado
			Em caso de força maior reserva nacional e entrada de novas explorações (novos agricultores)	Inalterado
Pousio	Para culturas aráveis, 10% em pousio, os agricultores ficam isentos se produzirem anualmente abaixo das 92t de cereais	Manutenção da obrigação do pousio histórico individual (baseados nos 10% já obrigatórios) mas agora no longo prazo (10 anos), numa base de não-rotação	Inalterado, excepto isenção para: . Obrigação de pousio para concessão de pagamento dissociado a explorações de menos de 20ha ou explorações orgânicas	Inalterado
		Abolição do regime não-alimentar na terra em pousio	. Condição de não-rotatividade do pousio se rotatividade oferecer benefício ambiental	Possibilidade de rotação do pousio
			Imposição de pousio (obrigação) associada à terra	Inalterado
Criação e transferência dos direitos de pagamento único (PU)		O pagamento único à exploração deve ser dividido entre os direitos autorizados e um pagamento associado à terra	Medidas para estabelecimento de direitos de pagamento; definição de terra geradora de direitos de pagamento e de terra elegível para o pagamento dissociado; Tratamento de direitos de pagamento não associados à terra (alguns prémios a animais)	
		A transferência dos direitos de pagamento acontecerá ao mesmo tempo que a transferência da terra	Transferência dos direitos de pagamento com ou sem terra	Inalterado
			Regras para controlo (IACS)	Mais simplificadas

	Status-quo	Comunicação (Julho 2002)	Propostas da Comissão (Janeiro 2003)	Decisão Final do Conselho (26 Junho 2003)
Opções Nacionais		Dentro de certos limites pode haver modulação do nível de ajuda dentro dos Estados Membros	Fixação de limites máximos nacionais. A nível regional, possibilidade de dissociação (princípios comuns) e concessão de pagamento único dissociado para culturas que historicamente não usufruem de ajuda directa.	Inalterado
Modulação e Degressividade	Redução opcional dos pagamentos directos até 20%	Modulação dinâmica de 3%/ano em 2004 até um total de 20% de redução a partir do sexto ano	Modulação aplicável a partir 2006-2012. Fixação de taxas anuais de redução de 1% em 2006 a 19% em 2012.	Modulação de 3% em 2005, 4% em 2006 e 5% a partir de 2007
	Dinheiro não gasto fica nos Estados Membros e deve ser utilizado para medidas de acompanhamento	5.000€ de franquia por cada exploração isenta da redução. Os Estados Membros podem isentar 3.000€ adicionais por cada Unidade de Trabalho superior a dois.	Introdução progressiva e diferenciada da taxa de redução da ajuda. Aplicação de uma franquia até os 5.000€, entre 5.000-50.000€ aplicação duma taxa intermédia e acima dos 50.000€ redução da taxa total	Franquia de 5.000€ mas inexistência de diferenciação de taxas por montante recebido pelos agricultores
Utilização das Dotações		Poupanças transferidas para o orçamento de desenvolvimento rural da UE (todas as medidas). Chave de distribuição baseada na superfície agrícola, no número de explorações e no volume de emprego agrícola.	Aumento progressivo da modulação (de 1% em 2006 a 6% em 2012) transferida para desenvolvimento rural. O restante, até 19% serviria para financiar futuras reformas da PAC.	Inexistência de taxa de degressividade; Cortes adicionais decididos pelo Conselho caso a caso (disciplina financeira).
		Limite de 300.000€ por exploração, ficando as poupanças nos respectivos Estados Membros	Extinção do limite de 300.000€;	Inalterado
Eco-condicionalidade	Utilização opcional das reduções dos pagamentos directos para fazer cumprir a legislação ambiental e os chamados requisitos específicos ambientais;	Eco-condicionalidade obrigatória (abordagem por exploração agrícola no seu todo). Pagamentos directos que incentivem o cumprimento das normas (ambiente, segurança alimentar e bem-estar animal) e mantenham conservem as terras em boas condições agronómicas.	Obrigações e normas resultantes de cerca de 40 actos legislativos aplicados directamente a nível das explorações agrícolas (lista mínima + outras sujeitas a pedido dos E.M.)	Suavização das penalidades e 25% das receitas podem ficar retidas nos EM. Simplificação para cerca de 18 actos legislativos
			Boas práticas agrícolas (programa quadro comum) Conservação de zonas de pastoreio permanente	
		Auditorias agrícolas obrigatórias a todas as explorações recebendo mais de 5.000€	Reconhecimento da vocação consultiva do Sistema de Aconselhamento Agrícola	
Assessorias Agrícolas	Estabelecimento de sistemas de certificação no âmbito do Desenvolvimento Rural.	Auditorias darão conta de todos os fluxos relevantes de material e das transformações agrícolas	Participação obrigatória para as explorações recebendo mais de 15.000€ de ajuda directa ou tendo um retorno anual superior a 100.000€	Serviços consultivos agrícolas voluntários para os EM até 2006, voluntários para os agricultores após essa data, sendo os EM obrigados a implementar os esquemas; Após 2010 decisão sobre a necessidade ou não de um sistema obrigatório.
		Apoio financeiro cobrindo os custos passa a ser possível dentro do Desenvolvimento Rural	Inalterado	

Desenvolvimento Rural (em suplemento à simplificação de algumas medidas correntes)

	Status-quo	Comunicação (Julho 2002)	Propostas da Comissão (Janeiro 2003)	Decisão Final do Conselho (26 Junho 2003)
Qualidade Alimentar	Ajuda ao investimento na qualidade alimentar incluindo a criação e certificação de sistemas elegíveis no quadro do desenvolvimento rural	Constituição de um capítulo de qualidade alimentar como uma nova medida de acompanhamento incluindo:	Criação de limites máximos: medidas de qualidade: participação máxima por exploração de 1.500€/ano durante 5 anos.	Inalterado
		. Encorajamento dos agricultores para participarem nos esquemas de segurança, qualidade e certificação alimentar	Promoção: apoio público até 70% dos custos elegíveis	Inalterado
		. Apoio a grupos de produtores para a promoção da segurança e qualidade alimentar, indicações geográficas e agricultura biológica	A decisão de implementação ou não deixada a cada EM e/ou cada região	Inalterado
		Medidas do 1° pilar tendo por objectivo a promoção de produtos	Inalterado	Inalterado
Bem-estar animal	Unicamente medidas regulamentares (DG SANCO)	Nova medida sobre o bem-estar animal na mesma lógica que as medidas agro-ambientais	Inalterado; constituição de um máximo de 500€/animal	Inalterado
Medidas Agro-Ambientais	Co-financiamento actual:	Aumento do co-financiamento para:	Inalterado	Inalterado
	. 75% nas zonas de Objectivo 1	. 85% nas zonas de Objectivo I		
	. 50% nas restantes zonas	. 60% nas restantes		
Cumprimento das novas regras	Ausência de medidas de incentivo em vigor	Apoio aos agricultores com pagamento de base para suportarem os custos das auditorias agrícolas;	Ajuda estatal até 80% do custo aos agricultores na sua primeira participação no sistema, até um máximo de 1500€.	Inalterado
		Ajuda temporária e degressiva aos agricultores (máximo de 200 €/ha) para implementarem as normas da UE mesmo que não transpostas para a legislação nacional	Máximo de 10.000€/exploração	Inalterado
		Não se aplica quando a legislação comunitária já tenha sido transposta para a legislação nacional		

Fonte: *Reforma da PAC*, Press releases Midday Express da Comissão Europeia (MEMO/03/11) de 22 de Janeiro 2003 e Compromisso da Reforma do Conselho de 26 Junho de 2003

ANEXO II: Critérios de Eco-condicionalidade – (Reg. (CE) 1782/2003)
Requisitos legais de gestão referidos nos artigos 3.° e 4.°

	A. Aplicável a partir de 1.1.2005	
	Ambiente	
1.	Directiva 79/409/CEE do Conselho relativa à conservação das aves selvagens (JO L 103 de 25.4.1979, p. 1)	Artigo 3°, n°s 1, 2 e 4 do artigo 4°, artigos 7° e 8° e n°s 1 e 2 do artigo 9°
2.	Directiva 80/68/CEE do Conselho relativa à protecção das águas subterrâneas contra a poluição causada por certas substâncias perigosas (JO L 20 de 26.1.1980, p. 43)	Artigos 4° e 5°
3.	Directiva 86/278/CEE do Conselho relativa à protecção do ambiente, e em especial dos solos, na utilização agrícola de lamas de depuração (JO L 181 de 4.7.1986, p.6)	Artigo 3°
4.	Directiva 91/676/CEE do Conselho relativa à protecção das águas contra a poluição causada por nitratos de origem agrícola (JO L 375 de 31.12.1991, p.1)	Artigos 4° e 5°
5.	Directiva 92/43/CEE do Conselho relativa à preservação dos habitats naturais e da fauna e da flora selvagens (JO L 206 de 22.7.1992, p. 7)	Artigos 13° e 15°, n° 1 do artigo 16° e alínea b) do artigo 22°
	Saúde pública e saúde animal - Identificação e registo de animais	
6.	Directiva 92/102/CEE do Conselho relativa à identificação e ao registo de animais	Artigos 3°, 4° e 5°
7.	Regulamento (CE) n° 2629/97 da Comissão que estabelece disposições de aplicação do Regulamento (CE) n° 820/97 do Conselho no que respeita a marcas auriculares, registos das explorações e passaportes no âmbito do regime de identificação e registo dos bovinos	Artigos 6° e 8°
8.	Regulamento (CE) n° 1760/2000 do Parlamento Europeu e do Conselho que estabelece um regime de identificação e registo de bovinos e relativo à rotulagem da carne de bovino e dos produtos à base de carne de bovino	Artigos 4° e 7° Artigo 3°
	B. Aplicável a partir de 1.1.2006	
	Saúde pública, saúde animal e fitossanidade	Artigos 14°, 15°, 18°, 19° e 20°
9.	Directiva 91/414/CEE do Conselho relativa à colocação dos produtos fitofarmacêuticos no mercado	Artigo 3°
10.	Directiva 96/22/CE do Conselho relativa à proibição de utilização de certas substâncias com efeitos hormonais ou tireostáticos e de substâncias β-agonistas em produção animal	Artigos 3°, 4°, 5° e 7°
11.	Regulamento (CE) n° 178/2002 do Parlamento Europeu e do Conselho, de 28 de Janeiro de 2002, que determina os princípios e normas gerais da legislação alimentar	Artigos 14°, 15°, n° 1 do artigo 17°, artigos 18°, 19° e 20°
12.	Regulamento (CE) n° 999/2001 do Parlamento Europeu e do Conselho, que estabelece regras para a prevenção, o controlo e a erradicação de determinadas encefalopatias espongiformes transmissíveis	Artigos 7°, 11°, 12°, 13° e 15°
	Notificação de doenças	
13.	Directiva 85/511/CEE do Conselho que estabelece medidas comunitárias de luta contra a febre aftosa	Artigo 3°
14.	Directiva 92/119/CEE do Conselho que estabelece medidas comunitárias gerais de luta contra certas doenças animais, bem como medidas específicas respeitantes à doença vesiculosa do suíno	Artigo 3°
15.	Directiva 2000/75/CE do Conselho que aprova disposições específicas relativas às medidas de luta e de erradicação da febre catarral ovina ou língua azul	Artigo 3°
	C. Aplicável a partir de 1.1.2007	
	Bem-estar dos animais	
16.	Directiva 91/629/CEE do Conselho relativa às normas mínimas de protecção dos vitelos	Artigo 3° Artigo 4°
17.	Directiva 91/630/CEE do Conselho relativa às normas mínimas de protecção de suínos	Artigo 3° e n° 1 do artigo 4°
18.	Directiva 98/58/Ce do Conselho relativa à protecção dos animais nas explorações pecuárias	Artigo 4°

Boas condições agrícolas e ambientais referidas no artigo 5.º

Questões	Normas
Erosão do solo: Proteger o solo através de medidas adequadas	Revestimento mínimo do solo Gestão mínima da terra, reflectindo as condições específicas do local Terraços
Matéria orgânica do solo: Manter os teores de matéria orgânica do solo através de práticas adequadas	Normas para as rotações de culturas, se for caso disso Gestão do restolho
Estrutura do solo: Manter a estrutura do solo através da utilização de equipamentos mecânicos adequados	Utilização de equipamento mecânicos adequados
Nível mínimo de manutenção: Assegurar um nível mínimo de manutenção e evitar a deterioração dos habitats	Taxas mínimas de encabeçamento e/ou regimes adequados Protecção das pastagens permanentes Manutenção das características das paisagens Prevenção da invasão das terras agrícolas por vegetação indesejável

Fonte: CAP – Caderno n.º 6 (Fevereiro de 2003)

III – A PAC E O CONTEXTO INTERNACIONAL

Fazer as reformas que se impõem em cada momento é, porventura, a tarefa mais difícil dos responsáveis políticos, especialmente no âmbito da União Europeia, com a diversidade de interesses e a complexidade institucional que a caracteriza. A experiência de 1992 é reveladora de quão difícil é fazer reformas profundas em conjunturas negativas, marcadas pela depressão dos preços, pela pressão dos mercados e pela baixa dos rendimentos. E se a de 1999 mostra que quando essas pressões não existem no interior do sector agrícola é forte a tentação pelo imobilismo, a de 2003 já revela um certo pragmatismo dos decisores e responsáveis agrícolas europeus, apesar de ninguém querer abdicar da sua posição na distribuição dos benefícios da PAC.

Com a agricultura integrada na OMC, a partir da Ronda de Uruguay, alterou-se o contexto das políticas agrícolas, que deixaram de ser matéria do estrito foro de cada país (ou da UE) para se tornarem inseparáveis e interdependentes do processo de globalização. Analisar os contornos desse contexto internacional é o objectivo deste capítulo.

1. A Globalização das Políticas Agrícolas

1.1. *O Contexto em que nos Movemos*

1.1.1. *Entre a Mundialização e o Proteccionismo*

As políticas agrícolas foram sendo construídas, um pouco por todo o lado, sob o signo do proteccionismo. Era essa a inspiração da maioria das que existiam na Europa antes da criação do Mercado Comum. Foi essa também a inspiração da PAC.

Os argumentos eram à época persuasivos: i) as guerras tinham evidenciado que os produtos alimentares eram uma arma estratégica fundamental; ii) uma nação sem produção alimentar era uma nação vulnerável ; iii) o abastecimento regular dos mercados, particularmente dos centros urbanos, era uma importante condição para a estabilidade social; iv) a agricultura representava um apelo profundo da sociedade europeia, como que uma mística sem a qual um país não fazia sentido[153].

A agricultura foi assim sendo encarada sob o signo da *especificidade*, a ponto de as políticas que lhe eram dirigidas a isolarem da realidade económica envolvente. Na verdade, por mais discursos *empresariais* e *económicos* que façam os dirigentes agrícolas europeus é difícil não falar de isolamento, quando os preços protegidos no mercado interno atingem níveis duplos ou mesmo triplos dos prevalecentes no mercado mundial, como sucedeu frequentemente no passado recente.

Quando os progressos alcançados nos transportes e comunicações, e bem assim na conservação dos alimentos, vêm permitir o abastecimento de qualquer mercado a partir de produções realizadas nos antípodas e quando a liberalização do comércio mundial surge como um facto consumado, a agricultura tem dificuldade em aceitar esta lógica. Foi resistindo, até que, em 1994, foi globalmente integrada no pacto mundial de comércio, consubstanciado no acordo de Marraquexe, que encerrou oito anos de negociação da Ronda Uruguay do GATT. A agricultura foi particularmente responsável por este arrastamento das negociações, facto em si revelador das dificuldades em ceder na tradição proteccionista das políticas agrícolas.

A mundialização ou globalização da economia está associada ao aumento da concorrência, à emergência de novos parceiros no mercado mundial, ao aumento de investimento estrangeiro e à rápida difusão do progresso técnico (Lafay, 1996), e implica cada vez mais uma prevalência da óptica do controle de "redes" de influência sobre a óptica localizada de gestão dos territórios (Dollfus, 1997).

Alguns produtos agrícolas estão fortemente internacionalizados, seja pela sua natureza estratégica, seja pelas suas características físicas de conservação e manuseamento. Cereais, oleaginosas e açúcar, são exemplos tradicionais de *mercadorias*, onde o fenómeno da internacionalização é típico. Em anos mais recentes, também as carnes, os produtos lácteos e mesmo as frutas seguiram idêntico percurso, especialmente sob a forma de

---

[153] Como afirmou Raymond Lacombe, antigo dirigente agrícola francês, *"il n'y a pas de pays sans paysans"*.

produtos transformados. Ou seja, muita da produção agrícola internacionalizou-se definitivamente.

Num contexto destes, a que os economistas chamam *livre-cambismo*, ocorre uma inevitável tendência para a produção se concentrar nas zonas de maior aptidão agrícola que disponham, por essa ou outras razões, de vantagens comparativas de comércio. Como exemplos do que poderia ser um *ordenamento* mundial, resultante dessa concentração, são citados frequentemente: o *Middle West* americano para os cereais e oleaginosas; as Planícies Centrais do Canadá e a Bacia de Paris para os cereais de pragana; a Austrália e a Argentina para os cereais de pragana e a carne; o Brasil para a carne e as oleaginosas; a Nova Zelândia para os produtos lácteos; enfim, a África do Sul ou o Chile para as frutas.

A agricultura foi-se industrializando a pouco e pouco (Defarges, 1995), na base da filosofia americana do *get bigger or get out*... Uma evolução que coloca a Europa em desvantagem clara, como se verá adiante. Em consequência, a agricultura foi sendo afectada pela divisão internacional do trabalho e foi perdendo importância em termos de emprego e de geração de riqueza. Na União Europeia, ela representava, em 2001[154], apenas 2,1% do Produto Interno Bruto e 4,4% do Emprego, e nos Estados Unidos, 1,4% e 2,6% em ambos os agregados, respectivamente.

Impõe-se, porém referir que estudos credíveis (OCDE, 1997) demonstram que no conjunto das economias rurais, por cada pessoa empregue na agricultura existem mais duas em actividades co-relacionadas, em indústrias ou serviços a montante e a jusante da actividade produtiva propriamente dita do sector[155]. Ora, nesta base, as estatísticas habitualmente referidas para medir a perda de peso da agricultura, terão de ser ponderadas à luz desta realidade.

Estaremos em aparência perante o fim da *especificidade* da agricultura... Mas outras questões se levantam nos nossos dias. Se o processo de divisão internacional do trabalho funcionar na sua total expressão *livre-cambista*, que restará da agricultura europeia?. Alguém seria mais competitivo que os norte-americanos nos cereais e oleaginosas, que os marroquinos em hortícolas, que os tunisinos no azeite, que os turcos nos frutos

---

[154] OCDE- Politicas agrícolas nos países da OCDE,2002
[155] Tratam-se de estudos que visam medir os efeitos multiplicadores das ligações económicas da agricultura com actividades co-relacionadas com ela. A OCDE (op. cit.) refere alguns modelos utilizados para esta medição aos efeitos da agricultura e respectivos autores.

secos, que os brasileiros nos citrinos, que os argentinos na carne bovina ou que os neozelandeses nos produtos lácteos?.

É evidente que a Europa não dispõe nem dos infindáveis espaços dos Novos Continentes nem da mão-de-obra barata dos países em vias de desenvolvimento. Pouco restaria da agricultura do Velho Continente, razão pela qual a União Europeia nunca poderá aceitar a lógica da mundialização levada ao seu extremo, ou seja, uma liberalização total dos mercados agrícolas[156].

Ora, a experiência demonstra que quando a agricultura desaparece numa aldeia ou numa zona rural, tudo o resto desaparece com ela. Pode não ser o pilar mais forte ou o mais dinâmico, mas é sempre uma âncora segura para todos os outros sectores económicos e sociais. Sem ela não há povoamento, não há ordenamento do território, não há património nem cultura, não há equilíbrio na sociedade.

Pode-se dizer que a agricultura está para o meio rural como a coluna vertebral está para o nosso corpo: não ocupa a maior parte do seu volume, mas percorre-o todo em influência por ser a sua estrutura de apoio. É no quadro deste novo contexto que deve ser entendida daqui em diante a *especificidade* da agricultura, resultante directa do seu carácter multifuncional.

Trata-se de um conceito qualitativamente diferente, que terá naturais consequências na concepção das políticas agrícolas e rurais para o futuro. Destaco, desde logo, a necessidade de ser assegurado um equilíbrio de fundo para garantir dois objectivos:

- Por um lado, permitir às explorações eficientes, que produzem a baixo custo os chamados produtos de massa (*mercadorias*), que expandam a produção e conquistem posições no mercado mundial;
- Preservar, por outro lado, a agricultura familiar, centrada na pequena exploração e em boa parte concentrada nas regiões desfavorecidas, que dificilmente poderá resistir à mundialização se for abandonada à sua sorte, e que obedece a uma lógica de pluriactividade, indispensável para assegurar o equilíbrio na ocupação e no ordenamento do território. É, aliás, este tipo de explorações e de agriculturas o mais representativo da União Europeia, e o que está na base do *modelo europeu de agricultura,* a abordar mais adiante.

---

[156] A questão da mundialização da economia começa, aliás, a ser posta em causa por vários quadrantes do pensamento europeu, designadamente pelos efeitos no desemprego e pela instabilidade social a que está associada.

1.1.2. Um Olhar para os Outros

A União Europeia é o maior importador mundial de produtos agrícolas e o seu segundo maior exportador (ver Anexos I e II). Com efeito, a UE representava, em 2002, cerca de 40%[157] do comércio mundial de produtos agrícolas, quer ao nível das exportações, quer em relação às importações.

No que respeita aos Países em Vias de Desenvolvimento (PVD), a UE para além de ser o maior importador, absorvia, em 2001, cerca de 85% das exportações agrícolas Africanas e aproximadamente 45% das oriundas dos Países da América Latina. No quadro seguinte compara-se, a este propósito, a situação de alguns dos Países mais ricos do mundo com a UE, concluindo-se pela sua leitura que a UE importou dos PVD, em 2001 e em valor, tanto como os Estados Unidos, Japão, Canadá e Austrália em conjunto.

PAÍSES	VALOR (10^6 dólares)
UE	37.761
EUA	22.415
Japão	12.365
Canadá	2.304
Austrália	945

Fonte: Comtext para a UE, Contrade para os outros países

A UE é de facto o bloco comercial que dá maior acesso ao seu mercado, situação que decorre de opções que encontram justificação na história de cada um dos países que formam este grande espaço económico, e que, para além da sua integração na OMC e no sistema de preferências generalizadas, se traduz num vasto conjunto de acordos comerciais como são:

- Acordo de Cottonu (Países ACP), envolvendo 77 países;
- Acordos de livre comércio com vários países ou blocos económicos, designadamente com a República da África do sul e o Mercosul, este último ainda em negociação;

---

[157] Considerando o comércio intra e extra-comunitário. Se reportarmos a análise exclusivamente ao comércio extra-comunitário, a UE assumia, em 2002, a segunda posição (com 10,9%) nas exportações, continuando a ser o maior importador de produtos agrícolas (com 13,3%)

- Redução unilateral de direitos para os 49 *Países Menos Avançados*, o que se traduz no acesso ao mercado Europeu de todas as suas produções (com excepção de armas) com isenção total de direitos e sem quaisquer limitações. Para o açúcar e o arroz foi definido um período transitório de 8 anos para a eliminação dos direitos e para as bananas de 5 anos.

Por outro lado não pode deixar de se ter em conta o esforço que a UE tem feito no sentido de se aproximar de uma lógica mais liberalizante que influencia o comércio mundial de produtos agrícolas, e que é confirmada pelo facto de o peso das restituições no orçamento agrícola comunitário ter passado, no espaço de uma década (entre 1991 e 2001), de 29,5% para 7,5%.

Por isso as suas políticas dirigidas à agricultura não podem ignorar o que se passa na cena internacional, designadamente com os seus principais concorrentes.

Como adiante se referirá é substancialmente diferente o grau de subsidiação à agricultura[158], expresso em percentagem do valor da produção final, praticado por vários países da OCDE (ponto 4.1 deste Capítulo). De entre os grandes exportadores mundiais, de realçar o baixo nível de ajuda concedido pela Austrália e pela República Checa e o *desarmamento* feito pela Nova Zelândia a partir de finais da década de oitenta. Em posição contrastante estão o Japão e os três países que aderiram à UE em 1995 – Áustria, Finlândia e Suécia – com relativa excepção para o último.

Importa em particular destacar as posições relativas da União Europeia e dos Estados Unidos. Em termos absolutos os EUA têm um nível de apoio inferior à UE. Todavia, a elevada dimensão das explorações americanas (20 vezes superior à média europeia), associada a um número inferior de agricultores (menos de 2 milhões nos EUA, contra cerca de 7 milhões na UE), faz com que o apoio por activo agrícola seja nos

---

[158] Deverá, porém, assinalar-se que a medida de subsidiação utilizada pela OCDE incorpora o diferencial entre os preços internos e os preços internacionais. Ora, estes são formados a partir dos preços dos países mais competitivos e dos subsídios ou créditos à exportação. É óbvio que em situação de mercado totalmente livre deste tipo de intervenções, as condições da oferta e da procura dariam certamente lugar a outros preços.

Por estas razões, e por outras que refiro na página seguinte, as contas da OCDE nesta matéria terão de ser encaradas com as devidas cautelas.

Estados Unidos mais elevado do que na União Europeia (respectivamente 22 e 17 mil euros, a valores de 2001[159]), tendo já sido muito superior no passado recente. Em contrapartida, e reflectindo esta mesma realidade, o subsídio por hectare de terra nos EUA é substancialmente inferior à média da União Europeia, onde a terra constitui um factor relativamente escasso. Além disso, estes indicadores não incorporam subsídios excepcionais que os EUA atribuíram nos anos mais recentes aos seus agricultores, o que altera significativamente a situação, conforme salientarei mais adiante.

De referir ainda que o esforço que os dois blocos fazem para apoiar as suas agriculturas é também muito próximo, quer seja medido em percentagem do PIB (em 2002 era de 1,3% na UE contra 0,9% nos EUA), quer em subsídio total agrícola por habitante (em 2001 era de € 314 na UE e de € 378 nos EUA[160]), o que significa que em termos económicos a distorção é semelhante.

Todavia, à medida que os instrumentos de apoio à agricultura se vão assemelhando, ressalta em última instância a ajuda concedida ao nível do agricultor como agente económico, assim como o significado do esforço orçamental para a economia e para a sociedade, que, como se viu, é bastante semelhante nestes dois blocos económicos e sócio-políticos do globo.

Por essa razão o habitual discurso político agressivo dos Estados Unidos relativamente à PAC, ameaçando sistematicamente com retaliações quando as decisões não vão na direcção dos seus interesses, não pode ter outra interpretação senão a de um certo estilo, arrogante, de fazer pressão...

Apesar destes diferendos foi possível aos dois grandes blocos assinar um acordo-quadro que lhes permitiu assumir uma posição comum na Conferência Mundial da OMC, em Cancun, em Setembro de 2003.

Importará ainda ter em conta que uma parte considerável dos apoios americanos à agricultura é feito, quer sob a forma de ajuda alimentar, quer de créditos bonificados à comercialização dos produtos. Tratando-se de duas formas de apoio à agricultura que não são normalmente contabilizadas nas estatísticas da OCDE e da OMC para efeitos de cálculo da Medida Global de Apoio, parece-me ser tempo de rever este critério, já que, em termos finais, tudo se traduz num subsídio à comercialização com óbvios efeitos distorçores do mercado.

---

[159] Ver OCDE – *Agricultural Policies in OECD Countries, 2002*.
[160] Ver OCDE, 2002, ib.

2. A Ronda do Uruguay

A Ronda do Uruguay, formalmente aprovada em Marraquexe em 1994 e aplicada a partir de Julho de 1995, foi a primeira a integrar globalmente a agricultura nas regras e disciplinas do comércio mundial.

A sua incidência na agricultura pode sintetizar-se em reduções programadas, durante 6 anos (1995-2000), no apoio interno (designado Medida Global de Apoio MGA)[161] e na protecção externa dos mercados, bem como nos subsídios à exportação, e na fixação de regras de "acesso mínimo" a cada mercado. No quadro a seguir apresentado são referidos os compromissos assumidos:

	DIREITOS ADUANEIROS (fixos)	APOIO INTERNO (ajudas)	RESTITUIÇÕES ÀS EXPORTAÇÕES	
			Valor	Quantidades
Países Desenvolvidos (1995 - 2000)	-36%	-20%	-36%	-21%
Países em Desenvolvimento (1995 - 2004)	-24%	-13%	-21%	-14%

Por outro lado, e em relação às medidas de apoio interno, são arrumadas em três domínios, designados por *caixas*:

– *caixa verde* – que integra as ajudas internas que não distorcem o comércio, pelo que estão isentas das imposições de redução;
– *caixa azul* – que inclui as ajudas directas inseridas em programas de limitação da produção, estando, em consequência, desobrigadas de reduções. Englobam-se nesta *caixa* as ajuda comunitárias instituídas pela Reforma de 1992 que estão parcialmente ligadas à produção fiadas com base em períodos de referência históricos;
– *caixa amarela* – que integra todas as restantes ajudas (não incluídas nas outras *caixas*) estando, por isso, obrigadas às reduções definidas.

---

[161] A MGA é um indicador sintético de todos os apoios concedidos à agricultura, excluindo os que são desligados da produção e que não têm efeitos distorsores da concorrência internacional. Ver a este respeito Pedro Alvares (1994) – anexo II ao capítulo IV.

De referir ainda que, no âmbito das medidas de acesso ao mercado, foram também negociadas regras básicas (que a experiência destes anos demonstrou serem ainda bastante indefinidas e insuficientes) em três grandes áreas: i) medidas sanitárias e fitossanitárias (dossier SPS); ii) denominações de origem geográfica, direitos de autor e de propriedade industrial ligados ao comércio (dossier TRIPS) e iii) regras de etiquetagem dos produtos (dossier TBT).

Foi também definida, neste Acordo, uma *cláusula de salvaguarda*, que permite uma protecção temporária do mercado interno em caso de forte baixa do preço mundial ou de um aumento excepcional do volume de importações de um determinado produto[162].

Finalmente, ficou estabelecida uma *cláusula de paz*, que é uma espécie de pacto de não agressão, mediante a qual os países contratantes se comprometem a não questionar as políticas agrícolas dos seus parceiros (desde que elas se enquadrem no Acordo de Marraquexe) até ao final de 2003, deixando assim três anos para além do fim do acordo para dar tempo a eventuais atrasos da negociação em curso.

Genericamente, essas novas regras não foram pacíficas para a União Europeia. No essencial, perdem os países exportadores e ganham os importadores. Para os agricultores que mais beneficiavam dos apoios canalizados pela política de preços e mercados elas são em si mesmas negativas

A grande vitória da UE consistiu em conseguir isentar da obrigação de redução as ajudas directas criadas ou confirmadas pela reforma, colocando-as na designada *caixa azul*[163]. Tal facto permitiu-lhe compatibilizar os compromissos assumidos na OMC com a protecção do rendimento dos seus agricultores. Na análise que realizou, a Comissão concluiu pela compatibilidade global da nova PAC com o acordo de Marraquexe. Os problemas sectoriais de compatibilidade que viessem a surgir deveriam ser resol-

---

[162] A UE tem recorrido com bastante frequência a esta cláusula, designadamente nos sectores do açúcar e do frango congelado.

[163] A *caixa azul* é o conjunto das ajudas directas compensatórias da redução de preços e, de um modo geral, as ajudas atribuídas aos agricultores (ainda que não completamente desligadas da produção) no quadro de programas limitadores das quantidades a produzir. A *caixa verde* inclui as ajudas consideradas compatíveis com uma leal concorrência internacional. Na *caixa amarela* ficaram as ajudas consideradas distorçoras, a extinguir ao longo dos 6 anos na proporção negociada (designadamente os apoios aos preços e as restituições à exportação).

vidos no quadro de futuras revisões das organizações comuns de mercado, o que por si só já indiciava que a reforma da PAC iria ter de continuar.

A experiência até agora adquirida na aplicação do actual acordo da OMC mostra que ele não tem criado grandes problemas para a UE, especialmente por: i) o período de referência adoptado ter coincidido com um período de baixos níveis dos preços mundiais o que desde logo inviabilizou o valor do MGA de referência; ii) a reforma de 1992 ter já descontado o principal esforço que haveria que fazer e, especialmente, iii) as ajudas da *caixa azul* estarem isentas da redução.

No entanto, a partir de 1998 a UE tem vindo a experimentar dificuldades crescentes com as restrições impostas aos subsídios às exportações (designados de *restituições*), tendo, em consequência, perdido importantes quotas de mercado em sectores cuja exportação está mais dependente da atribuição de restituições como a carne bovina, o açúcar e diversos produtos lácteos[164].

Apesar de a reforma da PAC da Agenda 2000 (realizada em 1999) também dever ser considerada como um esforço adicional a descontar, as circunstâncias de 1986-88 não voltarão, porém, a repetir-se. Daí as maiores dificuldades que a UE irá enfrentar na actual ronda negocial se as regras e tendências da OMC se mantiverem.

Foi por essa razão que a UE decidiu fazer a última reforma da PAC, de Junho de 2003, aliviando a pressão que era exercida sobre si pelos principais parceiros comerciais. Na verdade ao passar para a *caixa verde* a grande maioria das ajudas até agora integradas na *caixa azul*[165], a UE ressurge nestas negociações numa posição menos defensiva e com mais espaço de manobra para lançar ofensivas negociais em áreas como as *questões não comerciais*, designadamente a protecção ambiental, a segurança e a qualidade dos alimentos ou a protecção das denominações de origem geográfica.

De qualquer forma, é claro que, quer a OMC, quer os acordos com incidência comercial realizados entre a União e diferentes países, não dei-

---

[164] Exemplo desta estreita margem de manobra da UE na atribuição de restituições à exportação foi a decisão do Conselho de Ministros da Agricultura (sessão de 21.03.2000) de reduzir – na sequencia de limites fixados pela OMC – as dotações orçamentais correspondentes em 145 e 185 milhões de euros para 2000 e 2001, respectivamente.

[165] Como os Estados Membros da UE têm alguma margem de liberdade para aplicarem, de forma diferenciada, a nova PAC, não é possível, nesta fase, uma estimativa exacta. Prevê-se, no entanto que a caixa azul seja reduzida entre 66% e 73% (ver Agro Europe in 2003ª/2).

xarão de se traduzir numa pressão permanente e prolongada sobre a agricultura europeia, que obrigará ao ajustamento permanente da sua política agrícola, como ficou patente nas diversas Conferências Ministeriais realizadas até agora, designadamente Singapura, Seattle, Doha e Cancun.

3. A Ronda do Milénio

3.1. *A Declaração de Doha*

A *Agenda de Doha para o Desenvolvimento*, acordada em 14 de Novembro de 2001 pelos 142 países à época membros da OMC, constitui o texto base da nova ronda de negociações cujo desfecho deverá acorrer até final de 2004.

Os pontos 13, 14 e 18 da Declaração de Doha referem-se ao sector agro-alimentar, que reitera o conteúdo do art. 20 do Acordo de Marraquexe, o qual aponta desde logo para a continuação do processo de reforma das políticas agrícolas a longo prazo no sentido da liberalização dos mercados e de um maior equilíbrio entre questões comerciais e não comerciais.

A prossecução deste objectivo operacionaliza-se em três domínios: acesso ao mercado, apoio interno e subvenções à exportação, especificando que estas deveriam ser eliminadas progressivamente *(phasing out)*.

Por outro lado, foi aceite, de forma inequívoca, o compromisso de se conceder um tratamento especial e diferenciado aos países em desenvolvimento.

Finalmente o texto de Doha refere-se às *questões nãos comerciais*, (non-trade concerns) incorporando nesta matéria as propostas da UE que abrangem designadamente o papel multifuncional da agricultura no que respeita à preservação do ambiente e ao desenvolvimento das zonas rurais, à segurança dos alimentos, à rotulagem e ao bem-estar animal.

È cedo para dizer quem vai ganhar e quem vai perder, pois em Doha apenas estava em causa o acordo sobre uma agenda programática e um calendário. O que esta negociação teve de mais específico, sobre outras negociações passadas, é que todas as partes estavam mais predispostas (do que era normal) a ceder para se encontrar um compromisso.

Por duas razões.

Primeiro, porque um segundo fracasso, após o de Seattle, começaria a minar seriamente a credibilidade da OMC.

Em segundo lugar porque, na ressaca dos acontecimentos de 11 de Setembro de 2001 e do espectro da recessão económica mundial, ninguém queria ficar com o ónus de uma eventual ruptura negocial.

Os grandes vencedores foram claramente os países em desenvolvimento, cujas pretensões foram integralmente consideradas no texto, incluindo os países ACP, que estão entre os mais pobres do mundo, e que viram reconhecido o princípio da consolidação das preferências acordadas pela UE no Acordo de Cottonou.

De realçar o contributo da UE para esta dinâmica ganhadora dos PVD com a sua iniciativa *Tudo Menos Armas*, que permite abrir os seus mercados com tarifas nulas para um conjunto de produtos dos 50 países mais pobres do mundo.

Quanto aos restantes, ficou-se, ao momento, por um compromisso honroso para todos.

Os países do Grupo de Cairns[166] viram ficar no texto consagrado o princípio da continuação das reformas agrícolas, a melhoria do acesso ao mercado e a eliminação progressiva das restituições às exportações.

A UE conseguiu que essa diminuição de subsídios às exportações não fosse automática, e viu consagradas algumas das suas reclamações em matéria de reforço das componentes não comerciais, como foi o caso das referências às regras ambientais, à etiquetagem ou, em geral, ao princípio da precaução.

Conforme atrás referi, Doha foi o ponto de partida. Apesar dos três anos indicados como prazo para a conclusão as negociações, tal rapidez afigura-se difícil de concretizar, especialmente se tivermos em conta que o actual acordo (a Ronda do Uruguay) demorou oito anos a negociar.

Apesar do relativo optimismo dos negociadores comunitários, o acordo não consagrou algumas das pretensões fundamentais da UE. A multifuncionalidade não ficou expressamente referida no texto, e o reforço das medidas de protecção das indicações geográficas só foi explicitado para o caso concreto dos vinhos, mas ainda sem qualquer garantia específica.

Ficam, além disso, duas importantes evidências.

A primeira é que a eliminação, ainda que a prazo, das restituições à exportação, vai criar pressões muito fortes para a redução interna dos pre-

---

[166] Coligação de 14 países grandes exportadores de produtos agro-alimentares que inclui designadamente: Austrália, Brasil, Argentina, Canadá, Nova Zelândia e Indonésia.

ços. E assim sendo, não é difícil concluir que as próximas reformas da PAC terão de ser substancialmente mais profundas do que se poderia esperar. Não apenas pela redução dos preços de garantia que irão implicar, mas especialmente pela alteração qualitativa dos instrumentos de apoio aos agricultores, por forma a que, mesmo sem apoios de mercado, continuem a ter uma rede de segurança de rendimento.

A estas pressões juntam-se inevitavelmente as decorrentes da nova politica agrícola americana – o *Farm Security Rural Investimenr Act* (ver ponto 4.2.) – que, ao criar condições para o aumento da produção e das exportações dos EUA, contribuirá para uma ainda maior redução dos preços no mercado internacional.

A segunda é que as manifestações de Seattle, que se têm repetido um pouco por todo o lado, revelam por parte da sociedade algumas preocupações acerca dos impactos da globalização em questões tão importantes como a saúde e segurança alimentar, o ambiente ou o respeito por direitos humanos, sociais e laborais fundamentais, assim como na própria agricultura e no mundo rural.

Sé é certo estar fora de questão um regresso aos sistemas autárcicos, certo é igualmente que essas manifestações não poderão ser marginalizadas. E no que respeita à agricultura trata-se de avançar com o realismo que a diversidade dos sistemas agrícolas e das funções que desempenha nas sociedades impõe.

Daí a necessidade de avançar com prudência e em função da experiência adquirida. Citando Azcárate e Matrostefano (2002) poderá dizer-se que o que há que assegurar é " *um reforço da regulamentação internacional no sector agrícola por forma a transformar aquilo que poderá ter sido um casamento forçado*[167] *num amor sincero e duradouro*".

Se bem que não acredite neste último desfecho, por me parecer irrealista face à inequívoca especificidade do sector agrícola, deveremos, porém, aspirar a uma relação de parceria mutuamente respeitosa...

3.2. *As Propostas da UE e o Fracasso de Cancun*

Em termos simples, as propostas apresentadas pela UE, na perspectiva da preparação da Conferência Ministerial de Cancun, de Se-

---

[167] Entre a agricultura e a OMC.

tembro de 2003, são, para um período de seis anos a iniciar em 2006, as seguintes:

No que respeita ao **acesso ao mercado:**

- Redução de 36% (em média) dos direitos à importação, com um mínimo de 15% por linha tarifária. Em relação às importações agrícolas dos países menos avançados, é proposto isentá-las de direitos e quotas de importação;
- Manutenção da Cláusula Especial de Salvaguarda;
- Garantir a protecção contra o abuso das Indicações Geográficas através do estabelecimento de uma lista de produtos;

No plano da **concorrência à exportação**:

- Redução dos subsídios em 45% (em média), na condição desta redução ser igualmente aplicada a outras formas de subsidiação à exportação como sejam: créditos à exportação, ajuda alimentar sob a forma de produtos, apoio a empresas de comércio estatais (subsidiação cruzada), etc.
- Diminuição gradual das restituições comunitárias para certos produtos (cereais, oleaginosas, azeite e tabaco) se, de igual modo, todos os outros países contratantes suprimirem todas as formas de subsidiação à exportação;

No que respeita ao **apoio interno:**

- Diminuição de 55% dos apoios internos (ao sector agrícola) geradores de distorções no comércio (*caixa amarela*), medidos através da Medida Global de Apoio (MGA);
- Manutenção da *caixa azul*;
- Manutenção da *Cláusula de Paz*.

A UE defende ainda um conjunto de *questões não comerciais*, que condicionarão a sua posição final. A saber:

- Segurança alimentar: importância de uma definição precisa deste conceito que pode ser invocado para defesa do principio da precaução;
- Rotulagem obrigatória: necessidade de uma interpretação comum dos critérios e orientações nesta matéria;
- Ambiente: inclusão das medidas de apoio nesta área no acordo final;

- Desenvolvimento rural: inclusão das medidas de apoio à agricultura multifuncional e ao desenvolvimento sustentável das zonas rurais;
- Bem-estar animal: respeito por regras básicas de carácter comum.

Estas propostas inserem-se na estratégia seguida pela UE desde a Reforma da PAC de 1992 (aprofundada em 1999 – Agenda 2000 – e reconfirmada pela reforma de 2003) que se tem orientado pela substituição de um sistema de preços de garantia por um sistema de ajudas directas aos agricultores, desligadas da produção.

Com efeito, os mecanismos que hoje são utilizados para apoiar a agricultura são menos distorçores da concorrência internacional, como o provam os seguintes factos:

- Antes da reforma de 1992, 91% dos apoios da PAC eram constituídos por medidas de protecção do mercado e apenas 9% eram ajudas directas e de desenvolvimento rural. Após esta reforma, as medidas de protecção do mercado foram sendo fortemente reduzidas, representando hoje apenas 21% do orçamento da PAC;
- Antes daquela reforma as restituições às exportações representavam 25% do valor dos produtos exportados, enquanto actualmente aquele valor já não atinge sequer 9%.

No que respeita ao tratamento especial e diferenciado aos países em vias de desenvolvimento, a UE tem também dado provas do seu empenhamento nesta matéria. De facto a UE é já o principal importador mundial de produtos alimentares (60.000 milhões de euros em 2001, dos quais 38.000 milhões reportam-se aos PVD).

O fracasso da Conferência de Cancun, de Setembro de 2003, veio introduzir novos debates sobre o conteúdo dos art. 20 do Acordo de Marraquexe e implica, na prática, um adiamento de dois ou três anos no calendário para aplicação do novo acordo.

Apesar de a poeira não ter ainda assente completamente e ser claro que a agricultura não foi a principal responsável pelo fracasso, foi possível observar que, no caso deste dossier, o principal ponto de litígio foi a questão do acesso ao mercado, associado à introdução de novas restrições sobre o apoio interno incluindo uma nova redefinição dos apoios da *caixa verde*.

A redução progressiva dos subsídios não levanta hoje dúvidas conceptuais mas apenas diferenças de sensibilidade acerca da cadência a incutir à expressão *phasing out* consagrada na Declaração de Doha. A UE, os EUA e os *amigos da multifuncionalidade* pretendiam que nesta ronda apenas se decidissem eliminar os subsídios das exportações para os PVD, posição esta que é contrastante com a dos países do Grupo de Cairns e do G21[168].

As dinâmicas negociais foram caracterizadas por três posições relativamente bem definidas.

Em primeiro lugar pelo acordo bilateral da UE com os Estados Unidos, de 13 de Agosto. Com esse acordo os dois blocos mais importantes do planeta surgiram em Cancun com uma posição concertada, que assentava essencialmente numa compromisso intermédio entre as posições tradicionais de cada uma das partes, designadamente:

- No apoio interno: continuação da classificação dos subsídios adoptados pela Ronda de Uruguay e da redução da *caixa amarela*[169], limitação dos apoios da *caixa azul* a 5% do valor acrescentado agrícola[170] e redução do nível da clausula de *minimis*;
- No acesso ao mercado[171] previa-se um tratamento diferenciado consoante os produtos: aplicação da fórmula da Ronda de Uruguay para os *produtos sensíveis*; de uma variante da *formula suíça* para os produtos normais, implicando, consequentemente uma redução mais rápida dos picos tarifários; e o acesso livre para produtos de países em desenvolvimento.
- No caso dos subsídios à exportação[172], para além de se tratarem no mesmo plano todos os tipos de subsídios, previa-se: a eliminação para uma lista de produtos exportados pelos países mais pobres; a redução substancial (ainda que não quantificada) para os outros produtos; maior disciplina para a ajuda alimentar e para as empresas públicas.

---

[168] Grupo de países liderados pelo Brasil, Índia, China e México.

[169] O acordo não fixava o nível de redução mas a proposta apresentada oficialmente pela UE à OMC era de 55%.

[170] Apesar de nada ser referido, estava implícito que as ajudas contra cíclicas americanas previstas para a nova politica agrícola seriam integradas na *caixa azul* e, como tal, isentas das obrigações de redução.

[171] A proposta de modalidades apresentada pela UE à OMC previa uma redução de 36% e o compromisso de todos os países desenvolvidos de importarem pelo menos 50% dos seus produtos alimentares dos países em desenvolvimento – o que constituía a extensão da sua iniciativa *Tudo Menos Armas*.

[172] A UE havia proposto à OMC que a redução dos subsídios à exportação fosse de 45%.

- A respeito dos *non trade concerns* apenas se referia que seriam tidos em consideração, mas nada mais se adiantando.

Com a UE a gozar os louros da sua recente reforma da PAC, haverá que dizer que este acordo servia relativamente melhor os interesses dos Estados Unidos porque aliviava a pressão sobre eles exercida em virtude do aumento de protecção e apoio introduzidos pela sua recente politica agrícola – o *Farm Security Rural Investiment Act (FSRIA)*.

Em segundo lugar, pelo Grupo dos 21 Este grupo constituiu uma novidade no tabuleiro das negociações, tendo surgido, segundo vários observadores, como reacção ao Acordo UE/EUA[173]. Apesar da sua grande heterogeneidade, incluindo desde países com uma tradição proteccionista, como a Índia ou a China, até países de tradição liberal como o Brasil e os restantes membros do Grupo de Cairns, foi manifesto que o G21 veio alterar a configuração tradicional dos blocos de negociação, tendo desempenhado um papel fundamental na dureza das negociações, que levou ao seu impasse final. Restará saber se, no futuro, esta aliança tem condições para o aprofundamento das negociações ou se, pelo contrário, regressará ao alinhamento tradicional liderado, do lado dos liberais, pelo Grupo de Cairns.

Em terceiro lugar, impõe-se referir o Grupo Africano, maioritariamente formado pelos países ACP. Estes países andaram sempre divididos entre duas polarizações de sinais contrários: a da UE, ancorada na iniciativa *Tudo Menos Armas* e nas propostas de um tratamento diferencial e especial muito generoso para os países mais pobres; e a do G21, a encorajar o ataque aos subsídios à agricultura dados pelos países mais desenvolvidos. É de sublinhar, no entanto, que na parte final da negociação o que mais ressaltou destes países foi a *iniciativa do algodão*. Liderados pelo Benin, Burkina Faso, Chade e Mali, estes países lançaram uma campanha para se pôr fim aos subsídios aos produtores de algodão nos países ricos e para lhes ser concedida ajuda à reestruturação da sua produção.

Assim e sem pretender analisar de forma exaustiva os factores do fracasso de Cancun considero que alguns pontos merecem ser referidos:

- O surgimento de novos grupos de alianças que alteraram o alinhamento tradicional dos países no tabuleiro das negociações internacionais, com é o caso do G21;

---

[173] De notar que os Estados Unidos, apesar de não fazerem parte formalmente do Grupo de Cairns, eram um seu aliado tradicional.

- O grande aumento do número de países em desenvolvimento que aderiram à OMC e a sua grande heterogeneidade;
- O facto de Cancun não ser ainda uma Conferência para a negociação final, o que não criou clima para as diferentes partes aproximarem as suas posições;
- A frontalidade da *iniciativa do algodão* e o apoio fulgurante que mereceu (mesmo da União Europeia), o que chocou com a frieza com que foi recebida pela Estados Unidos;
- O carácter incipiente da OMC, com toda a responsabilidade de decisão (incluindo a de pôr termo às negociações) a depender apenas do Governo que exerce a Presidência, e com todos os países a terem o mesmo peso negocial[174];
- Uma certa tendência para incutir à OMC uma cultura política semelhante à que domina o funcionamento da ONU, propiciando, como pouco salutar, o confronto entre países do Norte e do Sul e entre os mais e os menos desenvolvidos. Refira-se, a este propósito, que as auto designadas Organizações da Sociedade Civil e os média contribuíram decisivamente para criar este clima.

Face ao impasse criado, as diferentes partes vão ter de reiniciar as negociações, sendo bastante problemático o cumprimento do prazo estabelecido em Doha.

3.3. *As Novas Questões Problemáticas*

As questões referidas no ponto anterior têm preenchido até agora a totalidade do conteúdo do acordo agrícola da OMC. Sobre elas existem ainda grandes diferenças de pontos de vista entre as partes no processo de negociação em curso, designadamente em matéria de acesso ao mercado (nível de redução a operar e o problema dos picos tarifários) e de subsídios à exportação (interpretação da expressão *phasing out* consagrada em Doha).

Também nos três dossiers anexos ao Acordo Agrícola existem divergências quanto à evolução futura, defendendo a UE a necessidade do seu aprofundamento e clarificação, sob pena de servirem de pouco

---

[174] Facto que levou o Comissário Pascal Lamy a afirmar que a OMC tinha uma estrutura organizativa *"medieval"*

ou continuarem a alimentar contenciosos comerciais entre as partes contratantes.

Mas para além destas áreas clássicas da OMC surgem hoje no horizonte um conjunto de novas questões, cujo debate e consideração no próximo acordo se afigura incontornável. É designadamente o caso do tratamento dos PVD, o respeito por regras ambientais e a questão da segurança alimentar.

3.3.1. *A Liberalização do Comércio e os Países em Vias de Desenvolvimento*

A conferência de Doha sublinhou a necessidade de tudo se fazer para que as negociações comerciais tivessem em consideração as preocupações específicas dos PVD.

Como é óbvio, os PVD têm interesse em obter um maior acesso aos mercados agro-alimentares dos países desenvolvidos. Contudo, os principais beneficiários serão os PVD com rendimentos já importantes e que, por este facto, exibem capacidade de oferta nestes produtos.

A competitividade no comércio agro-alimentar não é determinada exclusivamente pelas condições agro-ecológicas. A formação do homem agricultor, a sua capacidade empresarial, a disponibilidade de capitais, etc., pesam tanto ou mais que as condições naturais.

Coloca-se pois a necessidade de examinar devidamente a enorme heterogeneidade de situações dos PVD (mais ou menos avançados) por forma a saber quais os que beneficiaram e quais os que perderam com a liberalização do comércio agrícola.

É neste contexto que se afigura razoável a posição da UE em diferenciar as soluções, distinguindo claramente entre os *países intermédios* e os países *menos avançados*.

Na sua esmagadora maioria os países ACP devem ser o alvo das futuras medidas de tratamento especial e diferenciado. Foi com esse objectivo que a UE lançou a iniciativa *Tudo Menos Armas* e que propôs que a mesma fosse adoptada por todos os países desenvolvidos.

Em termos simples, o que se questiona é o processo (e os meios) que permitam aos PVD menos avançados convergir para um perfil de especialização e de comércio que lhes torne possível explorar as suas vantagens comparativas e que lhes possibilite um crescimento económico durável. Todavia, como ficou claro em Cancun, o outro grupo dos PVD não irá facilmente querer descolar das contrapartidas oferecidas aos *menos avançados*.

3.3.2. A Liberalização e o Ambiente

Parece pacífico defender e assegurar que uma maior liberalização das trocas de produtos agrícolas não se deve fazer à custa do ambiente.

Com efeito, a redução dos obstáculos às trocas tem várias implicações, (que podem ser favoráveis ou não), sobre o ambiente.

Desde logo, porque podem conduzir, a médio prazo, a alterações profundas da estrutura de produção dos diferentes países, quebrando equilíbrios constituídos ao longo de décadas ou séculos.

Por outro lado, podem interferir com alterações significativas da utilização das terras, com consequências ao nível da qualidade dos solos, da sua protecção contra inundações e contra a erosão, da poluição das águas subterrâneas, etc.

À escala internacional também se devem prevenir as consequências negativas da liberalização do comércio, que podem traduzir-se por um aumento das emissões de gás (efeito de estufa) ou pela alteração dos fluxos de transportes, ou ainda, de forma mais geral, nos efeitos que poderá ter no vasto e complexo domínio da biodiversidade.

Naturalmente que os impactos variarão de país para país, ou de região para região, em função de vários factores, entre os quais se relevam as políticas internas. Só que estando em causa *bens públicos* que devem ser considerados à escala mundial, as políticas nacionais não podem deixar de ser complementadas com acordos internacionais na área ambiental. Daí que tais preocupações não possam ser alheias a um acordo da dimensão e natureza da OMC.

3.3.3. A Liberalização e a Segurança Alimentar

A segurança alimentar é actualmente uma preocupação fundamental dos consumidores, mais esclarecidos e exigentes, razão porque os poderes públicos atribuem cada vez mais importância a esta matéria, reforçando a legislação e fiscalização sobre a produção e o comércio de produtos agrícolas e alimentares.

A questão que se coloca é a de discernir entre o que é direito legítimo de cada Estado em proteger a saúde das pessoas, e dos restantes seres vivos (animais e plantas) e a prática abusiva de medidas proteccionistas, implementadas sob a capa da protecção ou sensibilidade dos consumidores.

Por outro lado o respeito por este tipo de regras implica normalmente custos de produção mais altos. O que significa que se não existir uma regra uniforme, os países cumpridores serão penalizados visto tornarem-se menos competitivos face aos outros.

A solução só poderá passar pelo direito internacional, atribuindo-se ao país que pretenda agravar o nível de protecção, o ónus de fundamentar cientificamente a sua posição, na base da avaliação dos riscos. Neste campo, o papel das organizações internacionais, como a OMC (ou a FAO), é obviamente decisivo na arbitragem e resolução deste tipo de conflitos.

Daí a importância de se conseguir que a próxima ronda da OMC seja mais abrangente, por forma a integrar e clarificar este tipo de questões, cada vez mais actuais.

4. A PAC e as Outras Políticas Agrícolas

4.1. As Políticas Agrícolas dos Países da OCDE

O que fundamentalmente caracteriza as políticas agrícolas dos países mais desenvolvidos – e, em particular dos que constituem a OCDE – tem a ver com o nível de apoios que é assegurado ao sector, quer estejam orientados directamente para a gestão dos mercados dos diversos produtos agrícolas, quer sejam consagrados ao investimento, quer, finalmente, estejam associados às problemáticas rurais e ambientais.

A este propósito não pode deixar de se sublinhar, desde já, que são grandes as diferenças de apoio que se registam não só entre os diferentes países como também entre produções.

O registo da evolução das políticas agrícolas dos países da OCDE nos últimos quinze anos (de 1986/88 a 2000/02) pode sintetizar-se da seguinte forma:

- Redução do nível global dos apoios ao agricultor, assistindo-se a uma reorientação dos mesmos para medidas que distorçam menos a produção e a concorrência comercial. Esta evolução foi em grande parte, impulsionada pelos acordos firmados no âmbito da Ronda de Uruguay. Os apoios globais aos produtores, que representavam, em 1986/88 e para o conjunto dos países da OCDE, cerca de 39% do total das receitas agrícolas, cifraram-se, em 2001, em 31% (ver Quadro 15 Para a obtenção deste valor contribuem situações tão díspares como, por exemplo, a da Nova Zelândia com 1% e a da Noruega ou da Suíça com mais de 70%.

Quadro 15
Equivalentes Subsídios à Produção por País
(em percentagem do valor ajustado da produção)

	1986-88	1992-94	1995	2000	2001	2002p	2000-02
Austrália	10%	10%	10%	5%	4%	5%	4%
Canadá	42%	31%	22%	19%	17%	20%	19%
União Europeia	48%	48%	49%	34%	34%	36%	35%
Islândia	82%	77%	75%	64%	60%	65%	63%
Japão	73%	74%	76%	60%	59%	59%	59%
Nova Zelândia	18%	3%	3%	1%	1%	1%	1%
Noruega	74%	74%	72%	68%	67%	71%	68%
Suíça	79%	80%	79%	72%	72%	75%	73%
Turquia	26%	32%	30%	21%	10%	23%	18%
EUA	30%	21%	13%	22%	23%	18%	21%
Rep. Checa	54%	26%	15%	17%	23%	21%	23%
Hungria	24%	25%	21%	22%	19%	29%	24%
México	23%	34%	0%	24%	21%	22%	22%
Polónia	-3%	19%	19%	15%	15%	14%	15%
OCDE (1)	39% (2)	41% (2)	38% (2)	32%	31%	31%	31%

Fonte: OCDE, Políticas Agrícolas dos Países da OCDE, 1998 e 2003
(1) A Áustria, a Finlândia e a Suécia integram o total OCDE para 1986-1994 e o total UE para 1995-1997
(2) Com exclusão da Coreia

- Aproximação dos preços agrícolas do conjunto da OCDE em relação aos preços mundiais. Com efeito, enquanto em meados da década de 80 os produtores agrícolas da OCDE tinham os preços superiores em 57% aos preços mundiais, em 2002 esta diferença situava-se em 31%, valor que esconde uma diversidade de situa-

ções. Assim, e por exemplo, se por um lado temos países como a Austrália e a Nova Zelândia com preços idênticos aos praticados no mercado mundial, por outro lado verificamos que em países como a Coreia, o Japão, a Islândia, a Noruega e a Suiça o diferencial destes preços é superior a 100%;
• Redução do peso dos apoios ligados directamente à produção (garantia dos preços de mercado, ajudas à produção e subsídios, subsídios aos factores de produção), que se situou em 2000-02 em 76% (ver Gráfico III) do conjunto total dos apoios aos produtores, contra os 90% observados no período de 1986-88;

GRÁFICO III
Composição do Apoio aos Produtores nos Países da OCDE (2000-2002)

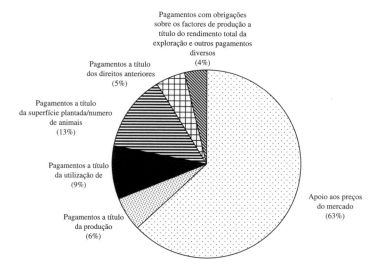

Fonte: OCDE – Políticas agrícolas dos países da OCDE, 2003

• Redução dos níveis de apoio por produto para o conjunto dos países da OCDE, particularmente em relação a alguns cereais, à carne de ovino e ao leite (ver Gráfico IV) Para o período em análise, e em relação ao arroz e às carnes de bovino e suíno registaram-se aumentos dos níveis de apoio;

GRÁFICO IV
Estimativa do Apoio aos Produtores por Produto
Média OCDE em % das receitas agrícolas brutas

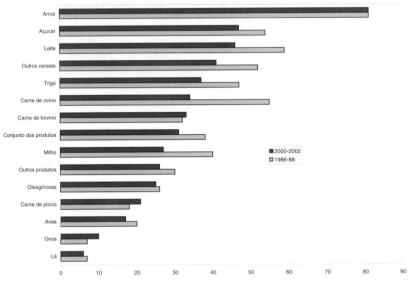

Notas: Os produtos são classificados segundo os níveis de 2000-02
Fonte: OCDE "Políticas agrícolas dos países da OCDE, 2003"

- O total dos custos das políticas agrícolas suportados pelos consumidores da zona OCDE aumentou no período em análise só tendo sido em parte compensado pela aproximação dos preços internos aos preços mundiais (ver Quadro 16).

QUADRO 16
Apoio Total à Agricultura em Valor
(milhões de euros)

	1986-88	2000	2001p	1999-2001
Valor total da produção	519.520	724.393	740.062	703.017
Estimativa do apoio aos produtores	217.270	262.160	257.649	258.540
Estimativa do apoio aos serviços de interesse geral	37.671	58.534	60.116	57.522
Estimativa de apoio ao consumo	19.721	27.737	29.452	27.391
Estimativa do apoio total	274.662	348.431	347.217	343.453
Transferências dos consumidores	183.610	190.848	183.345	189.643
Transferências dos contribuintes	106.792	183.381	189.951	178.954
Receitas orçamentais	-15.739	-25.797	-26.079	-25.144

Fonte: OCDE – Políticas agrícolas dos países da OCDE, 2002
p – valor provisório

Da sua leitura conclui-se que, para toda a zona OCDE, o apoio total à agricultura (incluindo não só os apoios aos produtores, como também os apoios aos serviços de interesse geral e as subvenções ao consumo) terá atingido, em 2001, 347.500 milhões de euros, ou seja cerca de 1,3% do PIB (do conjunto dos países), valor este que traduz uma significativa redução face ao registado no período 1986-88, que era de 2,3%. Também em relação a este parâmetro se constatam diferenças substanciais entre os vários países, conforme se poderá concluir da leitura do Gráfico V, muito embora em todos eles (com excepção da Hungria e do México) se tenha assistido a uma redução sensível deste parâmetro.

GRÁFICO V

Estimativa do Apoio Total por País
(*por ordem decrescente*) em% do PIB

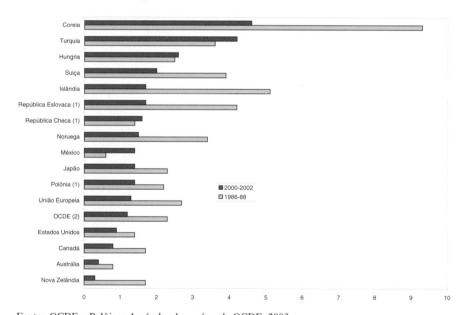

Fonte: OCDE – Políticas Agrícolas dos países da OCDE, 2003

Neste contexto percebe-se que não obstante a evolução registada, as receitas agrícolas totais, para os países da OCDE, tenham sido em 2000-02 superiores em 46% às que resultariam da venda dos produtos agrícolas aos preços praticados no mercado mundial, valor este que está, de todo o modo, abaixo do registado em 1986-88 (que era de 61%)[175].

A promulgação, em 2002 da nova lei agrícola americana, bem como a recente aprovação da Reforma da PAC (que não estão dissociadas dos avanços em curso no seio da OMC) constituem elementos novos para a análise da evolução futura das políticas agrícolas dos países da OCDE, com reflexos importantes nos mercados mundiais.

4.2. O Caso Particular da Política Agrícola Americana

Desde o início das negociações da Ronda Uruguay do GATT em 1986 que o debate em torno das políticas agrícolas e do comércio internacional agro-alimentar tem sido polarizado pelas posições antagónicas dos Estados Unidos e seus aliados do Grupo de Cairns, por um lado e, por outro, pelas da UE e seus aliados[176] defensores da agricultura multifuncional.

Para os primeiros a agricultura é um sector económico como qualquer outro, devendo sujeitar-se ás regras da livre concorrência e os subsídios (designadamente os que mais distorcem a concorrência internacional) ser desmantelados ou reduzidos substancialmente.

Para os segundos, a agricultura é algo mais que um sector da economia, já que a sua presença no espaço rural é indispensável para a preservação do ambiente e das paisagens, para a fixação das populações e, em geral, para assegurar um correcto ordenamento do território. Por isso carece de protecções e apoios especiais que assegurem a sua continuidade, de forma equilibrada, em todo a território.

Foi neste contexto liberalizador que os Estados Unidos da América aprovaram, em 1996, uma politica agrícola (o *FAIR Act – Federal Agricultura Improvement and Reform Act*) considerada unanimemente como revolucionária, por ser o prenúncio do fim dos subsídios à agricultura e, consequentemente, da especificidade do sector, Para além de medidas de natureza ambiental e de apoio ao desenvolvimento rural, sobressaíam dois tipos de medidas: medidas de apoio ao mercado e ajudas directas. As primeiras aplicavam-se aos cereais, algodão, arroz, soja e outras oleaginosas, e incluíam designadamente: i) um preço de intervenção *(loan rates)*; ii)

---

[175] OCDE – Políticas agrícolas dos países da OCDE, 2003.

[176] Esta coligação de países aliados da UE no seio das negociações da OMC inclui designadamente os países do leste europeu candidatos à Adesão à UE, o Japão e a Noruega.

crédito à comercialização – incluindo a exportação *(rnarketing loans)* e iii) o pagamento de um diferencial entre o preço de intervenção e o preço de mercado, no caso de este ser inferior àquele *(loan deficiency payment – LDP)*. As ajudas directas designadas por *AMTA*[177] eram pagas aos produtores de cereais, algodão e arroz, com base em áreas e produtividades históricas, inalteráveis daí em diante, O montante inicialmente calculado dessas ajudas era degressivo ao longo dos 6 anos do período de aplicação da nova lei agrícola e completamente desligado da produção. Ou seja, uma vez calculado com base nas áreas e culturas de referência, o agricultor podia a partir daí cultivar o que quisesse, ou não cultivar nada, sem que isso afectasse o montante do subsídio a receber em cada ano. Daí o ter-se designado esta política agrícola como *"freedom farm"* (liberdade de produzir), até porque se acabou também o pousio obrigatório anteriormente existente.

Em termos gerais, sublinham-se a seguir os elementos fundamentais que caracterizam esta política:

- Reforça o sistema de apoios à comercialização e à exportação, através dos empréstimos de prazo variável e mantém a rede de segurança mínima através do mecanismo do *loan rate,* que implica que o *organismo de intervenção (Commodity Credit Corporation)* assuma a titularidade do produto, no caso de o agricultor não ter conseguido vender a um preço compensador. O empréstimo obtido no início da campanha de comercialização transforma-se assim num pagamento adiantado sem juros, com eventual acerto de contas em função da evolução posterior dos preços;
- Acaba com o pousio obrigatório e com os *deficiency payments,* sendo que aquele constituía uma condição de elegibilidade para acesso aos benefícios proporcionados por estes. Em sua substituição cria um regime de ajudas directas ao rendimento, degressivas e a eliminar ao fim de 7 anos, com duas importantes características: são completamente desligadas da produção, uma vez que o agricultor beneficiário pode cultivar o que quiser, excepto frutas e legumes, ou não cultivar nada; e são moduladas a um máximo de 50.000 dólares por agricultor e por ano. Os empréstimos têm também um limite de 75.000 dólares por agricultor:

---

[177] AMTA – Agricultural Market Transition Act – que fixou estas ajudas a atribuir no quadro da liberdade de produzir (freedom: to farm) decorrente dos Production Flexibility Contracts (PFC).

- Consagra uma importante dimensão ambiental com três programas específicos: um programa de pousio ambiental voluntário a um prazo mínimo de 5 anos que visa abranger cerca de 15 milhões de hectares; um programa de apoio às zonas húmidas, abrangendo perto de meio milhão de hectares; e um programa de incentivos à qualidade ambiental, de cerca de 200 milhões de dólares por ano, com objectivos de natureza agro-ambiental, designadamente a conservação de recursos, o tratamento de efluentes das explorações e a despoluição, numa base contratual com os agricultores por um período que pode ir de 5 a 10 anos;
- Dá continuação aos programas já existentes destinados a acções de desenvolvimento e animação rural, a serem aplicados em colaboração *com as autoridades estaduais e locais: Farm and Rural Deve-lopment Act, Rural Community Advancement Program* e o *Fund for Rural America*.
- introduz uma reforma profunda no sector lácteo, visando acabar com os preços de garantia na manteiga, leite em pó e queijo, ao fim de 4 anos.

O custo total previsto da nova política agrícola rondava os 47.000 milhões de dólares no total de 7 anos, o que não deixa de constituir uma intenção de redução importante dos apoios concedidos à agricultura. Todavia, mais importante do que o seu montante é o seu significado:

- Um claro sinal no sentido da progressiva conquista dos mercados mundiais sem necessidade de subsídios;
- Uma modulação dos subsídios através da imposição de um benefício máximo por agricultor;
- Uma rede de segurança bastante mais ligeira e barata, porque baseada no sistema de empréstimos, antecipações de pagamentos e seguros de colheitas. Esta modalidade de *rede de segurança* afigura-se mais operacional e universalizante do que o pesado e oneroso sistema tradicional de intervenção da União Europeia.

Se é certo que esta nova política agrícola americana reflectiu alguma influência da reforma da PAC de 1992, concretamente quanto às ajudas directas ao rendimento e às medidas agro-ambientais, também é certo que as inova e ultrapassa.

Até finais de 1998, parecia claro que as políticas agrícolas dos dois mais importantes blocos económicos mundiais estariam mais afastadas uma da outra, o que não deixaria de constituir um elemento de pressão americana, quer sobre as negociações da próxima ronda da OMC[178], quer sobre a própria evolução da PAC.

O *FAIR Act* era, afinal, a expressão visível da posição americana, sempre propagandeada como liberal, contra o amaldiçoado proteccionismo agrícola europeu.

Sucede, porém, que a partir de 1997/98 os preços agrícolas americanos começaram a baixar de forma bastante sensível. Para evitar uma queda brusca nos rendimentos, o Governo Americano começou a aprovar todos os anos desde então as designadas *ajudas de emergência*, que constituíam uma compensação especial aos agricultores pela queda dos preços no mercado.

Nos quatro anos em que foram aplicadas totalizaram cerca de 30.000 milhões de dólares. Em consequência, dos 4.600 milhões de dólares para ajudas directas previstos no orçamento do *FARM* Act em 1996, passou-se para 32.300 milhões no ano fiscal de 2001. Ou seja 7 vezes mais que o previsto.

Do coro de críticas que veio de todas as partes do mundo foi respondido que eram medidas excepcionais motivadas por situações de verdadeira emergência resultante da depressão dos preços.

Eis que chegamos ao momento em que uma nova política agrícola teve que ser aprovada, o que foi feito no dia 13 de Maio por assinatura do Presidente George W. Bush, após um longo período de negociações entre as duas Câmaras que integram o Congresso Americano: a Casa dos Representantes e o Senado.

Para além de um reforço razoável dos programas agro-ambientais e de desenvolvimento rural, a nova política agrícola (mais conhecida por *Farm Bill,* mas cuja designação precisa é de *Farm Security and Rural Investment Act. – FSRIA)* vem reforçar substancialmente os subsídios à agricultura em mais de 80% prevendo um total de 180.000 milhões de dólares para 10 anos[179].

---

[178] Pressão essa que foi particularmente evidente na Conferência Ministerial da OMC em Singapura, com os Estados Unidos já a pressionarem para o início de negociações para uma nova ronda mesmo antes do prazo previsto de 1999.

[179] Trata-se de uma estimativa considerada a muitos títulos conservadora. designadamente porque a previsível degressão dos preços decorrente do modelo de política agrícola adoptado implicará um aumento das ajudas directas para assegurar o objectivo de estabilizar os rendimentos.

Para além disso, a nova política agrícola vem reforçar os apoios à política de preços e mercados e à exportação. Ou seja, vem fazer aquilo que os mesmos EUA até agora sempre criticaram à UE.

É neste contexto que a nova *Farm Bill*:

- Reforça os subsídios já existentes no âmbito do FAIR Act designadamente os LDP e os pagamentos fixos (os antigos AMTA), deixando estes de ser degressivos para passarem a constantes durante todo o período de aplicação;
- Os LDP são alargados ao amendoim, grão-de-bico, ervilhas secas, lentilhas e lã, e os pagamentos fixos são alargados à soja, ao amendoim e a outras oleaginosas de menor expressão;
- São criadas as ajudas "contra-cíclicas" *(counter-cyclical payments)*, que são pagas no fim do ano agrícola quando o rendimento de cada agricultor[180] em cada cultura elegível (cereais, arroz, algodão, soja e amendoim) for inferior a um determinado *preço-objectivo* previamente fixado. A área utilizada para o cálculo da ajuda corresponde a uma base histórica de referência, mas a partir daí o agricultor pode produzir o que entender. Se não produzir nada tem que aderir a um dos programas de conservação ambiental. Trata-se, afinal, da instituição permanente das ajudas de emergência aplicadas desde 1998 e de uma verdadeira rede de segurança para o rendimento agrícola;
- São actualizadas as áreas de base e as produtividades de referência para o cálculo dos diferentes tipos de ajudas;
- Aumenta o limite máximo de ajuda por agricultor de 230.000 dólares para 360.000 dólares,

É pois notório que a nova política agrícola americana constitui uma viragem sensacional face ao *FAIR Act* e à filosofia que tem prevalecido nas negociações da OMC e nas conferências da OCDE. no sentido de um aligeiramento das políticas de preços e mercados e da atribuição de apoios aos agricultores através de instrumentos o mais possível desligados da produção, a fim de não se criarem distorções de concorrência.

Ora, ao arrepio de tudo o que vinha de trás, a nova política agrícola americana aumenta os níveis de ajuda e reforça os mecanismos de

---

[180] O que recebem da venda dos produtos, mais os pagamentos fixos, e mais ainda os *LDP*.

gestão do mercado. Além disso cria claros efeitos distorçores da concorrência:

- Ao garantir sempre um nível de rendimento determinado aos agricultores, retira a estes o vínculo com o funcionamento do mercado, especialmente quando os preços são baixos. Ora isto é contraditório com a lógica de competitividade.
- Com garantia de rendimento assegurada, os agricultores americanos tenderão a expandir a sua produção, independentemente dos preços e do escoamento do mercado,
- Com perspectivas de criação de excedentes estruturais no mercado os preços agrícolas americanos baixarão consideravelmente.

Estaria tudo bem se esta situação se confinasse ao mercado interno. Mas não é esse o caso, já que os Estados Unidos exportam cerca de 25% da sua produção agrícola e nalguns casos, como o trigo, as suas exportações chegam a representar 40% das exportações mundiais, O que acontece é que para se garantir a estabilidade interna do rendimento, criam-se preços artificialmente baixos e gera-se uma instabilidade externa. Por três razões. Primeiro, porque torna os preços americanos imbatíveis nos mercados internacionais. Segundo porque, os baixos preços internos desencorajam em princípio as exportações de países terceiros para o mercado americano. Terceiro, porque torna igualmente imbatíveis os preços de toda a fileira pecuária devido ao muito mais baixo custo das rações.

E se a este sistema inegavelmente perverso juntarmos diversos programas já existentes de apoio ás exportações e o seu reforço orçamental *(marketing loans, Market Acess Promotion, Foreign Market Development)*, os que foram agora criados de novo *(Technical Assistance for Special Crops* e *Bíotechnology and Agriculture Trade Programe)* e ainda o reforço da ajuda alimentar *(food aid)*, que funciona como mais um subsidio à exportação[181] (só que em espécie), então poderemos concluir que a nova política americana vem aumentar consideravelmente os subsídios à exportação, contribuindo assim para deprimir artificialmente os preços no mercado mundial e desencorajar a produção noutras partes do mundo, especialmente nos países menos desenvolvidos.

---

[181] A Comissão Europeia demonstrou que existe uma correlação de 90% entre os níveis dos preços internos nos EUA e as quantidades de produtos exportados a título de ajuda alimentar (AGRA Europe de 27 de Maio 2002)

Em resumo, confirmou-se o que já se sabia: o discurso liberal era só para consumo interno, já que a prática interna era o contrário, mesmo a fazer lembrar o velho ditado de *Frei Tomás*.

É cedo para ir mais longe nesta análise, É, porém, previsível que o tipo de garantias ilimitadas agora criadas venha a criar uma espiral de desequilíbrios semelhantes aos criados pela PAC das décadas de 70 e 80 (antes da reforma de 1992), estes também resultantes de uma política ilimitada de garantias de mercado aos agricultores europeus.

Por fim, importa referir três principais consequências desta nova politica agrícola dos Estados Unidos.

A primeira é que, com estas novas medidas, os Estados Unidos passam a ter um nível global de apoio à agricultura, segundo os dados da OCDE[182] de € 27.000 por agricultor a tempo inteiro, enquanto que o valor equivalente da UE é de € 14.000. A contra argumentação, em resultado da escassez do factor terra na UE, de que estes valores se invertem se medidos em função da terra, não atenua o argumento, já que o que em substância importa é o montante global de ajuda por agente económico, neste caso o agricultor.

A segunda é que o facto de as ajudas de emergência terem sido notificadas à OMC na *caixa amarela* veio estreitar a margem de manobra dos EUA, face à OMC, colocando-os numa posição manifestamente defensiva, o que constitui uma novidade em relação à sua habitual postura negocial e do bloco mais liberal.

A terceira consequência é a de que pela primeira vez desde a fundação da PAC se invertem as dinâmicas negociais da UE e dos EUA, com a primeira a enveredar por uma reforma mais avançada, na linha das recomendações da OCDE e da OMC, e os segundos a fazer o percurso contrário.

É certamente à luz destas circunstâncias que deverão se encontradas as razões pelas quais os EUA aceitaram assinar o atrás referido acordo-quadro com a UE antes de Cancun. Um acordo manifestamente favorável aos Estados Unidos, que prevê, designadamente, que as ajudas contra-cíclicas (antigas ajudas de emergência classificadas na *caixa amarela*) sejam classificadas na *caixa azul,* ficando, consequentemente, isentas de reduções no âmbito do capítulo de *apoio interno*. Mas também positivo para a UE, em virtude de não ter de sofrer o desgaste de um adversário comercial tão poderoso, podendo assim centrar a sua ofensiva nos dossiers para si mais prioritários.

---

[182] A unidade utilizada é o *Producer ,Subsidv Equivalent (PSE),* que em termos globais era de 54.700 milhões de dólares nos EUA (para 2 milhões de agricultores) e de 103 900 milhões de dólares na UE (para 7,4 milhões de agricultores).

ANEXO I: **Principais exportadores e importadores de produtos agrícolas – 2002**

	Valor	Percentagem nas exportações/importações mundiais				Variação anual da percentagem			
	2002	1980	1990	2000	2002	1995-00	2000	2001	2002
Exportadores										
União Europeia (15)	233,73	32,8	42,4	39,6	40,1	-2	-4	0	7
Exportações-extra	63,46	10,3	10,9	10,7	10,9	-2	0	-1	9
Estados Unidos	68,76	17,0	14,3	12,9	11,8	-2	8	-2	-2
Canadá	32,57	5,0	5,4	6,3	5,6	2	7	-3	-3
Brasil	19,44	3,4	2,4	2,8	3,3	0	-3	19	5
China	18,80	1,5	2,4	3,0	3,2	2	15	1	13
Austrália	17,06	3,3	2,8	3,0	2,9	2	8	2	2
Argentina [a]	12,20	1,9	1,8	2,2	2,2	1	0	2	...
Tailândia	11,57	1,2	1,9	2,2	2,0	-3	4	-2	-4
Indonésia	9,02	1,6	1,0	1,4	1,5	-1	3	-10	28
Malásia	8,96	2,0	1,8	1,5	1,5	-7	-13	-10	25
México	8,94	0,8	0,8	1,6	1,5	5	12	0	-2
Nova Zelândia	8,44	1,3	1,4	1,4	1,4	-2	4	7	3
Federação Russa	7,73	.	.	1,4	1,3	12	17	0	0
Chile	7,16	0,4	0,7	1,2	1,2	2	8	9	3
India [a]	6,27	1,0	0,8	1,2	1,1	0	10	-2	...
Sub-total	470,64	73,0	80,0	81,6	80,9	.	.	.	.
Importadores										
União Europeia (15)	253,67	42,9	47,1	40,5	40,6	-2	-4	0	6
Importações-extra	83,40	21,2	17,5	13,5	13,3	-3	-2	0	4
Estados Unidos	71,51	8,7	9,0	11,7	11,4	5	5	-1	5
Japão	55,09	9,6	11,4	10,5	8,8	-4	4	-8	-3
China	21,85	2,1	1,8	3,3	3,5	4	41	3	9
Canadá [c]	16,31	1,8	2,0	2,6	2,6	5	7	2	5
República da Coreia	13,37	1,5	2,2	2,2	2,1	-3	16	-3	7
Federação Russa	11,94	.	.	1,5	1,9	-14	-9	22	11
México	11,18	1,2	1,2	2,0	1,8	13	...	11	-13
Hong Kong, China	10,81	.	.	.	.	-3	4	-6	-2
Taipei, Chinesa	7,19	1,1	1,4	1,3	1,2	-5	1	-11	3
Suiça	6,04	1,2	1,3	1,0	1,0	-3	-4	-3	7
Arábia Saudita	5,50	1,5	0,8	1,0	0,9	3	13	-11	9
Indonésia	5,27	0,6	0,5	1,0	0,8	-1	5	-7	-2
Malásia	5,14	0,5	0,5	0,8	0,8	0	3	5	6
Tailândia	4,99	0,3	0,7	0,8	0,8	-4	13	8	3
Sub-total	495,43	73,8	81,0	81,0	79,2	.	.	.	.

Fonte: OMC – Estatísticas do comércio internacional, 2003
    [a] 2001 em vez de 2002
    [c] importações em valor f.o.b.

ANEXO II – **Exportações de produtos agrícolas de alguns Países seleccionados**

(evolução 1990-2002)

	Valor (milhões de dólares)				Peso das exp. agrícolas nas exp. totais (%)	
	1990	1995	2000	2002	1995	2002
Mundo	414.720	583.200	552.250	582.530	11,6	9,3
Regiões/Países						
UE15	175.847	238.990	218.690	233.732	11,5	9,5
intra exp.	*130.571*	*174.405*	*159.790*	*170.270*	*13,6*	*11,3*
extra exp.	*45.276*	*64.585*	*58.900*	*63.462*	*8,6*	*6,8*
EUA	59.404	80.435	71.408	60.757	13,8	9,9
Canadá	22.339	32.214	34.789	32.574	16,8	12,9
México	3.466	7.189	9.100	8.936	9,0	5,6
Austrália	11.628	14.717	16.446	17.060	27,7	26,2
Nova Zelândia	5.966	8.306	7.642	8.444	60,9	58,8
Indonésia	4.154	8.197	7.764	9.020	18,0	15,8
Malásia	7.495	11.571	8.015	8.961	15,7	9,6
Tailândia	7.786	13.911	12.242	11.572	24,6	16,8
China	10.060	14.997	16.384	18.796	10,1	5,8
Japão	3.299	4.656	4.395	4.472	1,1	1,1
Brasil	9.779	15.673	15.467	19.442	33,7	32,2
Argentina	7.482	11.349	11.933	12.199[1]	54,1	45,8[1]

Fonte: OMC – Estatísticas de comércio internacional, 2003
[1] Valor de 2001

IV – OS ALARGAMENTOS DA UNIÃO EUROPEIA

1. Cronologia do Processo de Alargamento

Não obstante a União Europeia ter tido na sua origem o interesse específico da unificação das indústrias do carvão e do aço (com a criação, em 1952, da primeira Comunidade Europeia – a Comunidade Económica do Carvão e do Aço), o facto é que, desde o início, se esboçavam já outros objectivos mais vastos que, de resto, vieram a ter consagração formal com a fundação, em 1957, da CEE e do Euratom.

Pode-se afirmar, em síntese, que na base do processo da construção da UE esteve não só a vontade de se criar um clima de reconciliação e de paz duradoura entre os principais países que protagonizaram duas das mais devastadoras guerras da história da humanidade, como a vantagem em promover um mercado mais vasto que potenciasse o crescimento da indústria e da agricultura dos Países Fundadores.

Os últimos 50 anos da vida da UE são, antes de mais, a história de sucessivos alargamentos, que conferem hoje ao espaço europeu uma dimensão continental e de potência económica e política à escala mundial. Esses alargamentos, que se foram processando em momentos diferentes tiveram evidentes impactos no mercado agrícola europeu, obrigando à introdução de ajustamentos na PAC, de forma a assimilar a diversidade das agriculturas dos Estados membros.

Em termos cronológicos, e após a sua fundação, em 1951, pelos seis países fundadores que assinaram o Tratado de Paris indicam-se a seguir as datas mais significativas do processo de alargamento que a UE conheceu ao longo da sua existência:

01/01/1973 – Adesão da Dinamarca, Irlanda e Reino Unido;
01/01/1981 – Adesão da Grécia;
01/01/1986 – Adesão de Espanha e Portugal;
03/10/1990 – Integração da ex-RDA, na sequência da unificação da Alemanha;

01/01/1995 – Adesão da Áustria, Finlândia e Suécia;
16/04/2003 – Assinatura do tratado de adesão para os seguintes países: Chipre, Eslovénia, Estónia, Hungria, Letónia, Lituânia, Malta, Polónia, República Checa e República Eslovaca (Novos Países Aderentes – NPA), que integrarão a UE a partir de Maio de 2004[183].

Analisando os principais impactos dos alargamentos do ponto de vista macro económico e social verifica-se que, se por um lado a UE foi ganhando dimensão física e populacional, também é verdade, por outro, que, ao longo deste processo de expansão, se verifica um fenómeno de progressivo *empobrecimento estatístico*, pelo menos quando avaliado pelo nível de rendimento médio dos cidadãos europeus.

Com efeito, se é um facto que os alargamentos realizados até ao presente fizeram a UE crescer em 122% a sua superfície territorial e em 65% a sua população, também se verifica que o PIB *per capita* se situa hoje ao nível dos 89% do que era registado pelos seis países fundadores, valor este que esconde diferenças mais profundas entre os vários Estados Membros. Esta constatação está obviamente ligada aos menores níveis de riqueza dos países que foram engrossando a UE, em particular os mediterrânicos (ver Quadro 17).

QUADRO 17
Principais Impactos do Processo de Alargamento (1)

Fases do alargamento	Aumento da Superfície	Aumento da População	Aumento do PIB total (2)	Evolução do PIB/per capita	Média do PIB/per capita
UE9/UE6	31%	32%	28%	-3%	97%
UE12/UE9	48%	22%	14%	-6%	91%
UE/15/UE12(3)	43%	11%	8%	-3%	89%

Fonte: CONFAGRI – Caderno n.º 6 de Fevereiro de 2006
(1) Valores com base em dados de 1995
(2) Em paridade do poder de compra
(3) Incluindo a unificação alemã

---

[183] Dos treze países que, em momentos diferentes apresentaram o seu pedido de adesão à UE – Turquia (1987), Chipre e Malta (1990), a Hungria e a Polónia (1994), a Roménia, a Eslováquia, a Letónia, a Estónia, a Lituânia e a Bulgária (1995), a Eslovénia e a República Checa (1996) – só se encontram concluídas as negociações com os dez países referidos.

A situação agrava-se, como é evidente, com a entrada dos NPA. Se aos dez que integrarão a UE em Maio de 2004 acrescentarmos a Bulgária e a Roménia (cujas negociações estão mais atrasadas) verifica-se que a UE conhecerá um crescimento substancial da sua superfície (+34%) e da sua população (+29%), mas em contrapartida, verá decrescer, em termos médios, o rendimento dos seus cidadãos (o PIB/per capita cairá para 74% do que registava o núcleo dos Estados fundadores da UE).

No plano da agricultura[184] os alargamentos têm leituras diferentes, face às distintas condições agro-ecológicas que caracterizam o espaço agrícola comunitário e que, como é óbvio, se traduziram em frequentes ajustamentos da PAC.

Procurarei, a seguir, dar uma ideia dos impactos destes alargamentos, quer do ponto de vista das estruturas de produção (número de explorações e sua dimensão, mão de obra, ...), quer em termos da composição da produção agrícola comunitária. A distinção entre *Norte, Sul* e *Leste* é utilizada com o único propósito de poder vincar a diversidade da agricultura comunitária.

Darei naturalmente maior relevância ao alargamento agora em curso.

2. O Alargamento a *Norte*

O alargamento a *Norte* dá-se numa primeira fase com a integração da Dinamarca, da Irlanda e do Reino Unido (1973), aos quais sucederam mais tarde a Finlândia e a Suécia (1995). De salientar que a Noruega que afirmou o seu interesse em aderir à UE, quer em 1970, quer em 1992, viu os correspondentes tratados de adesão serem rejeitados em referendo.

O conjunto destes países, não obstante representarem 22% da SAU da UE15, contribuem com 8,6% das explorações e 12,8% da mão-de-obra comunitária. A estrutura de produção assenta pois em explorações de grande dimensão (variando, os valores médios, entre 27,3 (caso da Finlândia) e 67,7/ha de SAU por exploração (caso do Reino Unido).

O correspondente contributo para a riqueza agrícola comunitária (Produto agrícola Bruto) cifrava-se, em 2001, em 16,5%,com relevo para as produções que têm beneficiado dos apoios comunitários mais expres-

---

[184] Recorda-se que não obstante a PAC ter sido consagrada desde logo no Tratado de Roma, em 1957, considera-se a data de 30 de Julho de 1962 como a que marca o início da sua aplicação.

sivos no âmbito da PAC. Com efeito estes países representavam, nesse ano, 20% da produção comunitária de trigo, 48% da de. aveia, 33% da de cevada 24% de leite, 25% de carne bovina e 27% de ovinos e caprinos.

3. O Alargamento a *Sul*

O primeiro alargamento a *Sul* do núcleo base da Comunidade Europeia verifica-se em 1981 com a adesão da Grécia. Espanha e Portugal aderem, em 1986, após um processo de negociações muito demorado.

No seu conjunto, estes países representam 25,7% da SAU da UE15, na qual se encontram referenciadas 37,2% das explorações que empregam 33,2% da mão-de-obra agrícola comunitária.

Trata-se até ao presente do alargamento que mais problemas levantou, quer do ponto de vista estrutural (já que envolve países que têm uma forte prevalência das pequenas explorações de base familiar), quer no domínio social, face ao peso da população empregue na agricultura.

A estrutura das explorações destes países é muito diferenciada, variando, em termos médios, entre 4,4/ha/SAU por exploração na Grécia e 20,3/ha na Espanha, passando por 9,3/ha em Portugal.

O contributo destes países para a produção agrícola final da UE15 significava, em 2001, 18,5%,valor que é em grande parte resultante da importância agrícola de Espanha. Este peso é particularmente significativo nos sectores das frutas frescas (46% da produção comunitária), do azeite (62%), dos vegetais frescos (31%) do tabaco (56,5%) e dos pequenos ruminantes, (45%). Ressalta a situação especial da Grécia a respeito da produção de fibras têxteis, representando 85% da produção comunitária deste sector.

Uma análise ainda que breve comparando estes dois alargamentos permite compreender as grandes diferenças que a UE15 foi acrescentando ao longo da sua história agrícola e as pressões a que a PAC foi sujeita.

Apesar de alguns ajustamentos (como foi designadamente a criação da OCM dos ovinos e caprinos por pressão do Reino Unido) a configuração básica da PAC inicial não foi alterada por forma a reflectir as especificidades dos países que foram aderindo.

A adesão de Chipre e Malta, em 2004, vem naturalmente reforçar o flanco *Sul* da UE15. Tratam-se, contudo, de países com pouca expressão no plano agrícola, razão por que se entende abordar a sua adesão no contexto do alargamento para uma UE com 25 Estados membros.

4. O Alargamento a *Leste*

O primeiro país a estender a fronteiras a *Leste* da UE foi a Áustria em 1995.

Trata-se de um país com uma superfície agrícola muito próxima da de Portugal ou da Grécia, mas com uma estrutura de produção mais evoluída. A sua população agrícola activa é sensivelmente um terço da que se regista nestes dois países, sendo a dimensão média por exploração (17 ha de SAU) muito próxima da média comunitária

Em Dezembro de 1997 a UE decidiu, no Conselho Europeu de Luxemburgo, abrir o processo de alargamento aos Países da Europa Central e Oriental (PECO). Esta decisão culmina um moroso processo de aproximação a *Leste*, que se iniciou com a queda do muro de Berlim em 9 de Novembro de 1989.

Em Março de 1998 são iniciadas as negociações de adesão com Chipre, a Eslovénia, a Estónia, a Hungria, a Polónia e a República Checa. Posteriormente, em Fevereiro de 2000, são iniciadas as negociações de adesão com a Bulgária, a Letónia, a Lituânia, Malta, a República Eslovaca e a Roménia.

De sublinhar que não obstante as relações entre a UE e a Turquia registarem um histórico já longo[185]), o facto é que a UE não considerou até ao presente que estivessem preenchidas as condições políticas e económicas que permitissem dar resposta favorável ao pedido de adesão que este País apresentou em 14 de Abril de 1987.

Do rescaldo de todo o processo de negociações resultou a assinatura, em Atenas, a 16 de Abril de 2003, do Tratado de Adesão para 10 dos 13 Países candidatos, que aderirão à UE em 1 de Maio de 2004. Ficaram pois de fora desta fase a Roménia, a Bulgária e a Turquia.

Os primeiros dez países a aderir acrescentam 30% à SAU da UE15 e cerca de 58% à população activa agrícola. Tomados no seu conjunto, verifica-se que os índices de produtividade agrícola são baixos, facto que se reflecte no também baixo contributo para o valor da produção agrícola final comunitária: cerca de 10%. De referir ainda que, pesem embora as dificuldades nos apuramentos estatísticos, estima-se que acrescentem cerca de 3,7 milhões de explorações agrícolas, com áreas médias que variam entre 1,1 ha/SAU por exploração (caso de Malta) a quase 350 ha/SAU por exploração como acontece na República Eslovaca (ver Anexo I).

---

[185] Em 1963 a UE e a Turquia assinaram um acordo de associação que visava a criação de uma União Aduaneira, o qual só efectivamente entrou em vigor em Dezembro de 1995.

Entre *os dez* o destaque vai para a Polónia que representa mais de 55% da produção agrícola destes países, a que se seguem a Hungria (19,7%) e a República Checa (11,3%).

5. Questões Agrícolas Suscitadas pelo Alargamento

Em Janeiro de 2002 a Comissão Europeia apresentou um documento[186] que abordava as principais questões relacionadas com o alargamento, nomeadamente: as ajudas directas, as quotas de produção e outros instrumentos de gestão da oferta (como as superfícies máximas garantidas e as quantidades máximas garantidas) e as politicas de desenvolvimento rural.

Não obstante se reconhecer que os NPA fizeram, nos últimos anos, esforços significativos para reestruturar e modernizar os sectores agrícola e agro-alimentar, continua a registar-se um profundo atraso, quer ao nível das estruturas de produção e transformação, quer ao nível da capacidade administrativa para absorver e aplicar a legislação comunitária, designadamente no âmbito da gestão dos mercados[187].

É neste contexto que se deve compreender a estratégia adoptada pela UE de orientar os apoios no sentido de facilitar e acelerar a transição para modernizar as economias rurais destes países, que passa fundamentalmente pelo reforço da política de desenvolvimento rural, no âmbito da qual cabem as ajudas ao investimento na produção, na transformação da formação ou das infra-estruturas.

Para tanto fixou-se uma majoração de 50% das ajudas ao desenvolvimento rural em comparação à que é concedida aos actuais Estados Membros da UE, o que elevará o co-financiamento da UE para uma taxa que será, em termos gerais, de 75% nas seguintes medidas: regime de reformas antecipadas, apoio às zonas desfavorecidas ou com condicionantes ambientais, programas agro-ambientais, florestação de terras agrícolas, medi-

---

[186] Ver *"O alargamento e a agricultura: para uma integração bem sucedida dos novos Estados Membros na PAC"*.

[187] Com a aprovação, em Junho de 1999, do Reg.(CE) n.º 1268/99, a UE criou um programa de apoio à reestruturação do sector agrícola dos países candidatos, disponibilizando um montante anual de 520 milhões de euros (a valores de 1999) até 2006. Este programa, designado SAPARD, para além de contribuir para ajudar estes países a uma mais fácil adaptação ao quadro normativo da PAC, possibilita o financiamento de projectos nos domínios da produção, da transformação da melhoria fundiária, das infra-estruturas rurais, da gestão dos recursos hídricos agrícolas e dos serviços de apoio aos agricultores, entre outros.

das específicas para as explorações de semi-subsistência, criação de agrupamento de produtores e assistência técnica.

Em relação às ajudas directas, que hoje se dirigem mais para o apoio ao rendimento dos agricultores do que para os compensar das reduções de preços, entendeu-se que o seu pagamento integral de imediato aos agricultores dos NPA poderia conduzir a uma situação de mais-valias excessivas, com reflexos negativos não só no plano da modernização do sector, como no equilíbrio social das zonas rurais.

Daí que se tenha decidido iniciar o processo de pagamento das ajudas directas a um nível mais baixo, atingindo-se a situação de paridade com os actuais países da UE ao fim de dez anos. Assim, e numa primeira fase, as ajudas directas serão introduzidas de forma gradual: 25% (do nível actual) em 2004, 30% em 2005 e 35% em 2006. Após 2006, as ajudas directas serão aumentadas por escalões percentuais de modo a que os NPA atinjam, em 2013, os níveis de paridade com os actuais Estados Membros.

No que respeita às quotas de produção, a Comissão propôs que fossem determinadas com base no período de 1995-99. No caso particular das quotas leiteiras o período histórico de referência poderá estender-se a 2000 sempre que existam elementos de informação relativos a este ano.

O plano financeiro para a primeira fase (2004-2006) prevê que a despesa agrícola com os NPA venha a atingir em, 2006, cerca de 3.900 milhões de euros (Quadro 18), ou seja 8,2% das despesas que o FEOGA suportou, em 2002, com os actuais Estados Membros.

QUADRO 18
Despesa Agrícola Prevista com os NPA
(a preços de 1999)

	2004	2005	2006
Ajudas directas totais	n.d. (1)	1.173	1.418
Despesas c/gestão dos mercados	516	749	734
Desenvolvimento rural	748	1.187	1.730
Total	1.264	3.109	3.882

Fonte: Comissão Europeia – *"Agricultura e alargamento da UE"*

Não parecendo excessivo, nesta fase, o esforço financeiro da UE para integrar a agricultura destes países, importará observar no futuro a sua reacção aos novos instrumentos que a PAC irá proporcionar aos agricultores desses países.

ANEXO I: Dados de base da agricultura – UE15 e NPA10

	Superfície Agrícola Utilizada (1 000 ha) 2001	Número de explorações agrícolas (1 000 explorações) 2000	SAU por exploração (ha) 2000	Emprego no sector «agrícola, silvícola, caça e pesca» Número (1 000 pessoas) 2001	Emprego Peso na população activa empregada (%) 2001	Valor acrescentado bruto, a preços base (Mio EUR) 2001	Peso da agricultura no PIB (VAB/PIB) (%) 2001	Trocas – Peso na importação de todos os produtos (%) 2001	Trocas – Peso na exportação de todos os produtos (%) 2001	Saldo do comércio exterior (Mio. euros) 2001	Peso nas despesas de consumo das relativas à alimentação, bebidas e tabaco (%) 2000
UE-15	128 305	6 766	18,7	6 701	4,2	151 380	1,7	6,0	6,1	-199	16,1*
Bélgica	1 390	62	22,6	56	1,4	2 864	1,1	6,7	5,7	-1 076	16,8
Dinamarca	2 694	58	45,7	96	3,5	4 141	2,3	8,1	20,5	2 750	17,4
Alemanha	17 038	472	36,3	956	2,6	19 618	0,9	4,8	2,9	-3 283	15,8
Grécia	3 575	814	4,4	627	16,0	8 768	6,7	5,4	21,8	686	21,4
Espanha	25 596	1 287	20,3	1 025	6,5	23 656	3,6	8,2	10,4	-840	18,5
França	27 856	664	42,0	964	4,1	32 205	2,2	4,7	7,7	4 930	17,6
Irlanda	4 458	142	31,4	120	7,0	2 823	2,5	3,8	7,7	1 891	17,2
Itália	15 355	2 152	6,1	1 113	5,2	29 169	2,4	6,4	5,1	-946	16,9
Luxemburgo	128	3	45,4	3	1,5	131	0,6	1,2	1,2	-17	
Holanda	1 933	102	20,0	238	3,1	9 443	2,2	9,9	16,4	-2 114	10,5
Áustria	3 375	200	17,0	215	5,8	2 657	1,3	4,1	4,3	208	15,6
Portugal	3 838	416	9,3	645	12,9	2 986	2,4	11,8	8,6	-825	22,5
Finlândia	2 216	81	27,3	140	5,8	1 289	0,9	3,3	3,6	367	18,1
Suécia	3 054	81	37,7	114	2,6	1 512	0,6	4,1	3,1	183	16,7
Reino Unido	15 799	233	67,7	390	1,4	10 117	0,6	5,7	5,1	-3 904	13,9
NP-10	38 620(*)	3 741(*)	10,32(*)	3 747(*)	14,3(*)	12 083(*)	3,2(*)	9,0	9,2	-2 281	28,8*
República Checa	4 280(*)	56(*)	76,4(*)	193(*)	5,2(*)	1 996(*)	3,9(*)	5,4	4,0	-709	29,7
Estónia	986(*)	85(*)	11,6(*)	32(*)	7,4(*)	309(*)	6,3(*)	11,8	7,7	-347	34,0
Chipre	134(*)	46(*)	2,9(*)	14(*)	9,2(*)	349(*)	4,2(*)	16,1	34,8	-556	25,2
Letónia	2 540(*)	127(*)	20(*)	118(*)	13,5(*)	314(*)	4,5(*)	13,0	6,6	-361	34,3
Lituânia	3 489(*)	477(*)	7,3(*)	262(*)	19,6(*)	832(*)	7,5(*)	9,3	11,8	-56	39,0
Hungria	5 853(*)	966(*)	6,1(*)	227(*)	4,8(*)	1 816(*)	4,1(*)	3,5	8,2	1 486	27,0
Malta	12(*)	11(*)	1,1(*)	3(*)	1,9(*)	77(*)	2,3(*)	10,4	2,7	-265	26,2
Polónia	18 397(*)	1 880(*)	9,7(*)	2 698(*)	18,8(*)	4 984(*)	3,3(*)	6,7	7,9	-604	28,8
Eslovénia	486(*)	86(*)	5,7(*)	81(*)	9,9(*)	560(*)	3,2(*)	7,0	4,1	-363	31,5
Eslováquia	2 444(*)	7(*)	349,1(*)	119(*)	6,7(*)	847(*)	4,5(*)	6,4	4,1	-506	18,9

Fonte: Comissão Europeia (Eurostat e DG «Agricultura», FAO e UNSO
(1) Para os Estados Membros, trocas intra e extra comunitárias; para U-15, trocas extra
(*) Dados retirados do estudo da Comissão (DG Agricultura) *Analysis of the Impact on Agricultural Markets and Incomes of EU Enlargement to the CEECs*, Março 2002

ANEXO II: Peso dos produtos na produção agrícola dos NPA10 (em %)

	NPA-10 (4)	República Checa	Estónia	Letónia	Lituânia	Hungria	Malta	Polónia	Eslovénia	Eslováquia
Produtos submetidos a OCM										
Trigo (1)	8,8	14,9	2,9	8,6	9,1	8,0	0,0	8,1	3,3	11,3
Centeio (1)	1,7	0,5	0,9	1,8	1,5	0,2	0,0	2,8	0,0	0,7
Aveia (1)	1,9	0,4	1,5	1,4	0,6	0,2	0,0	3,2	0,1	0,2
Cevada (1)	3,0	6,6	5,5	3,8	5,8	2,0	0,0	2,3	0,7	4,1
Milho (1)	2,7	1,5	0,0	0,0	0,0	9,1	0,0	0,9	3,1	4,4
Arroz (1)	0,0	0,0	0,0	0,0	0,0	0,1	0,0	0,0	0,0	0,0
Beterraba	2,2	3,1	0,0	3,3	3,5	1,7	0,0	2,3	0,6	2,1
Tabaco	0,2	0,0	0,0	0,0	0,0	0,2	0,0	0,2	0,0	0,2
Azeite	0,0	0,0	0,0	0,0	0,0	0,0	0,0	0,0	0,0	0,0
Oleaginosas (1)	2,8	7,5	2,6	0,6	1,2	4,0	0,0	1,6	0,3	4,8
Fruta fresca (2)	5,2	2,1	2,2	1,9	0,6	7,4	3,6	5,7	5,6	3,1
Vegetais frescos (2)	6,0	2,2	2,7	3,6	7,4	7,7	29,4	6,1	3,0	6,8
Vinho e mosto	0,3	0,0	0,0	0,0	0,0	0,0	0,0	0,0	7,5	0,0
Sementes (3)	0,1	0,2	0,0	0,2	0,0	0,1	0,0	0,1	0,0	0,0
Fibras têxteis	0,0	0,1	0,0	0,2	0,0	0,0	0,0	0,0	0,0	0,0
Lúpulo	0,1	0,	0,0	0,0	0,0	0,0	0,0	0,0	0,0	0,0
Leite	14,9	17,2	30,6	22,5	18,6	10,1	11,4	14,9	17,9	15,6
Bovinos	3,9	5,0	5,5	6,5	6,1	1,8	3,2	3,5	13,2	3,7
Suínos	18,1	18,0	16,3	12,0	11,4	17,7	12,9	19,8	10,6	15,8
Pequenos ruminantes	0,3	0,0	0,2	0,2	0,2	0,9	0,0	0,1	0,9	0,6
Ovos	3,7	3,0	3,9	5,8	3,2	3,8	7,8	3,6	2,7	4,6
Aves	6,9	5,7	3,0	2,5	4,2	10,7	12,4	6,1	8,4	6,2
Sub-total	82,6	88,5	77,9	74,7	73,4	85,9	80,6	81,3	78,1	84,4
Produtos não submetidos a OCM										
Batatas (1)	4,9	3,0	5,5	8,8	7,5	2,1	7,8	6,4	2,3	2,7
Serviços Agrícolas	2,5	0,9	5,2	1,1	1,1	3,6	0,0	2,4	1,4	4,1
Outros	10,0	7,7	11,4	15,4	18,0	8,4	11,6	9,9	18,2	8,8
Sub-total	17,4	11,5	22,1	25,3	26,6	14,1	19,4	18,7	21,9	15,6
TOTAL	100,0	100,0	100,0	100,0	100,0	100,0	100,0	100,0	100,0	100,0
Milhões de euros	28 038,5	3 231,8	402,6	522,9	1 157,5	5 417,2	157,1	14 745,0	943,1	1 407,3
UE – 15 = 100	9,9	1,1	0,1	0,2	0,4	1,9	0,1	5,2	0,3	0,5

Fonte: Comissão Europeia, Eurostat (Contas económicas da Agricultura)
(1) Sementes incluídas
(2) Produtos listados no art. 1 do Regulamento do Concelho (EC) n.° 2200/96 nas novas Organizações de Mercado
(3) Exclui cereais e sementes de arroz, oleaginosas, sementes das proteaginosas e semente de batata
(4) NPA– 10 menos Chipre

V – O MODELO EUROPEU DE AGRICULTURA E O FUTURO DA PAC

A análise feita no capítulo III permite compreender que existem diferenças consideráveis entre as politicas agrícolas dos países mais desenvolvidos, que, em última análise, radicam na maior ou menor tradição de protecção e apoio à agricultura.

Na base dos vários modelos conceptuais que caracterizam essas politícas encontram-se pressupostos que entroncam não só com o entendimento do papel que a agricultura desempenha na economia e na sociedade, como ainda com as diferentes condições agro-ecológicas dos vários países as quais condicionam naturalmente a sua capacidade concorrencial face às regras cada vez mais liberalizantes do comércio mundial

Em relação aos países menos desenvolvidos, em que todos os domínios da vida económica e social assumem especial prioridade, as politícas agrícolas resumem-se a um conjunto de regras básicas, normalmente não acompanhadas de medidas e muito menos de recursos financeiros e organizacionais. Daí verificarem-se baixos níveis de produtividade, que também têm a ver com o grande atraso tecnológico que caracteriza esses países e a deficiente preparação dos vários agentes ligados ao sector agrícola (agricultores, técnicos, dirigentes,etc.).

A *questão agrícola* é pois avaliada de forma muito diversa entre os vários países, situação que tem vindo a conhecer novos desenvolvimentos com o fenómeno da pulverização do espaço geo-político que se registou nas últimas cinco décadas.

O espaço comunitário em que vivemos faz parte das zonas mais ricas do mundo e, no qual, mesmo que existindo manchas de pobreza, não se colocam problemas de abastecimento alimentar. Para tanto, há que reconhecer que foi determinante o papel da PAC, mesmo com todos os desequilíbrios e incoerências que caracterizaram a sua evolução. Pode a este propósito dizer-se que a resolução dos problemas da agricultura comunitária não é, hoje, uma tarefa ciclópica, nem se inscreve nos dossiers políticos mais complexos da UE.

Tal não significa, porém, que não existam problemas na agricultura ou que a PAC esteja estabilizada. Na verdade, mesmo após as três grandes reformas, que sofreu ainda subsistem muitas questões por resolver, designadamente a respeito de um maior equilíbrio do binómio rural--urbano, de uma melhor repartição dos apoios entre agricultores, produções, regiões e países e de uma maior valorização da natureza multifuncional da agricultura.

Nesta parte do livro, farei algumas reflexões sobre essas questões e problemas, exprimindo a minha perspectiva sobre a evolução futura da PAC.

1. A Competitividade Como Rumo

O mercado é tido pela teoria como a base de toda a racionalidade económica. Numa economia de mercado os preços deveriam reflectir o livre confronto entre a oferta e a procura, devendo flutuar consoante a situação específica de cada momento e de cada lugar. A teoria económica tem argumentado constantemente que só assim se criam condições para a eficiência económica no longo prazo, na medida em que os custos médios de produção baixarem, os preços descerem, e os produtores, incapazes de se adaptar a este processo dinâmico, forem levados a abandonar a actividade, procurando outras onde possam rentavelmente aplicar os seus recursos. Entretanto, os consumidores e de modo geral a sociedade vão realizando ganhos sucessivos com este processo de ajustamento económico.

Para os recursos se concentrarem, em cada momento e lugar, nas actividades que melhor os remunerem, pressupõe-se que não existam quaisquer barreiras à sua livre circulação, bem como à dos correspondentes produtos finais. É, afinal, o princípio da divisão internacional do trabalho e a expressão do comércio internacional em versão livre--cambista.

Tratando-se de um princípio teórico fundamental e orientador de todas as relações económicas, é bom de ver que o mundo real tem outras dimensões, que escapam à mera lógica dos modelos e da teoria.

Por isso, os diferentes países foram procurando caldear esses princípios com outras preocupações de natureza diversa, mas igualmente fundamentais para o equilíbrio e bom funcionamento das sociedades. Razões sociais, regionais, ambientais ou de redistribuição estão entre as frequentemente mais invocadas e utilizadas.

É neste contexto que a história económica, desde que David Ricardo[188] criou a teoria da especialização, é feita de tentativas para liberalizar o comércio internacional, a par de outras tantas que, normalmente por razões excepcionais, visam o proteccionismo temporário dos mercados.

É nesta base de excepção e de compromisso entre a teoria e a realidade que foram sendo construídas e ajustadas um pouco por todo o lado as políticas agrícolas. A PAC não escapa a esta regra, como o comprovam as sucessivas reformas que tem sofrido.

Os problemas surgem quando essas políticas produzem um divórcio total com os princípios económicos, a nível interno e externo, em resultado de um equilíbrio insuficiente nesse compromisso.

É pois inexorável que a tendência de aproximação ao mercado continue, especialmente nos sectores que ainda dispõem de níveis de protecção elevada, como sejam os casos do açúcar, dos produtos lácteos e da carne bovina, não obstante a redução de 20% do preço de intervenção desta última decidido na reforma da Agenda 2000.

Existem três razões principais para este esforço suplementar de aproximação ao mercado.

Conforme referi, e apesar de não devermos fazer leituras lineares sobre a actual política agrícola americana, os principais concorrentes da União estão a fazer evoluir as suas políticas nessa direcção, o que constitui em si mesmo um elemento de significado determinante e que, de resto, esteve na base da reforma da Agenda 2000. O objectivo final que perseguem é competir no mercado mundial sem subsídios.

Os Estados Unidos estimam aumentar substancialmente a sua posição no mercado mundial até ao ano 2005, com especial ênfase no mercado asiático, que poderá absorver a médio prazo 45% das suas exportações agro-alimentares (OCDE, 1999).

---

[188] Economista inglês do principio do século XIX que elaborou a teoria das vantagens comparativas decorrentes do comércio entre dois países, em que cada um se especializa nas produções em que é mais eficiente, isto é, que produz com menor dispêndio de recursos. Nestas condições ganhariam os dois parceiros comerciais. Dá como exemplo o caso do comércio entre a Inglaterra e Portugal: aquela ganharia com a exportação de têxteis e outros bens manufacturados; e este ganharia com a exportação de vinhos e produtos agrícolas...

Segundo observadores independentes[189], a política dos EUA visou desencorajar a produção nos países concorrentes, por forma a alargar posteriormente o seu mercado. Tal seria feito através de uma estratégia deliberada de preços de *dumping*[190], que teria chegado a corresponder a cerca de metade do custo de produção. Internamente, a situação era gerida através de um sistema de ajudas compensatórias, que só os concorrentes ricos podiam pagar. A União Europeia podia fazê-lo, mas os países em vias de desenvolvimento não, ficando assim mais dependentes do exterior. Por outro lado, é de admitir que esta estratégia (deliberada) de preços por parte dos Estados Unidos vise criar um desgaste político da PAC, ao tornar cada vez mais difíceis para a União Europeia os problemas decorrentes do seu custo e do seu financiamento.

Se a política agrícola dos EUA for na direcção acabada de referir, apesar do reforço dos subsídios operado em 1997 a 2001 e confirmados em 2002,com a nova politica agrícola, a UE não poderá deixar de ter em conta as suas evoluções, sem que isso signifique que proceda exactamente da mesma forma. A reforma de 2003 revela manifestamente tal facto.

Mais importante do que a consideração isolada de um parceiro como os Estados Unidos, apesar do peso económico e do poder político que inquestionavelmente têm, é ter em conta o conjunto das principais potências agro-alimentares, todas elas integradas na OCDE. Ora, na linha que vinha sendo seguida desde há muito, a última Conferência Ministerial dos Ministros da Agricultura realizada em Paris em 1998 (OCDE, 1999) não deixa quaisquer dúvidas a respeito das futuras tendências das políticas agrícolas, apontando as principais evoluções futuras do sector agrícola, que deverá ser:

- receptivo aos sinais do mercado e mais integrado no comércio multilateral

---

[189] Ver Mark Ritche, *Testmony to the Commitee of Agriculture and Rural Development of the European Parliament*, Institute for Agriculture and Trade Policy, 1996.06.03, Brussels. Segundo o autor, o *dumping* atingiu nos EUA em 1995 os seguintes valores em percentagem (diferença entre o custo de produção e o preço de exportação a dividir pelo primeiro): 12,4% no milho, 26% no algodão, 38% no arroz, 14,3% na soja, 16% no trigo.

[190] Expressão utilizada para designar políticas que visam criar artificialmente condições de competitividade. A forma mais corrente de o fazer no mercado internacional é através da subsidiação dos preços de exportação.

- eficaz, durável, viável, inovador, e obediente a uma gestão durável dos recursos naturais designadamente respeitador do ambiente
- permitir escolhas fiáveis aos consumidores a respeito da qualidade, inocuidade e segurança sanitária dos produtos alimentares
- contribuir para o desenvolvimento sócio-económico das zonas rurais, designadamente através do seu carácter multifuncional e por medidas transparentes que assegurem perspectivas de emprego

Como base do modelo preconizado está a aplicação progressiva do princípio de separação dos apoios à agricultura relativamente ao funcionamento dos mecanismos de mercado, os quais deverão reflectir exclusivamente o livre jogo da oferta e da procura (sistemas dissociados)

A política de restrições quantitativas à produção ficou mais ineficaz depois do acordo de Marraquexe. Na verdade, quando a UE tinha um sistema de protecção variável concretizado por preços de entrada elevados e direitos niveladores, a existência de controles directos da produção (com a consequente restrição da oferta e nível elevado de preços internos), fazia sentido. Com o sistema de tarifação decorrente do Acordo de Marraquexe, a protecção já não assegura a invulnerabilidade dos preços internos perante preços de importação muito competitivos e com comportamentos quase erráticos.

Perante a tendência internacional de maior liberalização, pelo menos até ao fim do presente ciclo da OMC (Acordo de Marraquexe), é previsível que, apesar das tarifas equivalentes, os produtos importados entrem a preços cada vez mais baixos na União, pressionando uma evolução dos preços internos na mesma direcção.

Os acordos de associação e livre comércio que têm sido e continuarão a ser celebrados com vários países terceiros implicam também uma pressão sobre os preços internos nos mercados da União Europeia. Porque, apesar de em regra utilizarem como instrumentos principais os contingentes e a sazonalidade das tarifas nas produções sensíveis, existe uma opção de fundo no sentido de a UE conceder tarifas preferenciais (que nalguns casos podem ser nulas) a estes países associados.

É claro o conflito entre os interesses dos agricultores europeus, já bastante abalados pela OMC, e os da afirmação externa da União. A maneira fragmentada e descontínua como estes acordos foram sendo realizados ao longo do tempo impõe um estudo urgente de avaliação global dos seus impactos.

Da ponderação dos elementos atrás referidos resulta que a União Europeia não poderá dispensar nos próximos anos um sistema de protecção mínima e de preferência comunitária. Importa referir algumas razões:

- O que se apelida mercado mundial não é em si mesmo uma realidade fiável e consistente, reflectindo frequentemente operações de especulação ou guerrilhas de subsídios, mais ou menos encapotadas, entre os principais competidores;
- O carácter predominantemente familiar da agricultura europeia e a sua omnipresença no território, situação que nada tem em comum com as grandes empresas agrícolas dos países do Novo Mundo, que dispõem de extensões infindáveis de terra a custos quase nulos;
- O custo da mão-de-obra e a tradição de protecção social que faz parte integrante do modelo europeu e que tem de ser acautelado e considerado, sem o que poderiam ocorrer situações inaceitáveis de *dumping* social;
- O grave problema de desemprego que a Europa vive, que será agravado consideravelmente se não formos capazes de assegurar a fixação das pessoas no meio rural, que passa em primeiro lugar pela continuidade da actividade agrícola.

Por estas razões, a PAC, sem prejuízo do percurso que terá de continuar a trilhar em direcção a uma maior competitividade, não poderá deixar de dispor de um sistema de protecção que, mais do que protector, funcionará essencialmente como estabilizador do mercado. Para isso é necessário que seja mais ligeiro, menos custoso e que minimize os efeitos distorçores.

Eis algumas das linhas de rumo neste percurso de competitividade:

- Redução dos preços do açúcar e dos produtos lácteos, com base numa análise prospectiva das tendências de mercado
  - Supressão do pousio obrigatório, introduzindo em seu lugar um sistema de pousio ambiental ou florestal voluntário em terras de menor aptidão agrícola. Este sistema teria que ser modulado, de forma a evitar fenómenos de absentismo generalizado nalgumas regiões, pelas suas implicações sociais negativas. Os contratos teriam uma duração mínima de 5 anos e máxima de 30 anos. Tra-

tar-se-ia afinal de alargar, ajustar e reforçar os sistemas já existentes, dando-lhes operacionalidade e dimensão financeira para terem efeitos práticos. O pousio com simultânea ocupação florestal, ou para a produção de biomassa, seria particularmente incentivado. A principal razão para acabar com o pousio obrigatório decorre da experiência até agora adquirida, ao verificar-se que o objectivo de gestão do mercado que visava pode ser atingido pela via voluntária, não penalizando os agricultores que podem expandir a produção e conseguindo ao mesmo tempo preservar as terras mais débeis do ponto de vista agro-ecológico.
- Manter o regime das quotas leiteiras, mas com redução dos preços de garantia dos produtos transformados. A predominância das pequenas explorações familiares na produção de leite transforma-o num sector social e politicamente sensível. Apesar de tudo, tem sabido adaptar-se, para o que muito tem contribuído o trabalho desenvolvido pelas cooperativas, bem como a modernização por elas operada.

Para continuar este percurso, aproveitando os ensinamentos da experiência, importa manter e reforçar os mecanismos que aumentem a flexibilidade das quotas. Os regimes de resgate e cessação voluntária têm-se revelado positivos, mas haverá que cruzar essas preocupações com outras, como é o caso da necessidade de salvaguarda de direitos de produção para as regiões de montanha e desfavorecidas. Outra solução possível, que merece devido estudo, é a eventual aplicação de quotas A, B e C (à semelhança do regime existente na organização comum de mercado do açúcar), que permitirá às empresas mais eficientes expandir a sua produção e exportar para o mercado mundial sem subsídios, sem terem de sofrer penalizações pela ultrapassagem da quota.

O açúcar tem até agora resistido à mudança, por força de um equilíbrio relativo entre os interesses internos e os de países terceiros. Por enquanto, os Estados Unidos também não liberalizaram mais o seu regime. Contudo a iniciativa *Tudo Menos Armas* irá ter inexoravelmente impactos na evolução deste sector no âmbito da PAC.

Os princípios históricos da preferência comunitária e da solidariedade financeira seriam mantidos para todos os sectores, tal como o sistema de intervenção, que deveria respeitar ainda uma modulação orçamental e de quantidades. A intervenção funcionaria exclusivamente como uma rede de segurança mínima e seria mais aproximada da lógica das operações de retirada, já aplicadas na organização comum de mercados das frutas e legumes. Os preços de compra deverão corresponder a uma percentagem máxima do preço teórico de intervenção ou de um qualquer outro preço de referência.

Os recursos libertos por este sistema mais ligeiro, destinar-se-iam a financiar um sistema de crédito à comercialização, a taxas reduzidas. As organizações de produtores teriam acesso privilegiado a este crédito, que também seria acessível aos agricultores individuais. Considero, aliás, que um sistema bem gerido de crédito à comercialização proporcionaria aos agricultores uma enorme margem de manobra para negociarem melhores condições de venda para os seus produtos e reduziria drasticamente o recurso à intervenção. Julgo que neste aspecto a União Europeia tem algo a aprender com a política americana dos *loan rates*, e que a prazo seria de encarar uma evolução de fundo do actual sistema da UE, pesado, caro e mais exposto à crítica, para um sistema próximo do americano, mais ágil, menos caro e especialmente mais eficiente e estimulante da agressividade comercial.

Um sistema desta natureza cortaria pela base a tentação de a intervenção funcionar como mercado alternativo. Por outro lado, a gestão da *rede de segurança mínima* através das organizações de produtores contribuiria para estimular a sua estruturação e eficácia internas, bem como para sensibilizar os seus aderentes às realidades dos mercados.

O sector das frutas e legumes foi objecto de recente reforma, continuando o modelo tradicional de organização do mercado com base nas organizações de produtores. Se algo houver a ajustar no futuro, será mais no sentido de melhorar a qualidade e criar alguma estabilidade interna, o que implica desde logo uma melhoria das condições de preferência comunitária. De referir em particular que o sector do tomate para a indústria carece de alteração urgente, já que o actual sistema de quotas por Estados Membros ajustáveis em função da produção anual de cada um, tem-se revelado inadequado face à imprevisibilidade climática nas zonas mediterrânicas onde ocorre o grosso da produção[191].

Apesar da sua relativa ligeireza, a reforma operada na organização comum de mercado do vinho de 1999 poderá servir até ao fim do período de vigência da Agenda 2000, sendo fundamental que esta reforma seja

---

[191] Facto que levou o Governo a negociar no Conselho Europeu de Berlim de Março de 1999 a não aplicação desta cláusula a Portugal. Ver Capítulo IV.5.

complementada pela garantia do respeito pelas denominações de origem da UE no quadro das próximas negociações da OMC.

A globalização que se está a verificar a traços largos no sector do vinho não deixará de ter implicações na política comunitária para este sector, designadamente em matéria de direitos de plantio e de práticas enológicas.

Na ordem do dia em matéria de produtos mediterrânicos estará especialmente a reforma do azeite. O ajustamento intercalar que sofreu em 1997, com a manutenção das ajudas à produção em função das quantidades produzidas e a eliminação da diferenciação entre pequenos e grandes produtores, contrariou as intenções iniciais da Comissão de criar um sistema de ajuda por árvore, logo desligado da produção, em virtude da oposição maciça das organizações representantes dos produtores.

A anunciada reforma deste sector, a realizar previsivelmente até ao final de 2003[192], irá colocar o sector em linha com a reforma realizada em 2003, através designadamente da aplicação de um sistema parcialmente dissociado de ajudas à produção.

O que se me afigura de fundamental importância no actual contexto, é que estas reformas obedeçam a alguma coerência de princípios, sem prejuízo da natureza individual de cada produção. Por duas razões principais. A primeira tem a ver com a necessidade de se fazer um balanço dos efeitos da OMC e da aplicação da reforma de 1992 nos vários sectores e regiões; trata-se de algo muito importante para o moldar das medidas futuras, já que estes impactos estão seguramente longe de serem homogéneos, e a reforma da Agenda 2000 infelizmente não teve isso em conta. A segunda razão decorre da já referida necessidade imperativa de introduzir um maior equilíbrio e equidade na PAC a qual, para além das regras relativas aos três pilares (unicidade de mercado, preferência comunitária e solidariedade financeira), deve passar a referir-se a questões como a natureza e os fundamentos das ajudas ao rendimento. O que se passou com a exclusão das ajudas ao rendimento na OCM das frutas e legumes e na do vinho é bem esclarecedor da necessidade de uma visão de conjunto, sob pena de estarmos a consolidar o *apartheid* de que falei anteriormente.

---

[192] Ver COM(2003)554 final.

2. As Ajudas ao Rendimento

2.1. *Que Objectivos?*

As ajudas directas ao rendimento criadas em 1992 e reforçadas em 1999 visavam o objectivo pragmático de compensar os agricultores pela redução de preços e de garantias então operada nos sectores das culturas arvenses e da carne bovina. Para além da sua razão de ser objectiva, as ajudas constituíram também o principal argumento para tornar a reforma politicamente aceitável pelos seus destinatários, já que não era justo baixar drasticamente de um dia para o outro um nível de apoio vigente há cerca de três décadas.

Mas, para além das ajudas compensatórias então criadas, outras já existiam com uma origem e justificação diferentes. É em particular o caso dos prémios aos ovinos, cuja lógica se inspirou no sistema dos *deficiency payments*, já que os prémios eram originalmente calculados por forma a preencher o espaço entre uma remuneração razoável e aquela que o mercado proporcionava. Por se tratar de uma actividade importante nas regiões periféricas e desfavorecidas, quer do norte quer do sul da União[193], estas ajudas directas também visavam objectivos sociais e regionais de coesão, sendo consideradas como necessárias numa base permanente. Objectivo semelhante é também o das indemnizações compensatórias às zonas de montanha e desfavorecidas, por forma a compensar os seus agricultores pelas desvantagens permanentes que defrontam na sua actividade.

O caso das oleaginosas é diferente. Como o acordo da então designada CEE com os Estados Unidos previa a sua entrada isenta de direitos no mercado comunitário, as ajudas eram inicialmente pagas às unidades de transformação para as compensar pela diferença entre o preço da matéria-prima no mercado mundial e o preço mínimo que tinham de pagar aos produtores comunitários. Em resultado de um painel criado no GATT para avaliar o caso União Europeia, por alegada distorção de concorrência desse regime de ajudas, foi o mesmo alterado em 1991, tendo a ajuda passado a ser paga directamente aos produtores na base das áreas e das produtividades históricas. Na reforma de 1992 fizeram-se alguns acertos para

---

[193] Cerca de 75% dos ovinos e 88% dos caprinos são produzidos nas regiões desfavorecidas e de montanha da União Europeia.

tornar o regime coerente com as ajudas aos cereais e às proteaginosas. Pela sua génese, é legítimo afirmar que estamos perante um regime de ajudas que assume uma compensação aos agricultores comunitários por não serem competitivos à escala internacional. Porém, apesar da história ter tido outro trajecto, não seria deslocado, após um certo período de tempo, colar o argumento às restantes ajudas compensatórias da redução dos preços.

Ainda em 1992, no quadro das Medidas de Acompanhamento, foram criadas ajudas por hectare aos agricultores que se comprometessem a cumprir determinadas práticas ambientais, assim como aos que florestassem áreas agrícolas, compensando-os pela correspondente perda de rendimentos, por um período máximo de 20 anos. Pressupõe-se nestes casos uma relação contratual objectiva entre uma entidade pública e o beneficiário.

Por fim a Reforma de 2003 criou um regime dissociado de ajudas que passou a substituir, em larga mediada, as ajudas por hectare e por cabeça de gado, criadas e reforçadas nas anteriores reformas. Em simultâneo com esta alteração a UE passou também a designar estas ajudas por *ajudas ao rendimento*, assumindo formalmente uma evolução face à anterior designação de *ajudas compensatórias* da redução dos preços.

Os quatro exemplos de ajudas acabados de referir, servem tão só para demonstrar que na actual PAC já existem diversos tipos de ajudas directas com objectivos e fundamentação distintos. Importará assim que proceder à análise da sua coerência interna e razão de ser uma vez que se trata de matéria ainda não completamente estabilizada no contexto da PAC e consequentemente susceptível de alterações no futuro.

Na verdade, a forma dispersa e ocasional como essas ajudas foram surgindo ao longo do tempo e a expressão que chegam já a ter na formação do rendimento de muitos produtores, tornaram mais visíveis os desequilíbrios e as diferenças de tratamento concedidos pela PAC aos diferentes agricultores. É visível, designadamente, uma fractura entre produções com e sem ajuda, que implica uma diferenciação de tratamento regional, atendendo à composição do produto agrícola de cada região. Como é bom de ver, não é pois sustentável a prazo a exibição destas diferenças, já que os cidadãos não compreenderão porque é que numa mesma região uns agricultores têm direito a receber ajudas directas ao rendimento e outros não.

Obviamente que existem diferenciações físicas que marcam graus diferentes de perecibilidade e de possibilidades de apoio entre culturas, e que há produções com mais valias comerciais específicas. Mas se isto é verdade para os produtos hortícolas, com um ciclo de produção rápido, já não é tão evidente para, por exemplo, certos pomares e para a vinha, que ocupam o território de forma plurianual, e em muitos casos são a única solução possível para combater a erosão dos solos e a desertificação.

Passados que foram sete anos sobre a reforma da PAC de 1992, e tendo presente algumas situações de alta nos mercados mundiais (a evidenciar situações no mínimo polémicas de sobrecompensação nas zonas agrícolas mais férteis e ricas da União), era de esperar que a reforma de 1999 viesse atenuar as clivagens criadas pelas ajudas compensatórias da redução dos preços. Em vez disso aumentou-as, como vimos atrás. Assim como ficou manifesto que o novo sistema da pagamento único dissociado (criado pela reforma de 2003) apenas corresponde a uma operação cosmética do ponto de vista distributivo, já que não altera as bases de cálculo.

A razão para rever o papel das actuais ajudas directas na PAC decorre dos objectivos assumidos de reforço dos mecanismos de mercado, com a consequente redução do suporte via preços.

Ora, a conhecida desigualdade de qualificação profissional e de estruturas e condições de produção entre os agricultores e entre regiões, determina diferentes capacidades de ajustamento. Nalguns casos esse ajustamento será conseguido progressivamente, noutros casos, se nada for feito, o desfecho será o abandono da presença do Homem, já que em muitas dessas regiões nenhuma actividade sobrevive à agricultura.

Mas as ajudas, sendo uma componente importante da política agrícola, podem ter efeitos perversos que há que acautelar. Em primeiro lugar o seu custo orçamental tende a ser muito grande, para além dos *custos de oportunidade*[194] que implicam para outras actividades. Em segundo lugar porque podem prejudicar ou mesmo impedir a diversificação, a modernização e o ajustamento estrutural da própria agricultura, e podem acentuar disparidades entre diferentes tipos de explorações.

Para evitar que essas distorções ocorram, deverá assegurar-se previamente o respeito por algumas regras básicas (OCDE, 1990 e 1994-c). Em princípio elas serão tanto menores quanto:

- Maior for o rigor na identificação dos destinatários, por forma a não afectar meios a quem não necessita tanto desses apoios;

---

[194] Os *custos de oportunidade* são os prejuízos sofridos indirectamente por outros sectores ou objectivos em virtude de se ter tomado a decisão de afectar meios a determinados fins e não a outros.

- Mais independente for o pagamento das ajudas em relação a qualquer nível de produção ou de utilização de factores de produção, a fim de não interferir na transmissão dos sinais do mercado às decisões de produção;
- Mais alargado for o leque das culturas ou produtos abrangidos, a fim de minimizar discriminações entre produtores e regiões.

No actual contexto da PAC existem duas questões de fundo a esclarecer previamente e de cuja resposta muito depende a sua própria evolução futura:

Quais são os objectivos a alcançar pelas ajudas?

Quais as bases de cálculo em que devem assentar para que possam cumprir os objectivos pré-determinados, maximizando a eficácia redistributiva e administrativa?

2.2. Ajudas Permanentes

O ponto de partida para a reflexão que se impõe é a actual situação de desenvolvimento assimétrico da Europa, com muitas regiões em risco de despovoamento total em resultado do abandono progressivo da actividade agrícola.

O êxodo agrícola, que leva ao abandono rural, tem duas consequências imediatas: a descaracterização da paisagem rural europeia e a degradação do ambiente. Para corroborar este último argumento, basta evocar a função das vinhas de encosta no combate à erosão dos solos, da floresta na regularização fluvial e climática ou ainda a redução da biodiversidade em resultado da falta de alimentos para a fauna selvagem.

Por outro lado, com a morte de muitas vilas e aldeias, irá desaparecendo a pouco e pouco muito do património arquitectónico e cultural da Europa, ou seja, parte da sua longa e multifacetada história.

Pelas razões expostas, os objectivos de preservação do ambiente, do património e da paisagem rurais (que são, afinal, objectivos de ordenamento do território), só serão conseguidos com a presença dos agricultores e da sua actividade produtiva.

Em termos económicos, estamos perante um caso de *externalidades* criadas pela agricultura. Isto é, vantagens que ela proporciona à sociedade, mas que esta (ainda) não remunera devidamente, seja pela inexistência de um mercado com os correspondentes preços, seja pela ausência de mecanismos administrativos de regulação.

Apesar de o turismo rural, a caça, a pesca e outras actividades ligadas ao ar livre e à agricultura, experimentarem um crescendo de procura, elas não bastam por si só à sobrevivência dos agricultores em muitas regiões rurais. Haverá, por isso, que criar uma modalidade de remuneração por essas funções. A forma mais simples de o fazer é através de um sistema de ajudas directas ao rendimento, que deverá perdurar até ao surgimento de um mercado remunerador para essas *externalidades* que a agricultura presta à sociedade.

A lógica subjacente ao presente raciocínio é a de que a agricultura, pelo seu carácter multifuncional, é sempre um elemento determinante para o ordenamento do território, nos termos amplos em que este se define.

Ora, nalgumas zonas a actividade agrícola não será capaz de resistir, nem à liberalização da componente de preços e mercados da PAC, nem à mundialização das trocas comerciais. Outras zonas, em contrapartida, quer pela sua localização central em relação aos mercados, quer pela sua elevada produtividade física, ou ainda pela especificidade e valorização dos seus produtos, são em si mesmas competitivas, podendo dispensar uma ajuda de carácter permanente destinada a evitar o desaparecimento da agricultura. Em consequência, impõe-se à partida uma zonagem ao nível do espaço da União, de forma a ser possível modular a ajuda em função de tais circunstâncias.

Apesar de ser inevitável uma complexa negociação acerca dos critérios a seleccionar para tal modulação, julgo que o indicador mais simples e objectivo é o do rendimento por activo agrícola, sem excluir outros eventuais factores de carácter muito selectivo, como a altitude, a densidade demográfica e a debilidade ecológica de determinados sistemas agrários. Só os agricultores das zonas onde estes critérios revelassem níveis de maior desfavorecimento, teriam acesso a ajudas permanentes.

2.3. Bases de Cálculo

A escolha da base de cálculo das ajudas permanentes é determinante para assegurar o cumprimento dos objectivos pretendidos. Dada a natureza destes, as ajudas permanentes deverão ser o mais possível desligadas quer dos níveis de produção, quer do tipo de culturas, quer ainda das respectivas produtividades. Desta forma os agricultores ficam totalmente livres para produzirem o que a cada momento julgarem mais conveniente, o que garante a neutralidade do sistema face aos sinais de mercado e às especificidades e condicionantes naturais de cada região. Se um agricultor tomar a opção de não produzir, teria acesso ao pousio ambiental voluntário, ainda que limitado a um determinado limite para evitar fenómenos de absentismo em grande escala e em si mesmos contraditórios com o objectivo que determinou as ajudas.

Pela mesma lógica, as áreas florestais com espécies de crescimento lento também seriam elegíveis para ajuda, na condição de os beneficiários se comprometerem a assegurar padrões adequados de limpeza e conservação.

Pela sua natureza supletiva, bem como pela sua vocação redistributiva, o valor das ajudas teria um limite mínimo e um limite máximo por exploração. O mínimo funcionaria como *rede de segurança* do sistema, destinado a compensar as pequenas explorações pelas distorções da PAC em favor da dimensão e da especialização. O limite máximo impõe-se por razões orçamentais e pela adequação ao cumprimento dos objectivos da ajuda, ou seja, uma razão de eficácia nas transferências de recursos públicos (Colson, 1998).

Na verdade, como prevalece a lógica do povoamento, ou seja, da presença ordenadora do homem-agricultor, justifica-se esse tecto, sem o que o orçamento ficaria sempre sob pressão, sem meios para compensar minimamente as explorações mais débeis e as das regiões mais desfavorecidas. Foi aliás nesta sequência lógica que o Parlamento Europeu tem exprimido a sua posição política tentando influenciar o Conselho. Em 1996 aprovou uma resolução em que apelava à Comissão e ao Conselho para estabelecer um limite para as ajudas compensatórias, por forma *"a corrigir a injusta repartição dos apoios europeus e lutar contra os vícios da concentração e da intensificação excessivas*[195]*"*, e no seu relatório geral sobre a reforma da Agenda 2000 em 1998 voltou a fazê-lo[196], recomendando mesmo que, para evitar eventuais discriminações resultantes dos diferentes significados da dimensão fundiária, essa limitação poderia ser feita com base no volume de emprego das explorações.

São múltiplas as opções de escolha de modalidades do sistema de ajudas em questão, sendo certo que quanto maior for o leque de modali-

---

[195] Resolução B4 – 0137/96.
[196] Resolução A4-0219/98 (Relatório Cunha).

dades e de excepções, maior é o risco de fraude e de ineficácia do próprio sistema.

O actual regime de indemnizações compensatórias (IC) aos agricultores das regiões desfavorecidas e de montanha, que abrangem 56% da superfície agrícola útil (SAU) da União Europeia (86% no caso de Portugal), pode constituir uma base de trabalho[197] para o sistema de ajudas ao rendimento de carácter permanente que se impõe criar, com as devidas adaptações e correcções.

Para garantir a prevalência de uma lógica de equidade e convergência, três questões se impõe referir a este respeito.

Em primeiro lugar, a elegibilidade das diferentes zonas tem que obedecer a uma correcta ponderação dos factores de desequilíbrio. Sendo certo que estes terão de reflectir situações relativas de desfavorecimento no interior de cada Estado Membro, é certo também que os critérios mínimos de elegibilidade a nível nacional não poderão ser superiores a uma média comunitária de referência. Todavia, face à inegável dificuldade política deste cenário, julgo que o objectivo em causa também se cumpriria relativamente se em vez dessa média única, fossem consideradas as de 3 ou 4 macro-regiões da UE, por forma a tomar em consideração as diferenças económicas e agronómicas .

Em segundo lugar, o montante unitário da ajuda a definir deverá ser único para todo o espaço da União, quer se baseie nas superfícies, quer nas cabeças de gado. É óbvio que o sistema pode permitir modulações. Todavia, estas teriam que ser rigorosamente ponderadas por forma a não distorcerem a lógica de equidade subjacente, nem a prejudicar a eficácia.

A terceira questão tem a ver com a necessidade da supressão da actual faculdade de permitir aos Estados Membros níveis diferenciados de IC a atribuir aos seus agricultores, desde que situados entre um limite mínimo e um máximo. Trata-se de uma questão que, adicionada ao facto de tais ajudas poderem ser ainda majoradas pelos Estados Membros a partir dos seus orçamentos nacionais, constitui um factor de renacionalização da política agrícola e um obstáculo à coesão, impossível de ultrapassar, por incapacidade orçamental dos Estados mais pobres.

Por estas razões, as ajudas desta natureza actualmente recebidas em Portugal (um total de 55,5 milhões de euros na campanha 2000/01) têm um valor médio por exploração inferior a 50% do correspondente valor da

---

[197] Ver anexo à Directiva 75/268/CEE.

UE. Em relação a Estados Membros mais desenvolvidos e com menor grau de desfavorecimento nas suas zonas rurais esse valor é inferior a um terço(casos da Alemanha e da Áustria, por exemplo).

Três últimas questões a observar ainda a este respeito.

A primeira tem a ver com as culturas e actividades elegíveis para ajuda. Se, como sugiro, o figurino das IC for tomado como base das futuras ajudas permanentes, não poderá excluir determinadas ocupações do solo, como por exemplo as culturas permanentes ou de regadio, sob pena de criar distorções inaceitáveis.

A segunda refere-se ao montante unitário da ajuda, que terá de ser substancialmente aumentado sob pena de uma inaceitável subalternização da política sócio-regional face à compensação pela redução dos preços. Se tomarmos como exemplo o actual valor médio da IC por CN, verificamos que ele equivale a pouco mais do que um terço do nível médio dos prémios pagos ao sector bovino no quadro da reforma da PAC.

A terceira observação é que a decisão, tomada na reforma da Agenda 2000, de as IC apenas serem pagas com base na área elegível das explorações, vem penalizar as pequenas explorações e, consequentemente os Estados Membros com uma estrutura fundiária mais deficiente, que são em geral os mais pobres. Pequenas explorações essas que são as que têm maior peso relativo na criação de emprego e na economia rural envolvente (OCDE, 1997 op. cit.) devendo, por isso, ser um objectivo prioritário da PAC e da política de ajudas ao rendimento em particular.

Em resultado destas reflexões, parece-me ser de encarar a possibilidade de as IC passarem a ser atribuídas com base no volume da mão-de--obra total (comprovada ou estimada) por exploração. E estaríamos assim a dar um passo face aquilo que me parece ser um factor de ponderação com um peso crescente nos critérios de determinação das ajudas directas ao rendimento.

2.4. *Ajudas Transitórias*

As ajudas até agora referidas, que poderão ser designadas de sócio--regionais, são as únicas que se podem justificar com carácter permanente, na base de um contrato de longo prazo, enquanto prevalecerem as condições que estiverem na base da sua criação.

Todavia, a continuação da aproximação da agricultura da União ao mercado mundial pode justificar objectivamente a existência de ajudas transitórias, do tipo das criadas em 1992 e 1999, nos sectores que forem objecto de reduções adicionais de preços e de protecção de mercado. A sua justificação decorre do facto de os agricultores terem programado a sua actividade, ou até feito investimentos, muitos deles inclusivamente cofinanciados pelo FEOGA, num determinado quadro de política sectorial, e esse quadro ser depois substancialmente alterado.

Os inconvenientes deste sistema de ajudas são os mesmos que marcam a política de preços e mercados, que ele visa substituir na sua componente de apoio ao rendimento. Estes inconvenientes têm essencialmente a ver com uma distribuição muito desigual entre produtores, além de continuarem a privilegiar a intensificação, já que se baseiam na lógica de compensar mais quem mais benefícios perde. Uma justificação que pode ser aceitável durante um certo tempo, mas que perde depois razão de ser, face aos objectivos mais fortes e gerais da futura política agrícola e rural, cuja realização pressupõe, entre outros aspectos, a introdução de elementos de correcção redistributiva.

Para minimizar esses inconvenientes, impor-se-iam dois requisitos fundamentais a um sistema de ajudas deste tipo:

- Ser temporário e degressivo, vigorando apenas durante o período considerado necessário à amortização de um investimento-padrão. Nas culturas aráveis e na pecuária esse período não vai normalmente além de 5 anos.
- Ser socialmente convergente, por forma a serem atenuados os seus principais efeitos de assimetria. Uma solução possível para a realização deste objectivo poderia ser baseada na regra da *extensificação,* o que corrigiria um dos vícios da política de preços do passado; tal poderia ser concretizado pela determinação da ajuda com base numa produtividade média da União, ou na sua desagregação em macro regiões.

Ainda que este cenário continue a ser difícil de aceitar para certos países que no passado inundaram os mercados e esgotaram os financiamentos da PAC com os seus excedentes, haverá de chegar um dia a hora de serem feitas opções acerca do futuro que queremos para a União e para a sua agricultura. E, neste contexto, parece inquestionável não continuar a compensar o produtivismo.

Uma tal solução funcionaria como um tecto de produtividade que determinaria o limite da compensação. O que há liminarmente que rejeitar é a possibilidade de, ao atribuir ajudas a uma determinada zona na base da sua baixa produtividade, ela ser penalizada por ser extensiva, em total contradição com os objectivos de preservação ambiental e de regulação da produção, que também são inerentes à política agrícola.

Na prática, este sistema de ajudas temporárias e degressivas só funcionaria autonomamente nas zonas não elegíveis para a ajuda de carácter permanente, já que nas outras o elemento de compensação pela baixa de preços e de protecção seria incorporado como factor de majoração no regime de ajudas permanentes aí aplicável.

3. Revitalizar o Mundo Rural

3.1. *O que é o Mundo Rural?*

O Mundo Rural é todo o espaço não directamente polarizado ou envolvente das áreas metropolitanas ou das grandes cidades, sendo normalmente delimitado em função da menor densidade populacional ou da maior importância relativa da agricultura na economia e na sociedade.

Em estudo recente do Parlamento Europeu (PE, 1999), estima-se que o Mundo rural (definido na base das NUTE III[198] como áreas com uma densidade inferior a 100 habitantes por quilómetro quadrado e mais de 11% da população activa na agricultura) representa 76% do território da UE15 e 31% da sua população.

Os estudos desenvolvidos pela OCDE mostram que estas áreas apresentam níveis de rendimento inferiores aos das zonas urbanas e têm registado desde há várias décadas mutações económicas e sociais profundas, que as tornam mais vulneráveis aos impactos da mundialização da economia.

As causas desta vulnerabilidade do mundo rural são diversas, destacando-se de entre elas[199]:

---

[198] Nomenclatura de Unidades Territoriais para fins estatísticos. As NUTE de nível 1 correspondem a cada País, as de nível 2 às Comissões Coordenação e Desenvolvimento Regional (CCDR) e regiões Autónomas, e as de nível 3 aos Agrupamentos de Concelhos.

[199] Ver *El Futuro del Mundo Rural* 1992, Dirección General de Estudios, Parlamento Europeo, Luxemburgo.

- A redução continuada do peso da agricultura na economia[200], sem que tenham entretanto surgido alternativas. Uma redução que resulta da evolução da economia mundial, marcada pela concentração urbana, pela industrialização, e posteriormente pela terciarização. Mas marcada também pela abertura dos mercados agrícolas europeus ao comércio internacional, pela explosão das produtividades físicas resultantes do progresso técnico (sementes e material vegetativo melhorados, mecanização, intensificação produtiva pelo uso de fertilizantes e pesticidas, etc.). No caso europeu acrescem os efeitos da PAC, que se reflectiram na concentração da produção nas áreas mais produtivas e mais centrais;
- A redução dos níveis de rendimento agrícola, ou não recuperação a ritmo desejável, relativamente às médias dos outros sectores da economia;
- A pouca capacidade para atrair investimentos nos sectores secundário e terciário, em resultado da insuficiência de infra-estruturas de acesso e acolhimento, e da sua localização periférica relativamente aos grandes mercados;
- Condições de vida e trabalho pouco atractivas para fixar as populações com expectativas profissionais mais ambiciosas, especialmente os jovens. À medida que se foram desenvolvendo infra--estruturas culturais, educativas e de saúde um pouco por todo o lado, o que mais sobressai hoje é a falta de oportunidades profissionais motivadoras para a população activa mais jovem. Verifica--se, aliás, um conflito de desfecho imprevisível, entre o nível de formação tendencialmente mais avançada destes jovens rurais e a sua região, que não é capaz de lhes assegurar saídas profissionais compatíveis com a formação que tiveram;
- Problemas ambientais, quer decorrentes da poluição, quer dos efeitos do abandono rural, como são os casos da erosão e dos incêndios florestais, quer ainda da destruição de terras agrícolas nas zonas mais próximas das cidades.

Pelas razões referidas, a União Europeia, bem como a OCDE, têm lançado desde o início da década 80, o debate sobre a necessidade de uma

---

[200] Em França existem estimativas de evolução das actuais 1,2 milhões de explorações para 500.000 em 2005 e 350.000 em 2015 (Béteille,1995).

política para o espaço rural, sendo ponto comum dos vários estudos e reflexões desenvolvidos que a importância do Mundo Rural vai muito para além do peso da sua componente produtiva na economia. Ele desempenha *funções vitais* (CCE, 1988) para a sociedade, pelo que representa em termos de equilíbrio e estabilidade social decorrentes de um desenvolvimento harmonioso nas várias parcelas do território de cada país: contraria a concentração nas grandes cidades; e preserva o ambiente, a paisagem e o património rurais, que estão na base da história e da identidade dos povos.

3.2. Iniciativas da União Europeia

Embora de forma lenta, a União Europeia foi a pouco e pouco lançando algumas medidas no sentido de encontrar respostas para estes problemas. O impulso mais significativo ocorreu com a reforma dos fundos estruturais de 1988 e os subsequentes *Planos Delors* I e II, concretizados pelos Quadros Comunitários de Apoio de (1989-93) e de (1994-99).

A estratégia concebida[201] assentou designadamente numa zonagem do espaço comunitário, na definição dos objectivos a perseguir e na correspondente definição dos instrumentos de intervenção, incluindo as respectivas condições e modalidades de financiamento:

- Zonas de objectivo 1, que correspondem a situações de atraso estrutural relativo, com um nível médio de rendimento por habitante inferior a 70% da média comunitária, o que abrange a totalidade das populações em Portugal[202], Grécia e Irlanda, 60% em

---

[201] Um estudo realizado pelo Gabinete de Apoio da Universidade Técnica de Lisboa, em 1994, para o Ministério da Agricultura (*Estudo Sectorial/Regional da Base Microeconómica para o Planeamento da Agricultura Portuguesa*) prevê que 60% das explorações portuguesas não sejam viáveis a médio e longo prazo. Tal cenário de ajustamento estrutural, que afectaria principalmente as pequenas explorações do Norte e do Centro, poderá ser moderado e orientado através de uma combinação adequada de medidas de política com incidência nos investimentos, nas ajudas ao rendimento e nos mercados.

[202] Com a integração dos NPA, o nível médio de rendimento por habitante, na UE, baixará ,passando Portugal a ser *estatisticamente* mais rico, facto que se traduzirá na exclusão progressiva de uma parte relativamente importante do nosso país das zonas do objectivo 1.Com efeito e com excepção do Chipre, Letónia e Lituânia, todos os outros NPA exibem níveis de rendimento per capita inferiores a 75% da média comunitária. Veja-se, por exemplo a situação dos países mais populosos, como a Polónia, a Hungria

Espanha, 37% na Itália, 21% na Alemanha, 13% na Bélgica, e 4% na França. Todos os investimentos decorrentes de políticas comunitárias são apoiados nas condições financeiras mais vantajosas.
- Zonas de objectivo 5b), correspondentes a situações mais marcadamente rurais, mas com rendimento médio superior a 70% da média comunitária. São aí definidas como prioridades a diversificação de actividades económicas, a conservação dos recursos naturais e do ambiente, o desenvolvimento das pequenas e médias empresas industriais, do turismo rural e dos produtos típicos, a melhoria da formação da mão-de-obra, assim como a criação ou melhoria da base de infra-estruturas.
- Zonas de objectivo 5a), elegíveis em todo o espaço da União e onde se visa realizar a adaptação das estruturas agrárias. De entre as acções elegíveis destacam-se as relativas à modernização das explorações, à instalação e apoio aos jovens agricultores, às indemnizações compensatórias destinadas aos agricultores das zonas desfavorecidas e à promoção da comercialização e transformação dos produtos agrícolas e florestais.

As zonas classificadas nos dois objectivos inicialmente citados realizam também as acções previstas no objectivo 5a), mas em condições financeiras mais favoráveis e com a vantagem de poderem ser realizadas no contexto de programas integrados com outras dimensões e instrumentos complementares.

Ainda que longe das expectativas criadas, a Agenda 2000 deu continuidade às iniciativas anteriores, mantendo o mesmo tipo de acções nas regiões de objectivo 1 passando, fora destas, para o novo objectivo 2 (reconversão económica e social de zonas com dificuldades estruturais) as acções anteriormente financiadas ao abrigo dos objectivos 5a) e 5b)[203]. Por outro lado, simplificou consideravelmente todas as diferentes medidas no quadro de um único regulamento, e introduzindo o conceito de *segundo pilar* para designar a importância crescente que se pretende atribuir a esta dimensão da PAC, bem como a sua inseparabilidade das suas outras

---

e a República Checa, nos quais este parâmetro exibe valores muito baixos: 40%,51% e 57% respectivamente.

[203] Para além destes dois objectivos, fixou um terceiro, destinado a financiar acções de formação com o objectivo de melhorar as políticas de educação e de emprego. A nova política estrutural passou assim de 6 para 3 o número de objectivos operacionais.

dimensões. O novo regulamento 1257/99 prevê a este respeito um *menu* de 22 medidas integradas em 9 capítulos: investimentos nas explorações agrícolas; instalação de jovens agricultores; formação profissional; cessação antecipada de actividade; indemnizações compensatórias aos agricultores das zonas desfavorecidas e das novas zonas classificadas como tendo restrições ambientais; medidas agro-ambientais; medidas agro-florestais; melhoria das estruturas de comercialização e transformação; e promoção, adaptação e desenvolvimento das zonas rurais.

Caberá depois aos Estados Membros a elaboração de programas integrados de desenvolvimento rural numa óptica que se pretende descentralizada. Na verdade, de pouco teria servido fazer avanços a nível comunitário nesta matéria se ficássemos por aqui. É dentro desta concepção descentralizada, de formulação e aplicação no terreno, que deverão ser incorporadas as medidas com melhor capacidade de resposta aos problemas de cada região, o que significa que poderão diferir de um lado para o outro. A aprovação final continua a ser da competência da Comissão Europeia.

Embora as medidas de desenvolvimento rural possam ter como beneficiários directos agricultores e não agricultores, é de esperar em princípio que as acções financiadas pelo FEOGA se dirijam aos primeiros e os restantes fundos estruturais – que também podem financiar esses programas – financiem os segundos. De notar que esta conjunção de fontes de financiamento pode aplicar-se quer nas regiões de objectivo 1 quer nas de objectivo 2 (áreas sujeitas a processos de reconversão económica e social).

Conforme referi no capítulo II, a grande inovação desta nova política advém do facto de o seu financiamento ser proveniente do FEOGA-Garantia, excepto nas regiões de objectivo 1, onde só as antigas medidas de acompanhamento, as indemnizações compensatórias e as medidas veterinárias e fitossanitárias, são integradas, continuando as restantes a ser financiadas pelo FEOGA-Orientação que assim desaparece como instrumento financeiro nas regiões normais.

Para além da reforma dos fundos estruturais é de referir, pelo seu significado e carácter inovador, o programa LEADER, aplicado desde 1991 nas zonas elegíveis para os objectivos 1 e 5b). Entre os seus objectivos destacam-se:

- A diversificação de actividades a partir da mobilização dos recursos endógenos, designadamente o turismo rural e indústrias artesanais ligadas à agricultura, à floresta, à pesca e à cinegética;

- Integração do turismo rural nas redes europeias de operadores do turismo, de forma a superar os inconvenientes da dispersão da sua oferta e a afirmar a sua qualidade diferenciada;
- Recuperação do património cultural e paisagístico, desde que ligado à valorização dos recursos locais e à criação de emprego;
- Formação profissional das populações, designadamente das mais jovens, para enfrentar as mudanças em curso .

A experiência até agora colhida é muito positiva, não só pela sua filosofia integradora de projectos e de recursos, mas também pelo seu carácter descentralizado e capacidade de mobilização dos agentes locais, juntando entidades privadas, cooperativas e associativas, com entidades públicas de nível central, regional e local. Neste contexto, a função da Administração Central assenta essencialmente na análise da credibilidade curricular dos consórcios locais candidatos à promoção e gestão do programa, na produção de normas que garantam a viabilidade económica dos projectos aprovados e a sua a inserção nos objectivos gerais , bem como na sua inalienável função fiscalizadora.

Foi em função dessa boa experiência do passado que o terceiro quadro comunitário de apoio (2000-2006) decidiu continuar a manter de forma autónoma o programa LEADER (agora designado *LEADER "plus"*), enquanto iniciativa comunitária com carácter demonstrativo, com um envelope financeiro de 2020 milhões de euros[204].

Ao fim de quase 10 anos de experiência, já era tempo de o LEADER evoluir em natureza e recursos, do seu carácter piloto para uma verdadeira política comum de desenvolvimento rural de carácter universal. Espero que após os próximos sete anos de experiência se dê esse passo, então já no contexto de uma União Europeia alargada.

3.3. *Tipologia e Estratégia de Acção nas Zonas Rurais*

As zonas rurais são profundamente diversas entre si. O que pressupõe que as políticas que lhe são dirigidas obedeçam a uma lógica de tipi-

---

[204] Cuja distribuição contemplou, designadamente, a Espanha com 467 milhões de euros, a Itália com 267, a França com 252, a Alemanha com 247, a Grécia com 172 e Portugal com 152 (Boletim Europe n.º 7575 de 1999.10.15). Ver também COM(99)475 final.

ficação e de selectividade em função das suas características diferenciadas e dos objectivos a atingir em cada uma delas.

O estudo do PE atrás referido realça de forma sintética estas diferenças no contexto da UE15 onde distingue três grandes blocos: o da Europa do Centro e Norte, o da Europa do Sul (Espanha, Grécia, Itália e Portugal) e um espaço intermédio formado pela Irlanda e pela Finlândia. No primeiro caso o Mundo Rural representa 70% do território e 20% da população, no segundo 82% e 55% e no terceiro 91% e 63%, respectivamente.

São referidas duas notas especialmente marcantes destas diferenças. A primeira é que o espaço rural nas zonas intermédias e nos países do Sul da Europa é muito mais habitado do que nas zonas do Norte e Centro da Europa. A segunda é que o espaço rural no Sul é muito mais agrário do que no Norte (mais elevadas taxas de emprego na agricultura), apresentando igualmente um nível de rendimento por habitante relativamente mais baixo (70% da população com rendimento inferior a 75% da média da UE15) do que no segundo caso (apenas 16% da população com rendimento abaixo dos 75% da média comunitária).

A OCDE e a Comissão Europeia estudaram com particular profundidade esta diversidade de situações no espaço rural. Ambas tendem a seguir, ainda que usem diferentes designações, uma classificação para as zonas rurais em três grupos, que correspondem globalmente a três tipologias diferenciadas de problemas[205].

Na primeira encontra-se o espaço rural mais próximo das cidades. São normalmente zonas de densidades demográficas relativamente elevadas, que beneficiam dos impulsos económicos decorrentes da sua localização péri-urbana, designadamente pelas facilidades de comercialização dos produtos e pela atracção que exercem sobre populações e investimentos anteriormente localizados em zonas urbanas que entretanto se congestionaram e começaram a provocar movimentos repulsivos.

O seu futuro não coloca problemas em termos económicos. As principais dificuldades têm a ver com o ordenamento do seu espaço e a preservação da sua identidade cultural, com a defesa dos solos agrícolas dos efeitos da expansão urbana, e com a degradação e a descaracterização da paisagem. Por isso a política de desenvolvimento rural para estas áreas

---

[205] A OCDE, 1993, distingue entre zonas rurais *economicamente integradas, intermédias* e *remotas*. Carminda Cavaco (1993), por sua vez, classifica-as em campos periurbanos e urbanos, campos intermédios, e campos em vias de despovoamento e abandono.

deverá centrar-se nas acções que visam assegurar um correcto ordenamento territorial.

As zonas intermédias são as zonas rurais mais representativas na Europa, e nas quais as profundas mutações económicas do nosso tempo tornaram a agricultura incapaz de garantir, só por si, a fixação das populações, e de evitar um movimento continuado de êxodo demográfico.

Os níveis de emprego demasiado baixos que a agricultura aí atingiu impõem uma estratégia de desenvolvimento rural orientada para a criação de empregos em sectores alternativos. A criação ou melhoria das infraestruturas para atracção ou acolhimento de novas empresas e actividades é prioritária. As acessibilidades rodoviárias e ferroviárias, bem como as telecomunicações, são importantes. O esforço de financiamento de equipamentos colectivos terá de ser complementado com medidas de apoio activo às pequenas e médias empresas, tais como incentivos fiscais e financeiros ao investimento produtivo e apoios à formação profissional, à realização de estudos de viabilidade e de mercado, ao agrupamento de empresas para fins comerciais, ou ainda à criação de serviços de apoio às empresas visando a sua modernização tecnológica, ou a sua internacionalização.

São zonas onde a agricultura recuou para níveis completamente incapazes de absorver a mão de obra que vai chegando ao mercado de trabalho e de gerar a riqueza indispensável ao processo de desenvolvimento. Mas onde existem condições para uma substituição, em larga medida, das actividades primárias por secundárias e terciárias.

É neste plano que operam normalmente as políticas regionais, que transportam, por norma, uma actuação integrada e voluntariosa dos poderes públicos para eliminar ou reduzir as assimetrias de desenvolvimento. Estas são entendidas não apenas como disparidades de rendimento ou de níveis de bem-estar, mas também como a diferente capacidade das regiões para utilizar os recursos locais, atrair actividades económicas ou adaptar-se às suas evoluções.

O terceiro tipo de zonas rurais corresponde às áreas mais remotas e periféricas, onde a agricultura tem um peso relativamente elevado na economia e na sociedade. São as zonas de muito baixas densidades demográficas, que não resistiram à emigração para as cidades ou para o estrangeiro, em consequência do maior grau de desfavorecimento da agricultura e das maiores dificuldades que esta teve em suportar a abertura dos mercados. São também conhecidas como o *rural profundo* (Béteille, op. cit.).

O seu carácter extremamente periférico reduziu-lhes a capacidade para atrair investimentos exteriores e a intensidade do êxodo demográfico que sofreram torna nalguns casos muito difícil a reversão da tendência de desertificação. Impõe-se por isso uma política de desenvolvimento que incorpore algumas características especiais:

- Valorizar especialmente os recursos locais, assentes essencialmente na agricultura, na floresta, na caça e na pesca, no turismo e na diferenciação cultural e patrimonial;
- Criar e gerir correctamente as regiões demarcadas de produtos típicos regionais, nos casos em que já constituam tradição, ou em que existam condições objectivas para aparecer;
- Preservar o ambiente e as paisagens rurais, pois são uma das principal base das vantagens comparativas destas zonas para o desenvolvimento do potencial turístico;
- Apoiar os agricultores na diversificação das suas fontes de rendimento, já que as limitações produtivas existentes impõem que as tentativas de diversificação da economia se baseiem primariamente na existência de capacidade de adaptação e diversificação económica dos agricultores.

A análise geral que acabo de fazer aplica-se por inteiro ao caso português, apesar das suas especificidades. Passo a referir alguns exemplos do que poderia ser uma zonagem desta natureza no Continente.

O primeiro grupo é integrado por áreas onde o rural e o urbano quase se confundem e onde a agricultura preenche os espaços intersticiais (Cavaco, 1993) de zonas marcadamente urbanizadas e industrializadas: a parte mais litoral das bacias leiteiras do Entre Douro e Minho e da Beira Litoral e os campos hortícolas do litoral algarvio ou da Área Metropolitana de Lisboa.

O terceiro grupo é relativamente fácil de identificar. Apesar de as densidades demográficas não terem necessariamente o mesmo significado em todo o território, 25-30 habitantes por Km^2 parece-me um valor apropriado para marcar a fronteira do *rural profundo*. Utilizando como base territorial as NUTE III (Nomenclatura de Unidades Territoriais para fins Estatísticos) este grupo integraria o Alto Trás-os-Montes, o Pinhal Interior Norte, o Pinhal Interior Sul, a Beira Interior Norte, a Beira Interior Sul e todo o Alentejo.

De qualquer forma, uma classificação oficial teria de descer até ao nível concelhio para assegurar uma maior aderência à realidade. Exemplos típicos são os casos do interior montanhoso do Minho, de zonas de transição como Basto, o Douro Sul e Superior, da Serra da Estrela ou da serra algarvia, cuja *ruralidade profunda* não é traduzida na agregação estatística das NUTE.

O Mapa I, relativo às densidades demográficas, constitui um guia aproximativo para a zonagem das áreas rurais no nosso país.

A terminar este ponto, importa referir alguns pontos que me parecem especialmente importantes.

O primeiro é que o desenvolvimento do meio rural passará cada vez mais pela articulação de espaços humanamente rarefeitos com núcleos urbanos de pequena e média dimensão. Tal não significa que aqueles estejam desertos! O que sucede é que a mobilidade geográfica dos nossos dias e os padrões de maior exigência de qualidade de vida das populações irão permitir que a hierarquia de funções entre os espaços rurais rarefeitos e os núcleos urbanos desses mesmos espaços rurais seja accionada por uma população crescentemente concentrada nestes núcleos.

O segundo é que a revitalização que se pretende para o espaço rural, seja da União Europeia no seu conjunto, seja de Portugal, jamais repetirá os padrões e níveis de povoamento do passado. Importa pois afastar liminarmente a ideia nostálgica de se poder voltar a um passado nostálgico, com o território saturado de população; porque esta vivia no limiar da miséria, e só lá estava em virtude de não poder fugir em busca de melhor alternativa de sobrevivência.

Mapa I
População residente – densidade em 2001

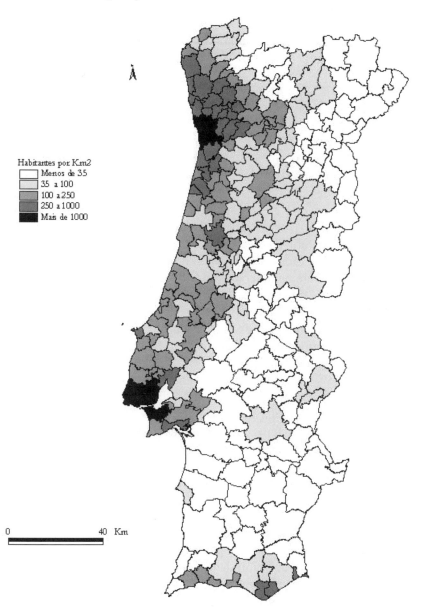

Fonte: INE – Recenseamento da População, 2001

Por fim, importará lembrar que só existirá um mundo rural dinâmico se dispuser de uma estrutura urbana dinâmica e bem hierarquizada. Esta é sem dúvida a primeira prioridade que Portugal terá de resolver, conhecida que é a desarticulação e o grande desequilíbrio da sua estrutura urbana. Daí a importância de dispor de uma política regional operativa em todo o seu território, com uma envergadura financeira obviamente a outra escala.

3.4. Enquadramento e Financiamento da Política Rural

Até à aprovação da novel Agenda 2000, a política de desenvolvimento rural da União Europeia (esta designação era algo forçada, já que se tratava mais de *medidas*, do que de uma verdadeira *política*) sofreu de algumas indefinições de enquadramento que se reflectiram nos meios que lhe foram historicamente afectos, na conflitual idade e confusão institucional na sua definição e aplicação, e, em última instância, na sua pequena expressão e reduzida eficácia.

As principais medidas com impacto no desenvolvimento rural foram até então predominantemente concebidas e aplicadas como componentes da política regional. Tal significa, entre outras coisas, que os ministérios da agricultura intervinham normalmente como partes de um todo habitualmente liderado por ministérios de vocação horizontal com a tutela da economia, do planeamento, do equipamento, da administração autárquica ou do ordenamento do território.

Compreende-se assim que, num tal contexto, os recursos financeiros fossem prioritariamente afectos às grandes infra-estruturas e aos sistemas gerais de incentivos. Em relação ao primeiro caso, sucede com frequência que as opções feitas reflectem excessivamente a lógica dos serviços públicos ou das autarquias locais, subvalorizando frequentemente a perspectiva dos agentes económicos, que pouca influência têm nas opções de fundo . No caso dos sistemas de incentivos, o processo é normalmente centralizado, perdendo com frequência uma perspectiva de desenvolvimento sustentado que os projectos aprovados deveriam incorporar.

Com os inevitáveis riscos de uma simplificação, pode dizer-se que a política regional está mais centrada na promoção das cidades intermédias, nas PME's e nas grandes acessibilidades, enquanto que a política de desenvolvimento rural está mais vocacionada, ainda que não exclusivamente, para apoiar o empresário-agricultor, as micro-empresas (quase sempre as únicas existentes nas de zonas humanamente rarefeitas), e as iniciativas de muito pequena escala que escapam à esfera de acção regular das políticas regionais.

Refira-se, por outro lado, que para ser eficaz, a política de desenvolvimento rural tem de partir do pressuposto de que a base de toda a dinâmica de diversificação económica que se pretende implantar é a agricultura, com tudo o que de positivo e negativo isso significa.

A primeira consequência desse pressuposto é que o agricultor, para ser motivado para o futuro, precisa de sentir alguma estabilidade de rendimento e algum sentido produtivo na sua actividade. Isso requer a existência de uma política agrícola que, como já referi antes, valorize as produções de qualidade destas regiões e crie um sistema modulado de ajudas directas ao rendimento.

A segunda consequência é que, em igualdade das demais circunstâncias, é necessário dar prioridade no acesso aos incentivos e apoios aos agricultores que visem desenvolver a pluriactividade e a diversificação da base económica. Conseguir-se-á assim robustecer o núcleo empresarial mais identificado com o meio envolvente e reforçar o sector com mais ligações directas e indirectas à economia local. Uma tal abordagem não deve, porém, prejudicar o alargamento da base empresarial a agentes económicos com outras origens e experiências, o que constitui em si mesmo um objectivo, não só desejável como indispensável, sem o qual a política rural seria incompleta e ineficaz.

O separar de águas em relação à política regional não levanta em si mesmo grandes dificuldades. Face ao que acabo de referir é perfeitamente possível definir o espectro de elegibilidade para as duas políticas, essencialmente na base do montante do investimento, localizado necessariamente numa zona rural. Consagra-se assim uma coexistência geográfica das duas políticas, devendo e podendo ser previstos casos de actuação conjugada em programas integrados especiais.

Com a aprovação do Regulamento (CE)1783/2003, que alterou o Regulamento (CE) 1257/1999, a esfera de autonomia dos programas de desenvolvimento rural fica claramente delimitada. Todavia a questão da articulação com os outros fundos e com a política regional continua a ser pertinente atendendo ao facto de os programas poderem ter um financiamento plurifundos.

O programa LEADER constitui em si mesmo um bom argumento. Apesar de não ser financiado pelo FEOGA, é coordenado a nível da UE pelo Comissário responsável pela agricultura e desenvolvimento rural e a nível nacional pelos ministérios da agricultura. Para além da parceria interinstitucional, boa parte do seu sucesso resulta do conhecimento local que as estruturas da Administração ligadas à agricultura têm, apesar de a maior parte dos seus beneficiários directos não serem agricultores. Todavia, se o programa deixar de ser uma iniciativa comunitária de carácter mais ou menos experimental para passar a assumir uma expressão de política comum, e de maior vulto financeiro, irão inevitavelmente aumentar as pressões dos ministérios horizontais no sentido de chamarem a si a função de liderança e coordenação.

Sendo hoje claro que as regiões mais marcadamente rurais serão as mais afectadas pela evolução mais liberalizante da PAC, e que em muitos casos a sobrevivência dos agricultores estará menos dependente da produção agrícola do que do exercício de actividades conexas ou complementares, será fundamental concluir que uma política reforçada de desenvolvimento rural terá de ser parte integrante da futura PAC. Chamar-lhe-ei, a título de desafio, *PARC (Política Agrícola e Rural Comum)*.

Parece ser esta, de resto, a lógica subjacente ao *Livro Branco* sobre o futuro da PAC apresentado ao Conselho Europeu de Madrid de 1995, assim como o espírito da organização e das conclusões da Conferência de Cork de 1997, quando afirma que os agricultores terão de ser, cada vez mais, *empresários rurais*.

Evitar-se-á assim que as medidas dirigidas aos agricultores estejam dispersas por diferentes políticas, e conseguir-se-á que todas as dimensões da política agrícola tenham a mesma base de comunitarização, cortando--se assim pela raiz a tentação de renacionalização de alguma delas.

Acima de tudo, impõe-se um equilíbrio orgânico e funcional dentro da futura *PARC*, atendendo às novas dimensões que integram ou condicionam actualmente a agricultura. De facto, com uma dimensão de desenvolvimento rural assumida no seu seio, estaria assegurada de forma permanente a coordenação e equilíbrio entre todas as suas componentes.

A ênfase que coloco neste ponto é deliberada. Há que rejeitar à partida a ideia de que a componente de desenvolvimento rural, e, em geral, as medidas dirigidas às regiões mais desfavorecidas, sejam uma espécie de prémio de consolação para as compensar pelos efeitos distorçores da política de preços e mercados. Foi esse raciocínio implícito que levou no passado à exibição de uma componente de desenvolvimento rural na PAC, a qual, porém, pela sua expressão financeira insignificante face às restantes medidas, acabou por funcionar ,em certa medida, como uma operação de fachada. Assim se iludiu politicamente durante muito tempo a reforma necessária para criar equilíbrio interno e dar resposta adequada à pluralidade de problemas do espaço rural da União Europeia.

Ao assumir o desenvolvimento rural como o *segundo pilar* da PAC, a reforma da Agenda 2000 veio dar um passo determinante neste percurso de evolução que defendo. Resta agora consagrar esse passo com duas coisas que ainda ficaram por fazer: a designação da própria política agrícola *e rural,* e uma dotação financeira com dimensão e escala capazes de incutir um mínimo de operacionalidade a estas acções. Como os recursos não são infinitamente elásticos, é bom de ver que isto só será possível com uma reforma que reequilibre profundamente a PAC nas suas diversas componentes, e que não poderá naturalmente ser uma reforma de *status-quo* como foi a da Agenda 2000.

3.5. *Que Solidariedade Financeira?*

Até agora, o princípio da solidariedade financeira foi sempre executado de forma diferenciada. Enquanto que na componente de preços e mercados o FEOGA-Garantia sempre financiou a 100% os custos dela resultantes, já nas componentes de vocação estrutural, rural, social ou ambiental, o princípio opera apenas parcialmente, co-financiando os custos em 50%, como regra geral, e em 75% nas regiões de objectivo 1.

A Agenda 2000 passou a financiar estas acções (fora das regiões de objectivo 1) pelo FEOGA-Garantia, mas manteve o princípio do co-financiamento nos mesmos termos.

Para justificar esta dualidade de critérios, tem sido invocada a natureza descentralizada daquele segundo tipo de acções, que implica poderes de decisão das autoridades nacionais ou regionais; haverá, em consequência, que as responsabilizar com alguma parcela dos custos do financiamento da componente pública das ajudas.

Apesar de ser aceitável a lógica do argumento da co-responsabilização financeira de quem tem poderes de decisão, impõe-se referir que não seria despiciendo tê-la aplicado também à componente de preços e mercados, que tem representado historicamente entre 90% e 95% do orçamento da PAC. Porque, na verdade, se isso tivesse acontecido, talvez os ministros da agricultura de alguns Estados Membros não tivessem sido tão generosos na fixação anual dos preços. E a espiral de desequilíbrios criada com o *ciclo do desperdício* não se teria verificado, ou não teria ido tão longe. Convém, a este propósito, lembrar que as suas vítimas principais foram os agricultores das regiões periféricas, desfavorecidas e não produtivistas, que viram os recursos comunitários destinados a apoiar a agricultura serem continuamente exauridos por uma estratégia que todos sabiam não ter futuro e que apenas favorecia alguns. Para além disso, a dualidade de critérios na aplicação da solidariedade financeira funcionava como elemento de discriminação, já que, na prática, a União estava a financiar integralmente as agriculturas excedentárias (localizadas nos países mais ricos), e apenas parcialmente as acções estruturais e de vocação sócio-regional, com maior importância e mais peso relativo nas agriculturas dos países mais pobres.

Numa reforma da PAC em que todas as suas componentes sejam profundamente avaliadas, terá de se encontrar uma solução justa e equitativa para a aplicação do princípio da solidariedade financeira. Esta não poderá ser outra senão a aplicação de uma regra única: ou 100%, ou co-financiamento modulado nos termos dos actuais regulamentos dos fundos estruturais. O plano de igualdade em que, a este respeito, se colocam as diferentes dimensões da PAC tem particular razão de ser pela orientação que se pretende reforçar de desencorajar a intensificação e, em geral, o vício de produzir excedentes.

Esta interpretação foi mais legitimada pela reformas da Agenda 2000 e de 2003, ao prever maior intervenção dos Estados Membros na componente de preços, mercados e rendimentos, ao permitir a atribuição de ajudas na base de critérios exclusivamente nacionais, de que são exemplos os *envelopes nacionais* dos prémios aos bovinos e as modulações e limitações acompanhadas de redistribuição em todo o tipo de ajudas. Nesta medida, o argumento da *co-responsabilização* teria também plena razão de ser nesta componente da PAC.

A questão do co-financiamento da PAC foi tema de especial polémica na parte final da negociação da Agenda 2000 e que foi intensificada pela apresentação de um relatório da Comissão Europeia sobre o financiamento da União[206] que visava abrir um debate sobre o encontro de soluções para um sistema mais equitativo de financiamento dos recursos próprios da UE, sobre pressão dos Estados Membros mais sobrecarregados, muito especialmente a Alemanha, mas também a Holanda, a Áustria e a Suécia. O co-financiamento era uma das hipóteses avançadas, por via das

---

[206] O Financiamento da União Europeia: relatório da Comissão sobre o funcionamento do sistema de recursos próprios – COM(1998)560 final.

despesas[207], para encontrar uma solução sem ter de se aumentar o tecto dos recursos próprios de 1,27% do Produto Nacional Bruto da UE, uma vez que os países com uma contribuição mais pesada para o orçamento são os que tiram proporcionalmente menos vantagens da principal política geradora de despesas: a PAC. Ora, reduzindo-se esta despesa, atenuar--se-ia o seu desequilíbrio.

A oposição à introdução do princípio do co-financiamento nas despesas agrícolas derivou essencialmente do receio de isso poder ser uma espécie de alçapão para a futura renacionalização da PAC, o que prejudicaria inequivocamente os Estados Membros mais pobres, não só por terem de financiar a agricultura com os parcos recursos dos seus orçamentos, mas também pela distorção de concorrência que implicaria dado o contexto de mercado único da UE.

Não sendo em minha opinião uma hipótese a rejeitar liminarmente pelas potencialidades que poderia ter na moderação de certas despesas que não obedecem a uma lógica de equidade, a sua eventual aceitação só faria porém sentido se ela fosse concretizada no contexto de uma reforma mais vasta que passasse, pelo lado das receitas, na tributação exclusiva na base do PNB e, pelo lado das despesas num reequilíbrio das políticas comunitárias, a começar pela redefinição do peso das diferentes componentes da PAC, e em geral pelo reforço das suas componentes estruturais e de coesão.

4. Outras Dimensões da PAC

As três grandes componentes da futura política agrícola e rural, analisadas até aqui, constituem sem dúvida o seu núcleo central. Todavia, existem actualmente um conjunto de vertentes novas e de crescente actualidade, que importa considerar devidamente nas evoluções futuras da PAC.

---

[207] Uma segunda solução visava resolver o problema pelo lado das receitas, baseando as contribuições nacionais para os recursos próprios da UE exclusivamente na base do PNB, o que corresponderia a uma proporcionalidade total de tributação em função da riqueza de cada Estado Membro, e seria em minha opinião a solução mais justa. A terceira hipótese baseava-se numa complicada operação de correcção ex-post dos saldos de cada EM, à semelhança da solução encontrada em 1983 para o Reino Unido (o chamado *cheque britânico*).

4.1. Qualidade e Segurança Alimentar

A primeira questão tem a ver com a política de qualidade para os produtos frescos e transformados. Tendo registado um impulso considerável em 1992, impõe-se reforçá-la e dar expressão prática à base legal já existente[208].

A primeira componente desta política assenta na *denominação de origem* e nas *indicações de proveniência geográfica*, que, após alguns atrasos na sua implementação inicial até 1996, se consolidou já como uma dimensão inequívoca da PAC, não obstante a necessidade do reforço de meios a serem-lhe afectados.

O reconhecimento destes produtos significa que eles serão protegidos ao nível comunitário contra a concorrência desleal de produtos de imitação. Ou seja, a partir daqui, só os produtores das regiões ou zonas em causa têm legitimidade para utilizar a denominação de origem, desde que respeitem as regras e critérios de produção estabelecidos[209].

Refira-se, todavia, que o regulamento da agricultura biológica, aprovado em 1991 e revisto em 1994, tem tido uma aplicação normal e um sucesso a toda a linha.

O principal desafio que se coloca nesta matéria é o rigor do processo de certificação, que obedece a uma sadia lógica de descentralização e responsabilização das organizações de produtores, cabendo ao Estado a função fiscalizadora geral. Trata-se sem dúvida do elemento mais sensível do processo, por dele depender a credibilidade de todo o sistema. Uma vez que todo o sucesso económico está associado à preservação e promoção da imagem do produto, afigura-se determinante evitar as tentações fraudulentas daqueles que, a troco de um benefício individual imediato, matam a *"galinha dos ovos de ouro"*, pondo em risco um vasto património colectivo e, a médio prazo, o seu próprio benefício.

A outra grande componente da política de qualidade tem a ver com formas de certificação relativas à composição dos produtos, ou com o seu método de fabrico. Nesta matéria impõe-se desenvolver regras de etique-

---

[208] Ver a este respeito a legislação de base, designadamente os Reg. (CEE) 2081/92 e 2082/92, e ainda os Reg. 2092/91 e 1468/94 sobre o modo de produção biológica.

[209] No caso dos queijos, (*cammenbert, emmentaler, gouda, brie, cheddar, edam*), podem existir as *designações genéricas"* que correspondem a produtos que tendo tido no passado uma pertença geográfica específica, se generalizaram ao longo das gerações seguintes.

tagem que informem de forma transparente e clara o consumidor, bem como formas de fiscalizar a sua aplicação, e punir os incumprimentos.

Uma outra questão, parcialmente relacionada com a política de qualidade, é a da utilização de activadores artificiais de crescimento na produção animal, vulgarmente designados por *hormonas*. Apesar de existirem directivas proibindo o seu uso desde 1988, deixou-se aberta a porta da utilização para *fins terapêuticos*. O resultado foi uma enorme expansão na sua utilização fraudulenta na União Europeia, sendo citados casos de comerciantes de gado não comprarem as reses aos agricultores sob o argumento de que *não estavam tratadas*...

Na mesma linha de acção, a UE proibiu também em 1998 a utilização de 4 antibióticos na produção animal, admitindo-se a possibilidade de uma proibição total de todos eles[210], ressalva feita de uma super restritiva utilização terapêutica.

A contradição não podia ser maior no seio da PAC: fomentar por um lado a valorização dos produtos naturais, produzidos em condições geográficas determinadas e, por outro, pagar prémios a animais tratados com hormonas, bem como financiar a compra na intervenção de quantidades excedentárias de carne em boa parte resultantes do uso desses activadores artificiais de crescimento.

No início de 1996, o Conselho de Ministros da Agricultura pôs finalmente termo às indefinições existentes, ao reiterar a título definitivo a interdição, em vigor desde 1988, ao uso das substâncias de efeito hormonal, tereostático e de betagonistas, na produção animal. Pela mesma lógica ficou também confirmada a proibição da importação de carne de países terceiros onde não se respeitem as mesmas regras. A prevaricação àquela interdição implicará, a partir de 1997, o abate e destruição dos animais apreendidos, bem como a perda do direito aos prémios de ajuda ao rendimento por um período que pode ir até 5 anos.

Esta decisão veio curiosamente suscitar uma reacção dos Estados Unidos, que instauraram um processo na Organização Mundial de Comércio (OMC) contra a União Europeia, alegando que *não existem provas científicas* que as hormonas naturais tenham efeitos perniciosos sobre a saúde, pelo que a UE estaria a incorrer numa distorção de concorrência às regras do GATT. Face a um tal procedimento, revestiu-se de profundo

---

[210] Ver declarações do Comissário David Byrne na Comissão de Agricultura do PE em 1999.10.19.

significado a decisão do órgão de apelo da OMC de 1998, que pela primeira vez reconhece ainda que de forma algo ambígua, o direito de os países poderem tomar medidas restritivas do comércio em caso de efeitos negativos sobre a saúde cientificamente comprovados. Uma decisão que se reveste de extrema importância para as posições a assumir pela UE nas próximas negociações da Ronda do Milénio da OMC. Apesar de esta decisão do Órgão de Apelo constituir um inequívoco passo positivo, ele não evitou a continuação dos conflitos dada a diversidade de interpretações mesmo no plano científico. Daí a importância do aprofundamento do princípio de "precaução", previsto no Artigo 20 do Acordo de Marraquexe, conforme referi anteriormente.

De teor semelhante ao das hormonas é o braço de ferro que a União Europeia tem mantido com os Estados Unidos sobre o reconhecimento e aceitação de sementes e material vegetativo geneticamente modificados (organismos geneticamente modificados – OGM), assumindo uma posição de maior prudência. Nesta medida, criou dispositivos internos[211] que exigem uma completa e transparente análise dos impactos sobre a saúde e o ambiente antes de autorizar a sua comercialização.

A crise das vacas loucas, associada à mais recente crise das dioxinas veio trazer todas estas questões relacionadas com a qualidade e a segurança higio-sanitária dos alimentos para a ordem do dia dos debates político-institucionais e colocá-las no centro da política agrícola e da PAC em especial. Como consequência imediata no plano político e institucional, a Direcção Geral da Agricultura (DGVI) perdeu competências nesta área tradicionalmente sempre integrada na PAC, para a recém criada Direcção Geral da Saúde Pública e dos Consumidores (DGXXIV). O que significa que a política agro-alimentar e veterinária da UE passou a estar tutelada por dois Comissários, o que em minha opinião constitui um retrocesso na eficácia da gestão da política, apesar de a pressão mediática criada a ter tornado politicamente inevitável.

É neste quadro que a Comissão Europeia criou a Agência Especial Europeia de Segurança Alimentar[212].

---

[211] Ver designadamente as Directivas 90/220 (CEE); 98/95 (CE); Reg (CE) 1139/98 (Novos Alimentos).

[212] Ver declarações do Presidente da Comissão Romano Prodi na Sessão Plenária do PE em 1999.10.05. De notar que esta Agência se inspira no modelo americano do FDA (Food and Drugs Administration). Todavia, a realidade europeia, distinta do Estado Federal dos EUA, impõe uma prévia reflexão da articulação de uma tal Agência com os serviços competentes dos Estados-Membros.

4.2. Bem-estar animal

O transporte dos animais em longas distâncias e a utilização de *jaulas* individuais na produção intensiva de vitelos, têm sido bandeiras utilizadas amplamente pelos movimentos ecologistas e pelos grupos de protecção dos animais. Sendo certo que boas condições de transporte e de criação dos animais interessam a todos, a começar pelos produtores, pela influência positiva na qualidade da carne, compreendem-se as medidas recentemente tomadas pelo Conselho, ao impor limites máximos de viagem, períodos de descanso e de abeberamento dos animais[213].

Todavia, não é aceitável o carácter emotivo com que as referidas organizações exploram estes temas, colocando por vezes os direitos dos animais no mesmo plano dos direitos humanos, e relegando até para segundo plano o direito dos produtores em encontrar formas de sobrevivência ou prazos para encontrarem alternativas...

Por outro lado, tendo em conta as regras da OMC e a inerente liberdade de comércio entre países, estas só fazem sentido se forem igualmente respeitadas pelos países nossos concorrentes. A Organização Mundial do Comércio terá de chamar a si a gestão isenta destas situações, sob pena de não fazer sentido o livre trânsito de mercadorias a nível mundial, dada a distorção inaceitável das regras de concorrência. Mas a própria União Europeia terá de *comunitarizar* mais a sua política de sanidade animal e deixar menos margem de manobra para procedimentos diferenciados nos Estados Membros. Apesar de toda esta evolução, os recursos financeiros disponibilizados pela Agenda 2000 nesta matéria não são, infelizmente, coerentes com o discurso político.

4.3. Utilizações do Solo para Fins não Alimentares

Uma questão que irá adquirir importância crescente, económica e ambiental, respeita à utilização dos solos agrícolas para fins não alimentares, visando a produção de matérias primas para a indústria e, principalmente, a produção de energia. Com a previsível escassez dos recursos petrolíferos, mais cedo ou mais tarde, e com a permanente incerteza da evolução dos seus preços num mercado altamente *cartelizado*, os biocar-

---

[213] Ver as Directivas 95/29/CE e 98/58/CE.

burantes e as biomassas são considerados como reservas de futuro, de natureza estratégica.

Apesar da utilização das áreas em pousio obrigatório ter sido flexibilizada para esta finalidade, não é possível, no contexto actual, ao bioetanol e ao biodiesel concorrerem com os produtos petrolíferos, devido ao mais baixo custo destes. Todavia, pelo seu sentido estratégico, seria importante ponderar um quadro experimental de redução fiscal ao nível da União para incentivar a indústria de refinação a utilizar estes produtos[214]. Apesar de mais drástica, a imposição legal da utilização de biocarburantes em determinada percentagem dos combustíveis fósseis, não deixa de ser também uma medida de reserva que o futuro pode vir a aconselhar. Importante, sem dúvida, no imediato, é o financiamento comunitário e nacional da investigação nesta área[215], já iniciado, de resto, pelo programa Thermie, que prevê a construção de 3 centrais eléctricas utilizadoras de biomassa no Reino Unido, Itália e Dinamarca. O aproveitamento das biomassas pode ser feito para a produção de calor ou de electricidade, a partir de materiais tão diversos como a palha, os desperdícios de papel, as espécies florestais de ciclo super rápido, ou o mato e os desperdícios resultantes da limpeza da floresta. Mais recentemente, como se viu em II.3 a

---

[214] A Associação Europeia da Biomassa (Comunicação de Heinz Kopetz à Comissão de Agricultura do Parlamento Europeu, em 96.05.06) apresentou, por outro lado, um estudo de aproveitamento da biomassa, que em 30 anos poderia cobrir cerca de 20% das necessidades energéticas da Europa, em contraste com os actuais 3%, e que cria-ria 2,5 milhões de empregos, designadamente no meio rural. Para isso propõe medidas como: i) Isenção ou redução fiscal dos carburantes biogénicos em contraste com o imposto sobre os produtos petrolíferos aplicada aos carburantes de origem fóssil; ii) Preço mínimo da electricidade produzida a partir da biomassa instalações de pequena capacidade, por exemplo inferior a 2 MW; iii) Aquecimento e ou electrificação de edifícios públicos a partir da biomassa; iv) Apoio aos investimentos de produção e transformação da biomassa, o que poderia ser financiado a partir de um ligeiro aumento do imposto sobre os produtos petrolíferos, estimando-se como necessário um investimento anual de 29.000 milhões de ECU por ano, durante o período considerado, para a consecução dos objectivos previstos.

Tratando-se obviamente de uma proposta que reflecte os pontos de vista de um grupo de interesses, parece não existirem dúvidas de que, descontando o seu eventual maximalismo, ela aponta o caminho a seguir pela União Europeia, caminho esse que só pode ser percorrido se existir uma política comum ou, pelo menos, um quadro de referência comum.

[215] C. Daey Ouens, *Biomass Gaseification – Combined Cycle for the Prodution of Electricity*, – Comunicação à Comissão de Agricultura do Parlamento Europeu em 96.05.06.

reforma da PAC de 2003 veio criar uma ajuda especial de45 euros por hectare (*crédito de carbono*) até um limite de 1,5 milhões de hectares, desde que exista um contrato entre o produtor e o transformador.

Apesar de serem referidos normalmente apenas os solos agrícolas, importa sublinhar que a floresta constitui uma outra inquestionável realidade alternativa no contexto das energias renováveis, oferecendo a vantagem de as matérias primas de base para utilização energética serem um subproduto da sua própria limpeza e exploração.

O impacto de uma tal política seria bastante positiva para Portugal, com uma considerável disponibilidade de biomassa florestal. Tal significaria acima de tudo o surgimento de um mercado remunerador para uma parte tão importante dos nossos recursos endógenos, a limpeza e protecção inerentes da nossa floresta, e a criação de empregos duradouros no meio rural.

5. Os Elementos Distintivos da Agricultura Europeia

5.1. *Será que Existe um* Modelo Europeu de Agricultura?

Há quem, de forma empírica, associe o conceito de *modelo europeu de agricultura* (MEA) à especificidade que a agricultura europeia evidencia quando confrontada com a que caracteriza a dos países de povoamento mais recente. Com efeito, se associarmos a agricultura à ocupação do território e ao seu povoamento vislumbram-se grandes diferenças entre a *velha* Europa e as *novas economias agrícolas*. Este facto é confirmado pelo elevado índice de densidade populacional que distingue o espaço europeu do verificado nos países de povoamento mais recente e nos quais a agricultura organizada tem, em termos relativos, uma história muito curta.

A este propósito importa sublinhar que enquanto a dimensão média das explorações agrícolas da UE é de 18 hectares, os correspondentes valores para os EUA, Canadá, Austrália e Nova Zelândia são de 473ha, 242ha, 3.813ha e 224ha, respectivamente (OCDE,1996). O mesmo se poderá dizer das novas economias a agrícolas da América do Sul (com destaque para o Brasil e a Argentina) onde uma parte significativa da superfície agrícola é ocupada por grandes explorações, que recorrem sofisticados meios tecnológicos mas com custos de mão-de-obra extremamente baixos e sem outros encargos relevantes de natureza social.

O conceito de MEA muito embora não tenha sido, até ao presente, objecto de um debate teórico profundo, é utilizado pelas instituições comunitárias como o mais ajustado à constatação de uma realidade e estritamente associado ao carácter multifuncional da agricultura europeia.

As primeiras referências oficiais ao MEA foram feitas nos documentos de carácter geral que a Comissão apresentou para a Agenda 2000-COM(97)2000 final – publicadas em Julho de 1997. Elas são reiteradas no documento global de apresentação das propostas concretas de Março de 1998-COM(98)158final – especificando-se nesse documento que as propostas de reforma tinham *como objecto dar um conteúdo concreto ao que deveria ser, nos anos vindouros o Modelo Agrícola Europeu*.

Seguidamente a esta posição, o Conselho Europeu do Luxemburgo, de Dezembro de 1997, incorporou este conceito no contexto político das negociações da reforma da PAC:

"A União tem a vontade de continuar a desenvolver o modelo actual de agricultura europeia procurando uma maior competitividade interna e externa. A agricultura europeia deve, como sector económico, ser multifuncional, durável, competitiva, repartida por todo o território europeu incluindo aqui as regiões com problemas específicos. Deve perseguir, aprofundar, adaptar e completar o processo de reforma encetado em 1992 estendendo-o às produções mediterrânicas. A reforma deve conduzir a soluções economicamente sãs e viáveis, socialmente aceitáveis e permitir assegurar rendimentos equitativos assim como um justo equilíbrio entre sectores de produção, produtores e regiões e ao mesmo tempo evitar distorções da concorrência. Os meios financeiros necessários para pôr em prática a política agrícola comum serão determinados na base da linha directriz agrícola."

É neste quadro que o Parlamento Europeu, no seu relatório de iniciativa sobre o dossier agrícola da Agenda 2000 (relatório Cunha – PE 226.544/def.), de Junho de 1998, aprovou, com uma larga maioria, como um dos primeiros pontos da sua resolução:

"O objectivo primeiro e principal da reforma da PAC no quadro da Agenda 2000 é consolidar o modelo europeu de agricultura, que consiste, por um lado, em conciliar a dimensão económica da actividade agrícola com a vocação desta em matéria de ambiente, em matéria social assim como em matéria de ordenamento do território e, por outro lado, em sal-

vaguardar as produções regionais fundamentais e em pôr em prática as produções autorizando níveis elevados de segurança alimentar;"

O COPA/COGECA publicou também, em Novembro de 1999, um documento de posição e de sistematização do conceito designado "*O Modelo Europeu de Agricultura – um modelo de futuro*" (COPA/ /COGECA,1999). Acompanhando de perto as referências das instituições da UE, o conteúdo prático deste documento reporta fundamentalmente ao carácter multifuncional da agricultura europeia defendendo que:

"O modelo europeu de agricultura é sinónimo de agricultura multifuncional. Uma agricultura multifuncional é um meio durável para integrar os objectivos dos agricultores e da sociedade ao nível de três funções:
- *produção: assegurar um aprovisionamento seguro e estável dos consumidores em géneros alimentares sãos e de qualidade, bem assim como de produtos não alimentares e reforçar a sua posição concorrencial sobre o mercado mundial com base em modelos de produção duráveis;*
- *gestão do território: preservar e valorizar o espaço natural e fornecer serviços que, do ponto de vista ambiental tenham valor para o grande público; manter as infra-estruturas assim como o emprego num número significativo de aldeias e evitar a regressão populacional e a desertificação das regiões mais afastadas e com condições mais difíceis;*
- *papel social: contribuir para o reforço da coesão económica e social entre grupos e regiões – redução das disparidades entre as regiões mais ricas e as regiões mais pobres da UE."*

Pode pois afirmar-se que há quatro características que nos permitem abordar o conceito de MEA.

A primeira é que a sua tradução prática assenta fundamentalmente no carácter multifuncional da agricultura europeia. Ou como disse Massot (2002) a multifuncionalidade é a *pedra angular* do MEA.

A segunda é que a *pedra angular* do MEA não corresponde somente a um *modelo agrícola* mas também a um *modelo alimentar* dado que preocupações como *a segurança dos alimentos, a sua qualidade e a sua especificidade regional*, são também incorporadas.

A terceira é que o MEA pode também ser associado a uma certa predominância das explorações agrícolas familiares e a uma dimensão média relativamente pequena (média de 18 ha).

A quarta observação é o carácter plural deste modelo, bem diferenciado em função das características das diferentes regiões da Europa.

Mas quaisquer que sejam os sistemas de produção (mais ou menos extensivos, intensivos, irrigados, não irrigados, de policultura ou especializados, de montanha ou das regiões árcticas da Escandinávia ou das áridas da região Mediterrânica) as três características anteriores percorrem todas estas situações diferentes, que confirmam uma realidade comum sob uma base de diversidade.

5.2. Porquê Defender o Modelo Agrícola Europeu?

A resposta a esta questão está relacionada com a realidade do conceito na sua expressão prática de multifuncionalidade da agricultura na UE. E isso leva-nos à discussão do conceito.

Aparentemente nenhuma organização internacional ou país prestou atenção à multifuncionalidade antes de a União Europeia invocar este conceito, quer na reforma da Agenda 2000, quer no quadro da sua posição sobre a OMC. Depois disso várias posições e teorizações foram apresentadas e começou verdadeiramente uma discussão inovadora.

O problema não é o reconhecimento da multifuncionalidade como uma característica da agricultura, mas principalmente o modo de a defender no contexto da política agrícola, ou seja, a sua expressão prática em termos de medidas e instrumentos concretos.

A dificuldade maior resulta não só do facto deste debate estar, ao mesmo tempo, relacionado com as possíveis definições do conceito assentes em valorizações diversas da importância da agricultura na economia e na sociedade, mas especialmente da desconfiança de vários parceiros comerciais da UE, que vêm nesta defesa da multifuncionalidade um pretexto proteccionista (Bohman et al, 1999).

A OCDE publicou recentemente um documento em que apresenta um quadro de análise e de discussão do conceito (OCDE 2001). Na linha de vários autores o conceito é apresentado sobre duas perspectivas diferentes: a positiva e a normativa.

No primeiro caso, a multifuncionalidade é considerada como uma característica da actividade económica e particularmente da agricultura, em que a principal função é a *produção conjunta de bens privados e de bens públicos*; com estes últimos a poderem ser positivos ou negativos e derivados da *produção económica* a título de *externalidades*.

Na segunda perspectiva a multifuncionalidade é considerada como resultado de uma visão conceptual da realidade agrícola, segundo a qual uma certa sociedade encara a agricultura de forma mais abrangente que a que resulta da sua função económica, com relevo particular para as funções ambientais, territoriais e sociais.

Qualquer que seja o caminho da discussão teórica sobre a conceptualização da multifuncionalidade, é geralmente aceitável a razoabilidade desta visão alargada da actividade agrícola.

No caso da UE esta visão normativa é bem clara para a sociedade europeia, como vários inquéritos de opinião pública bem demonstraram[216]. A União Europeia adoptou a multifuncionalidade como um objectivo a respeitar e a ser assegurado no quadro da sua política agrícola e nas negociações comerciais internacionais. É neste contexto que se integram as conclusões do Conselho de Agricultura de 20-21 de Novembro de 2000 sobre a estratégia das negociações da OMC.

Tendo em conta esta perspectiva social da agricultura, a única estratégia dos governos europeus, de modo a tornar aceitável aos seus cidadãos a continuação do processo de liberalização da agricultura e das trocas agrícolas, é assegurando condições para manter e aprofundar o conceito de *multifuncionalidade*.

Seria necessário ainda sublinhar, que no caso da UE o conteúdo prático da multifuncionalidade alargou-se consideravelmente após as sucessivas crises alimentares que minaram a Europa. Para lá das tradicionais externalidades positivas no domínio do ambiente e do ordenamento do território, há actualmente na nossa sociedade um claro sentimento de adicionar também a segurança dos alimentos e o bem-estar animal.

Como nota final neste ponto, salientarei que a mensagem do *modelo europeu de agricultura* não é nem deverá ser usada como um expediente proteccionista, como os nossos concorrentes comerciais já tentam presumir.

A sua afirmação nas negociações deve decorrer da evidência de que isso constitui a nossa realidade que não pode ser posta em causa. Na ver-

---

[216] O Eurobarometro n.º 57, de Junho de 2002, refere como principais expectativas dos cidadãos europeus a respeito da PAC e da agricultura europeia: garantir a segurança e sanidade dos alimentos (90%); promover o respeito pelo ambiente (88%); proteger as pequenas e médias explorações agrícolas familiares (81%); ajudar os agricultores a adaptarem-se às expectativas dos consumidores (80%); apoiar e melhorar o nível de vida nas zonas rurais (77%).

dade, há que explicar que no passado a agricultura assegurava a preservação do mundo rural através de uma política de protecção dos rendimentos via preços. Dessa forma, as agriculturas menos competitivas, como as das regiões periféricas, ultraperiféricas, ou com custos de produção mais altos, beneficiavam de uma sobre-renda decorrente da política de preços elevados, o que lhes permitia sobreviver.

Com as sucessivas reformas da PAC e a aplicação da OMC aos produtos agro-alimentares, traduzidas em substanciais reduções de preços, a sobrevivência da agricultura estará sobre grande pressão, especialmente nas regiões desfavorecidas.

Daí a necessidade de novas regras de jogo nos acordos multilaterais de comércio, sendo hoje particularmente evidente que o comércio livre deve ser inseparável do comércio justo, e que as próximas negociações não se podem limitar às receitas do passado, baseadas exclusivamente na redução de preços tarifas e subsídios.

5.3. Como o Defender?

Cada Estado tem o direito de perseguir as políticas que considera apropriadas para a defesa dos seus objectivos na sociedade.

Não está pois em causa colocar em prática uma política agrícola capaz de assegurar um papel multifuncional. Todavia, após o Acordo de Marraquexe, em 1994, a definição e aplicação desta política deve ser compatível com as regras da OMC, dado que há diferentes tipos de instrumentos para aplicar a multifuncionalidade e que alguns têm efeitos distorçores no plano das trocas comerciais. É designadamente o caso das medidas de apoio aos preços de mercado que são classificadas na designada *caixa amarela* do Acordo de Marraquexe.

O debate sobre a multifuncionalidade é pois um debate sobre os instrumentos que permitem defender a multifuncionalidade.

O artigo 20 do Acordo Agrícola, que consagra o princípio das *preocupações não-comerciais* associadas às trocas, define as condições a respeitar para os instrumentos que tenham em vista a salvaguarda destas preocupações. Traduzem-se, na prática nos critérios de classificação para a *caixa verde*, que têm na sua base a condição de dissociação das ajudas em relação à produção e o facto de se orientarem para as questões ambientais e regionais. A declaração de Doha vai na mesma linha.

Há duas questões básicas a este respeito: como traduzir o conteúdo prático das *preocupações não-comerciais* e que instrumentos serão aceitáveis para as assegurar.

É claro que as preocupações não comerciais reconhecidas na UE e expressas na sua posição de estratégia de negociação ultrapassam o que é previsto no artigo 20. Para a UE a multifuncionalidade é o elemento chave destas *preocupações*, fazendo referência por exemplo a questões como: i)protecção do ambiente; ii)necessidade de assegurar a vitalidade das zonas rurais e atenuar a pobreza relativa destas; iii) segurança dos alimentos, traduzida não apenas nos efeitos de um produto na saúde, como também sobre o modo como ele é produzido; iv) bem-estar animal.

Esta visão europeia da agricultura, que se convencionou designar de MEA, tem também uma relação directa com as questões sociais e laborais, a qualidade dos produtos e, em geral, com o princípio da prevenção.

O debate sobre os instrumentos tem sido e continuará a ser o foco da discussão. Para os apoiantes da perspectiva positiva da multifuncionalidade seria suficiente um sistema de pagamento totalmente dissociado da produção para assegurar a multifuncionalidade.

Se parece razoável reconhecer que os instrumentos para assegurar a multifuncionalidade deveriam ser o menos distorçores possível da concorrência internacional, parece igualmente razoável reconhecer que este tipo de medidas pode não ser suficiente para assegurar a continuidade da actividade agrícola em certas regiões, face à existência de condições e custos de produção de tal modo diferentes entre os vários países da OMC.

A Reforma da PAC de 2003 assimilou estas preocupações, ao decidir criar um sistema de ajudas dissociadas da produção, assim como ao reforçar o *segundo pilar* – o desenvolvimento rural. A consequência será uma transferência considerável de cerca de dois terços das ajudas da *caixa azul* para a *caixa verde*.

Mas, como se referiu em II.3., será também necessário ter em conta que em certas regiões um sistema complementar de ajudas desligado da produção apresenta riscos consideráveis de abandono da actividade agrícola, particularmente grave nas zonas mais periféricas. E se a função produtiva desaparecer, todas as outras (multi)funções também desaparecem...

Afigura-se, pois, prudente manter uma certa margem no plano dos instrumentos de mercado, nomeadamente em relação à protecção na fronteira, para além das intervenções no mercado (rede de segurança) e do apoio aos rendimentos dos produtores.

Após as reformas da PAC de 1992, da Agenda 2000 e de 2003, a União Europeia está numa posição mais confortável para defender as suas posições. O facto de o conceito de *multifuncionalidade* da agricultura não ter ficado retido na Declaração de Doha não significa que a UE abdique de defender a realidade que lhe está subjacente: o mundo rural como um património único e uma matriz do equilíbrio sócio-territorial insubstituível.

VI – CONCLUSÕES: O MODELO EUROPEU DE AGRICULTURA E A GLOBALIZAÇÃO – DUAS REALIDADES COMPATÍVEIS?

Às políticas agrícolas, tal como às políticas económicas em geral, não lhes basta ser perfeitas. Antes disso, têm que existir!

A sua aprovação implica sempre e necessariamente uma ponderação política dos interesses em presença, frequentemente contraditórios entre si.

Ao nível da UE tudo se torna ainda mais difícil, especialmente num sector como a agricultura, cujos sistemas produtivos são profundamente heterogéneos por reflectirem de forma directa as diferenças da Natureza. Daí a necessidade de se falar sempre em *compromisso* sempre que está em causa uma reforma com alguma envergadura.

É neste sentido que a tarefa dos académicos e especialistas não se compara em dificuldade à dos decisores institucionais. O que não significa que o seu contributo não seja necessário, quer pela imprescindível base de trabalho que constitui, quer pela perspectiva normalmente corajosa e desprendida dos laços de interesses que limitam os horizontes dos políticos.

A história da PAC está recheada de decisões e de acontecimentos que bem evidenciam a enorme dificuldade de dar um sentido prático e consequente aos princípios e ideias que são laboriosamente construídas como base de argumentação para a justificar as suas sucessivas reformas. A fase preparatória das reformas tem sido, de facto, interessante, quanto mais não seja do ponto de vista da reflexão, porque suscita a análise das questões mais problemáticas de uma politica que é emblemática da criação e fortalecimento do espírito de convivência comunitária.

A este propósito vale a pena questionarmo-nos sobre o que seria hoje a União Europeia se a PAC não tivesse ganho uma verdadeira dimensão comunitária, funcionando durante décadas como a única politica que contribuiu, de forma inequívoca, para o sucesso da integração do espaço europeu que, a partir de Maio de 2003, contará com 25 países e mais de 450 milhões de habitantes. O exemplo da defesa que, pode afirmar-se, constituiu o *leit motiv* do processo iniciado no rescaldo da II grande guerra para a criação de uma Europa mais integrada e mais solidária, é bem paradigmático da dificuldade em implementar politicas comuns[217].

Daí que se deva compreender que a PAC tenha desde sempre beneficiado de uma situação verdadeiramente privilegiada, traduzida no facto de lhe terem sido consagrados importantes recursos do orçamento comunitário, particularmente nas suas duas primeiras primeiras décadas de vida.

A verdade é que aos bons propósitos e generosos objectivos que orientaram a PAC, na sua matriz inicial, sucederam-se desvios e situações de real desperdício e de iniquidade redistributiva que os ajustamentos de circunstância e mesmo as grandes reformas não conseguiram resolver de forma eficaz.

Após a Reforma de 1992, que rompeu com alguns dos *direitos adquiridos*, que prevaleceram ao longo de três décadas, formatando a PAC para um tempo e para uma realidade dos quais estava profundamente distanciada, verifica-se que a Reforma de 1999 (realizada no quadro da Agenda 2000), não obstante as interessantes formulações conceptuais que lhe estavam subjacentes, acabou por se saldar pela manutenção do *status-quo*, com tímidos avanços na vertente do desenvolvimento rural, que passou a ser designado de *segundo pilar*.

Na sua preparação a Reforma de 2003 recupera o essencial das ideias inovadoras que foram discutidas, mas não aprovadas, no âmbito da Agenda 2000, introduzindo questões de inquestionável interesse e actualidade, como sejam a modulação das ajudas e o seu plafonamento. O resultado final, como já atrás tive oportunidade de salientar, não foi totalmente conseguido, pelas mesmas razões que estiveram sempre presentes na fase final do processo de tomada de decisões em todas as reformas anteriores, razões essas que radicam, não só na complexidade politico-institucional em que se inserem as grandes decisões no seio da UE (particularmente das que têm importantes impactos financeiros), como no jogo dos interesses constituídos ao longo de várias décadas, no âmbito da PAC.

Em contraste com esta perspectiva conservadora de *evolução na continuidade*, e como tenho defendido, é hoje cada vez mais evidente que só uma *Política Agrícola e Rural Comum* será capaz de assegurar a presença

---

[217] Recorda-se que já em 1952 se esboçou uma politica comum de defesa com a criação da Comunidade Europeia de Defesa, que fracassa mais tarde com a rescisão, mais tarde, do respectivo Tratado, pela Assembleia Nacional Francesa.

da agricultura em todo o território da União Europeia como matriz ordenadora de todo o seu espaço agro-rural.

A prova da necessidade desta evolução está expressa no amplo consenso que hoje em dia existe a respeito do *modelo europeu de agricultura* como realidade europeia a preservar a todo o custo. Como explicitamente se refere no Compromisso Final da Presidência em relação à Reforma de 2003, para que este modelo *"possa ser preservado e possa prosperar é necessário que esteja em sintonia com os agricultores, com os consumidores, com os contribuintes e com as normas internacionais. Num mundo em mutação, não há preservação sem adaptação. A manutenção do status-quo só iria enfraquecer a nossa capacidade para manter ou mesmo melhorar esse modelo e impediria a preservação de boas condições de vida para a nossa comunidade agrícola".*

Como já referi anteriormente não é de esperar uma *revolução* na UE a respeito da PAC. Mas parece-me óbvio que a perspectiva multifuncional da agricultura e toda a realidade que o conceito do *modelo europeu de agricultura* encerra não poderá ser apenas invocada para *consumo externo* a fim de *defender a pele* nas negociações da OMC. Isso seria um contra-senso e uma contradição facilmente desmontada pelos nossos adversários comerciais.

Com as negociações da OMC a decorrer pelo menos até 2005, e após a Reforma de 2003, não penso que a UE proceda a novas alterações substanciais da sua política agrícola, apesar de poder realizar algumas reformas específicas, umas já previstas no seu calendário de trabalho, outras eventualmente determinadas pela sequência do processo de adesão dos futuros Estados Membros da Europa Central e Oriental[218].

Mas também não tenho dúvidas de que esta última reforma está ainda longe de resolver algumas das grandes questões que têm minado a prossecução dos objectivos da PAC, nomeadamente no domínios da equidade e coesão (entre regiões e entre agricultores), assim como na criação de medidas especiais de apoio para as zonas onde a continuação da actividade agrícola está em maior risco.

Daí que continue, de algum modo, em causa a eficácia da PAC e o debate sobre a forma como é dispendido cerca de 45% do orçamento

---

[218] A Comissão Europeia deu inicio, em Setembro de 2003, à análise das propostas as reformas relativas aos chamados produtos mediterrânicos (COM(2003)554 final), como o azeite, o tabaco e o algodão. Por outro lado a Comissão está incumbida de apresentar as medidas necessárias para alargar a presente reforma aos novos Estados-Membros.

comunitário, questão que é hoje colocada de forma muito contundente por uma expressiva maioria dos cidadãos europeus.

É neste quadro que me parece importante desenvolver reflexões sobre os futuros contornos de uma nova PAC que acredito venha então e finalmente a transformar-se em *PARC*.

Depois de tudo o que deixei escrito no capítulo anterior, apenas sintetizarei a título de conclusão o que me parecem dever ser as suas dimensões principais.

A primeira é a de uma orientação gradual, mas clara, da agricultura para o mercado, com redução substancial de preços e garantias nos sectores mais protegidos e apoiados pelas OCM. Esta é uma evolução inevitável e inelutável, face à maior proximidade real dos mercados mundiais e à pressão que os consumidores europeus continuarão a exercer através de organizações cada vez mais poderosas, sensibilizando os Governos e os Parlamentos para baixarem a sua factura alimentar.

Mas esta dimensão da futura reforma tem que ser razoável e realista. Por isso deverão ser rejeitadas as teses académicas ou radicais que, nuns casos por razões respeitáveis no plano intelectual, e, noutros, por interesses camuflados, defendem a completa liberalização dos mercados agrícolas, remetendo a solução de todos os problemas subsequentes para o seu funcionamento e para os diferentes regimes de ajudas.

Se é certo que os objectivos de coesão e equidade não se atingem com a política de preços, certo é igualmente que o abandono de dispositivos básicos contra oscilações extremas nos preços, ou de um dispositivo mínimo de preferência comunitária, implicariam mais cedo ou mais tarde uma derrocada no *facies* agrícola e rural da União Europeia. Basta pensar no que aconteceria ao fim de algum tempo perante uma situação de não escoamento sistemático da produção comunitária devido à maior competitividade dos preços dos produtos de países terceiros. Que fazer aos excedentes? É que, quer se trate de *excedentes* de agricultores, nesse hipotético cenário, quer de excedentes de produtos, a situação que assim se criava seria de muito difícil sustentação a prazo.

À medida que as reformas graduais das políticas de mercado, não apenas na Europa mas também noutras regiões do mundo, forem dando resultados, o mercado mundial tenderá a *falar verdade*. Estaremos então em condições de definir e aplicar políticas consonantes com os cenários descritos pelos economistas e académicos.

A segunda é a de um sistema de ajudas ao rendimento, que deverá ser concretizado em dois programas distintos: um, destinado a facilitar a adaptação ao mercado mediante uma compensação pela redução dos preços e das garantias, cuja duração coincidirá com um período transitório a definir; e outro, que terá por objectivo a compensação permanente dos agricultores das regiões que não serão capazes de sobreviver à mundialização da economia agrária, e tem fundamento na retribuição do contributo multifuncional da agricultura, que inclui a fixação das populações e a preservação do ambiente e paisagem rurais e o ordenamento do território. Funciona também como elemento de redistribuição e de coesão, algo que no passado – e em função dos resultados – nunca constituiu prioridade da PAC. É bom de ver que a última reforma da PAC não resolveu esta questão.

A terceira é a de uma política de apoio ao desenvolvimento rural nas zonas mais dependentes da agricultura, visando o robustecimento e a diversificação do seu tecido produtivo, e a sua revitalização económica, social e cultural. Trata-se, no essencial, de dar corpo ao actual *segundo pilar* da PAC criado pela Agenda 2000, o que pressupõe um reforço substancial da sua dotação financeira para poder ter escala operativa. Como este reforço não foi conseguido na Reforma de 2003, aguarda-se que o possa ser em 2006, aquando da aprovação das novas perspectivas financeiras para o período 2007-2013.

A quarta dimensão deve referir-se a uma política de qualidade, e de segurança dos alimentos que inclua duas vertentes complementares: uma mais centrada na composição dos produtos, destinada a estabelecer uma relação de confiança com o consumidor, na base da informação rotulagem e controle de toda a cadeia alimentar; e outra mais voltada para a origem, tipicidade e identificação regional dos produtos e para o seu processo de fabrico. Enquanto que esta última componente se encontra razoavelmente estabilizada, a primeira exige um profundo trabalho de regulamentação, reforço de meios, definição de novas bases operacionais e, sobretudo uma mais forte comunitarização de meios (a reforçar substancialmente), e de procedimentos. É neste âmbito que surgiu a criação de uma Agência Europeia de Segurança Alimentar com poderes próprios e capacidade de actuação autónoma, ainda que naturalmente articulada com as autoridades nacionais, assim como a obrigatoriedade de um conjunto de normas higio-sanitárias a aplicar em todo o Espaço da União

As diferentes dimensões da futura *PARC* precisam de ser integradas de forma coerente. Por exemplo, as políticas de modernização estrutural e de desenvolvimento rural não podem ser o *prémio de consolação* pelos efeitos distorçores da política de preços e mercados, que em si mesma deve ser financeiramente razoável e minimizar as desigualdades de tratamento entre produtos, produtores e regiões. Por sua vez, as ajudas permanentes ao rendimento só fazem sentido numa óptica de equidade e coesão, o que significa que não podem consolidar as assimetrias actuais, e que terão de ser moduladas por beneficiário.

Deverá assumir-se que a PAC é uma combinação de componentes específicas devidamente objectivadas e articuladas, que se complementam, e que formam entre si um todo. É de sublinhar que a lógica sectorial deverá em larga medida dar lugar à lógica territorial, e que, por essa razão, a Política Agrícola deverá dar lugar à *Política Rural*.

Nas zonas de elevado potencial agrícola e altas produtividades, a agricultura pode, com maiores ou menores ajustamentos, defrontar a internacionalização. As medidas e instrumentos a utilizar incidirão mais na gestão dos mercados, incluindo a política de exportação e de promoção dos produtos, bem como no ajustamento estrutural destinado a acelerar a mobilidade dos factores. Por isso as únicas ajudas directas que fazem sentido aqui são as de compensação temporária pelas reformas que venham a ser introduzidas.

Nas regiões com menor potencial produtivo, sem que se excluam as medidas estruturais ou de gestão dos mercados, a realidade impõe que se coloque mais ênfase nas ajudas directas permanentes[219], bem como nas medidas destinadas a afirmar qualitativamente os produtos e a diversificar a base da actividade económica das populações.

O que não pode acontecer é que sejam atribuídas ajudas directas a destinatários que, pela sua condição económica, as podem dispensar, escasseando por isso os meios para as atribuir aos que não podem sobreviver sem elas. O que pressupõe não só o estabelecimento de um limite máximo de ajuda por beneficiário, como também uma zonagem que pode facilmente ser feita com base em comparações objectivas dos níveis de rendimento por unidade de trabalho, ou nas produtividades físicas. Ou seja, não se podem estar a sobrecompensar agricultores que são competitivos numa pura lógica de mercado, e não ter meios para apoiar minimamente os que o não o podem ser em situação de liberalização do comércio, mas que desempenham funções igualmente estratégicas para a sociedade.

Pela mesma lógica, aquele primeiro grupo de agricultores também não deverá ser penalizado pela rigidez de medidas limitativas da produção,

---

[219] É bom de ver que as ajudas dissociadas, criadas pela Reforma de 2003, não correspondem ao que seria necessário para os agricultores destas regiões, pois mantêm a base histórica das produtividades, o que é penalizador para eles.

como as quotas ou o pousio obrigatório, já que se lhes exige que sejam eficientes e competitivos. Neste sentido já foi dado um passo importante com a Reforma de 2003, ao desligarem-se as ajudas compensatórias da produção e ao permitir-se *liberdade de produção* em função do mercado.

As regras da solidariedade financeira devem ser iguais: para a componente de preços e mercados, para a componente de desenvolvimento rural e estrutural, para qualquer dos dois programas de ajudas ao rendimento e para a componente de qualidade e segurança alimentar.

Só assim se evitará destruir a coerência e harmonia internas da futura política. No plano dos princípios, é aceitável que os Estados Membros possam vir a financiar uma parte, necessariamente modulada, conforme os critérios de coesão, por razões de eficácia e de empenhamento concreto nas actividades de controle.

A necessidade de proporcionar aos agricultores e demais agentes económicos um quadro de referência que minimize as incertezas nestes tempos de mudança incessante justifica que uma nova política agrícola seja definida para um horizonte temporal alargado, não inferior a 5 anos, e que deveria coincidir com o período de vigência das perspectivas financeiras.

Por fim importará assegurar que a incortonável *globalização* não ponha em causa o *modelo europeu de agricultura*. O que passa pela regulação e evolução qualitativa da primeira e pela incorporação no próximo acordo dos princípios básicos do segundo.

A presente reflexão sobre um *compromisso* para uma nova reforma da política agrícola foi feita independentemente de qualquer alteração no quadro institucional da União Europeia.

Em princípio, quando uma reforma se justifica e se impõe por si própria, ela deve poder ser realizada em qualquer quadro institucional, mesmo no mais adverso. Mas entre a teoria e a prática existe a diferença da realidade. E, apesar de ser teoricamente possível que esta reforma possa ser feita dentro do actual quadro institucional, a realidade é que, se assim tiver de ser, ela será muito mais difícil e necessariamente minimalista. Porque a força dos interesses estabelecidos que disputam os mais de 45 mil milhões de euros do FEOGA-Garantia é muito grande, venha ela dos ministros da agricultura, dos dirigentes agrícolas ou dos funcionários comunitários. Tudo vai dar ao mesmo: alterar o menos possível porque perdem os que mais beneficiam e que são afinal os que mais mandam.

Com um processo de decisão para a política agrícola mais transparente, mais democrático e politicamente mais participado, implicando designadamente uma maior capacidade de intervenção do Parlamento Europeu (co-decisão), existirá maior sensibilidade para o princípio da coesão e para a preservação do tecido sócio-económico, cultural e ambiental do Mundo Rural e menor disponibilidade para o jogo dos interesses estabelecidos. É por isso que julgo que Portugal será ganhador com uma alteração dos processos decisórios, assim como a esmagadora maioria da Europa Rural que não se reconhece naquela minoria de agricultores que históricamente tem absorvido o grosso dos benefícios da PAC.

Sei que nestas matérias não existem soluções ideais. *Apenas as possíveis.*

O que em última instância importa assegurar é a existência de um futuro para os 7 milhões de agricultores da UE em finais de 2003, que serão 11 milhões a partir de Maio de 2004. Não apenas para os agricultores e suas famílias mas para todo o espaço rural da União Europeia.

BIBLIOGRAFIA

Ackrill, Robert W. (2000), *CAP Reform 1999: A Crisis in the Making?* Journal of Common Market Studies, 38: 343-353.
Antón, Jesus and Jones, Darryl (2002). *How Much Agricultural Reform in OECD Countries?*, Eurochoices n.° 3.
Ayer, Harry and Swinbank, Alan (2202). *The 2002 US Farm Bill: What in it for CAP and WTO Reform?* Eurochoices n.° 3.
Alexandratos, Nikos (1995) *Agriculture Mondiale – Horizon 2010*, FAO, Rome.
Almansa Sahagún, V. (1999) *La Agricultura Portuguesa y/en la PAC*, Cuadernos de Agricultura, Pescas e Alimentación, n.° 5, Madrid.
Álvares, Pedro (1994) *O GATT de Punta del Este a Marraquexe,* Europa América, Lisboa.
Avillez, Francisco (1993) *Portuguese Agriculture and the Common Agricultural Policy*, publicado em J. Silva Lopes (Ed.) *Portugal and EC Membership Evaluated*, St. Martin's Press (New York); Printer Publishers (London).
Avillez, Francisco (1997) *A evolução da PAC e o Futuro do Mundo Rural Português*, DGDR, Lisboa.
Avillez, Francisco (1998) *As Agriculturas Mediterrânicas face ao Futuro da PAC*, Anuário de Economia portuguesa, O Economista, Lisboa.
Béteille, Roger e Montagné – Villette, Solange (1995) *Le Rural Profond Français*, SEDES, Paris.
Berthelot, Jacques (2002) *Questions and Answers – US Farm Bill*, Brussels.
Boden, Fernand, Miguel Arias Cañete, Armando Sevinate Pinto, Hervé Gaymard, José Happart, Wilhelm Molterer e Joe Walsh (2002) *CAP is something we can be proud of,* Finantial Times, 2002.01.24.
Brookins, Carol (1995) *Ce que veulent les États Unis*, Agra Debats n.° 2, Apogée, Paris Bruxelles.
Buckwell, Alan (1996) *The CAP after the Uruguay Round and Before the Enlargement: wich reforms now and in the future?* ELDR Seminar, Brussels.
Buckwell, A. et al (1997), *Towards a Common Agricultural and Rural Policy for Europe*, European Economy n.° 5, Brussels.
Bureau, Jean-Christophe, *Enlargement and reform of the EU commom agricultural policy: impacts on the wesren hemisphere countries* (2002).
Capucho, António (1994) *O que é e Como Funciona a União Europeia*, D. Quixote, Lisboa.
Carfantan, J. Yves (1996) *L'Épreuve de la Mondialisation – Pour une ambition Européenne, Seuil, Paris.*
Cavaco, Carminda (1993) *O Mundo Rural em Portugal*, MPAT, Lisboa.

CE (1997) *Agenda 2000 – Para uma União Reforçada e Alargada*, Boletim da UE n.º 5, Bruxelas.
CE (1997) *Agriculture and Environment, CAP Working Notes*, Brussels.
CE (1997) *Long Term Prospects, Grains, Meat and Meat Markets*, DG VI, Brussels.
CE (1999) *Reforma da PAC: Uma Política para o futuro*, DG VI, Bruxelas.
CE (1988) *Um Futuro para o Mundo Rural*, Bruxelas.
CE (1998) *Prospects for Agricultural Markets 1998-2005*, DG VI, Brussels.
CE (1998) *O Financiamento da UE – Relatório da Comissão sobre o funcionamento dos Recursos Próprios*, COM (98) 560 final.
CE (2002a) *Comunicação da Comissão ao Conselho e ao Parlamento Europeu sobre a Revisão Intercalar da PAC –* COM (2002) 394 final.
CE (2002b) *Enlargement and Agriculture: Successfully integrating the new Member States into the CAP –* SEC (2002) 95 final.
CE (2002c) *Special Issue on the US Farm Bill*, Policy News de 17 de Maio.
CE (2003a) *Uma Perspectiva Política de Longo Prazo para uma Agricultura Sustentável –* COM (2003) 23 final.
CE (2003b) *Comunicação da Comissão ao Conselho e ao Parlamento Europeu – Relatório sobre Situação da Agricultura Portuguesa –* COM (2003) 359 final.
CE (2003c) *Agricultural Situation in Portugal –* DG Agri Working Document.
Council of the European Union (2003a), *2516nd Council meeting – Agriculture and Fisheries –* Luxembourg, 11-12-17-18-25-26 June 2003, 10272/03 (Presse 164), Brussels.
Council of the European Union (2003b), *CAP Reform – Presidency Compromise (in agreement with the Commission)*, Note from Presidency to Delegations, 30 June, 10961/03, Brussels.
Council of the European Union (2003c), *2528th Council meeting – Agriculture and Fisheries –* Luxembourg, 29 September 2003, 12529/03 (Presse 270), Brussels.
Charvet, Jean Paul (1994) *La France Agricole en État de Choc*, Liris, Paris.
Chevassus-Lozza, E. e Gallezot, J. (1995), J. *La Différenciation des Produits dans la Compétitivité: le cas de l'agriculture et de l'agro-alimentaire français*, in Nicolas, François e Valceshini, Egizio Eds., édition INRA, Economica, Paris.
Colson, F. (1998) *Plafonnement et Modulation des Aides Directs: pour une politique plus équitable et plus efficace*; (simulation en l'échantillon du RICA à partir de la proposition de l'Agenda 2000), Conférence au Parlement Européen, Bruxelles.
Colson, F. et Chattelier, V. (1997) *L'Impact des Propositions "Santer" de la Réforme de la PAC sur le Revenu des Agriculteurs Français*, INRA, Nantes.
Conseil de l'Europe (1995) *3ème Conférence Européenne des Régions de Montagne*, Strasbourg.
Conselho Económico e Social (1999) *Parecer sobre a Agenda 2000 da União Europeia e Portugal*, Relator: José Almeida Serra, Lisboa.
Covas, António (1996) *A Conferência Intergovernamental de 1996 – da revisão do Tratado da UE à Revisão da PAC*, Conferências de Vairão, IDARN / Carrefour Norte de Portugal, Vila do Conde.
Cunha, A.M. (1984) *Politica Agrícola Comum – Considerações Acerca da Sua Reforma e Implicações para Portuga*l, CCRN, Porto.

Cunha, A. M. (1986) *The Impact of the CAP on the Regional Development of Portuguese Regions,* Reading University.
Cunha, A. M. (1996) *A Agricultura Europeia na Encruzilhada,* ASA, Porto.
Cunha, A. M. (1997) *From the CAP to the CARP,* in *CAP 2001: From Agricultural to Rural and Environmental Policy,* Royal Swedish Academy of Agriculture, Stockholm.
Cunha, A. M. (2000) *A Política Agrícola Comum e o Futuro do Mundo Rural,* PLÁTANO Edições Técnicas,Lisboa.
Cunha, A. M. (2002), A Mediterranean Perspective of the CAP Mid Term Review, paper prepared for Agra Europe's Conference "Moving Towards Sustainable Agriculture: A Comprehensive Analysis of the CAP Mid-Term Review", 28 October, Brussels.
Cunha, A. M. (2003). Relatório sobre a Proposta de Regulamento do Conselho que estabelece Regras Comuns para os Regimes de apoio Directo no âmbito da Política Agrícola Comum e institui regimes de Apoio aos Produtores de Determinadas Culturas, Parlamento Europeu, A5-0197/2003.
Debar, Jean-Christophe (1997) *Les Concours Publiques à Américaine,* Notes et Études Economiques n.° 3, Paris.
Defarges, Philippe (1995), *L'Inéluctable Mutation,* Agra Débats n.° 2.
Descheemaekere, François (1994) *La PAC, l'Avenir du Monde Rural et la Mondialisation des Échanges Agricoles,* Ed. d'organisation, Paris.
Directorate General for Economic and Financial Affairs (1994) *EC Agricultural Policy for the 21 st Century, European Economy, N.° 4, Brussels – Luxembourg.*
Dollfous, O. (1997), *La Mondialisation,* Presse des Sciences Politiques, Paris.
Emerson, M. and Gros, D. (1998) *Interaction between EU Enlargement, Agenda 2000 and EMU – the case of Portugal,* CEPS, Brussels.
European Renewable Raw Materials Association (1998), *Agriculture: Source of Raw Materials for Industry,* ERMA Conference interventions, PE, Brussels.
FAO (1998) *La situation Mondiale de l'Alimentation et de l'Agriculture,* Rome.
Fernandes, Maria Oliveira (1995) *A Organização Mundial do Comércio e os Acordos para o Sector Agrícola,* Secretaria Geral do Ministério da Agricultura, Lisboa.
Fischler, Franz (1996) *La PAC Après l'Uruguay Round et Avant l'Élargissement à l'Est,* Séminaire ELDR, Bruxelles.
Fischler, Franz (1999), *The Agenda 2000 Agreement: "Der Himmed uber Berlin" or "Sleepless in Seattle"?* paper prepared to an Agra Europe Special Conference, Brussels, 29 June.
Fischler, Franz (2000), *Choosing our Policy" – European Agriculture meeting the challenges of WTO and Midterm Review,* paper prepared for the Congress on European Agriculture Conference on European Agriculture, Belfast 26 September.
Fischler, Franz (2001) *EU and US Farm Policy – where do they differ and where do they converge?* – Congressional dinner speech, Washington.
Fischler, Franz (2003a), *The new, Reformed Agricultural Policy,* Final Press Conference after the decision at the Council of Agriculture, Luxembourg, 26 June, Speech/03/326.
Fischler, Franz (2003b), *CAP Rreform, Committee on Agriculture and Rural Development,* European Parliament, Brussels, 9 July.

Fongerouse, Christian (1996) *Le Renouveau Rural – Dépendance ou autonomie*, l'Harmattan, Paris.
GEPAT (1993) *A Evolução Recente e Problemas de Desenvolvimento dos Espaços Rurais*, MPAT, Lisboa.
Glavany, Jean and Renate Kunast (2001), *La Réforme en continu*, Le Monde, 31Juillet
Grant, Wyn (1997), *The Common Agricultural Policy*, Basingstoke, Macmillan.
Grall, Jacques (1994) *L'Agriculture*, le Monde Editions, Bruxelles.
Guyan, Luc (1998) *La Terre, les Paysages et Notre Alimentation*, la Cherche du Midi, Paris.
Haniotios, Tassos (2002) *The Mid Term Review and the new challenges for EU Agriculture*, Eurochoices n.° 3.
Hartmann, Monika (1998), *Implications of the EU Enlargement for the CAP*, in K. A. Ingersent, A. J. Rayner & R. C. Hine (eds.), *The Reform of the Common Agricultural Policy*, Macmillan, London.
Houée, Paul (1996) *Les Politiques de Développement Rural – Des années de croissance au temps d'incertitude*, INRA-Economica, Paris.
Jacob, Christian (1994) *La Clé des Champs*, Odile Jacob, Paris.
Jégonzo, G. et al (1998) R*ichesse et Pauvreté en Agriculture*, INRA, Economica, Paris.
Jesus, Avelino et al. (1998), *O Impacto sobre Portugal do Alargamento da UE aos PECO*, UTL-ISEG, Lisboa.
Josling, T. et al (1996) *Agriculture in the GATT*, Macmillan Press, London.
Kay, Adrian (2003), *The Reform of the Commom Agricultural Policy*, CABI Publishing Int.
Lacombe, Philippe (1996), *Gérer Politiquement l' Agriculture pour Garantir l'Emploi dans les Régions Rurales*, Séminaire ELDR, Bruxelles.
Leclerc, Stéphane (1993) *Politique Agricole Commune et Environnement*, Apogée, Rennes.
Lafay, Gérard (1996) *Comprendre la Mondialisation*, Economica, Paris.
Legras, Guy (1995) *Perspectives de L'Europe Agricole*, Agra Débats n.° 1 Apogée, Paris – Bruxelles.
Le Roy, Pierre (1994) *La Politique Agricole Commune, Economica, Paris*.
López, Raúl C. et al, *Agricltura, comercio y alimentación: La OMC y las negociaciones comerciales multilaterales* (2002), MAPA, Madris.
Loyat, J. e Petit, Y. (1999) *La Politique Agricole Commune*, La Documentation Française, Paris.
Lucas Pires, Francisco (1995), *Portugal e o Futuro da União Europeia – sobre a Revisão dos Tratados em 1996*, Difusão Cultural, Lisboa.
Mahé, Louis P. et al. (1995) *L'Agriculture et l'Élargissement de l'Union Européenne aux Pays d' Europe Centrale et Orientale: Transition en vue de l' Intégration ou Intégration pour la Transition?*, DG I, Bruxelles.
Marie, Jean Louis (1994) *Agriculteurs et Politique*, Montchrestien, Paris.
Marsh, John e Tangermann, Stefan (1996) *Preparing Europe's Rural Economy for the 21 st Century*, LUFPIG, Brussels.
Massot Marti, A. (1997) *Política Rural Integrada o Desintegracion de la PAC? – El Camino de Agenda 2000*, Agricultura n.° 783.
Massot Marti, A. (1999) *El Modelo Europeo de Agricultura ante el Desafio de la Globalización*, Real Sociedad Económica de Amigos del País, València.

Massot Marti, A. (1999) *Nota sobre la Recente Évolucion del Assunto Plátano en el seno de l'OMC y sus Perspectivas de Futuro*, PE – Direcção-Geral de Estudos.
Massot Marti, A. (1999) *El Acuerdo de Berlim sobre la Agro-Agenda 2000. El Prelúdio de una Nueva Reforma de la PAC*, PE, Bruxelas.
MADRP (1992) *A Agricultura na Presidência Portuguesa da Comunidade Europeia*, GAAC, Lisboa.
MADRP (1993) *Dois Contributos para um Livro Branco sobre a Agricultura e o Meio Rural*, Secretaria Geral, Lisboa.
MADRP (1999) *Panorama Agricultura 1998*, GPPAA, Lisboa.
MADRP (2002) *Portugal: Um Estado Membro fortemente penalizado pelo desequilíbrio dos apoios provenientes do FEOGA-Garantia e que necessita de produzir mais*, Lisboa, Gabinete do Ministro.
MADRP (2003) Nota do Ministério da Agicultura sobre a Reforma da Política Agrícola Comum. (www.min-agricultura.pt)
MASSOT, Albert (2002). *El Acuerdo del Consejo Europeo de Octubre de 2002. Entre la Ampliación y la Reforma de la PAC*, Comunicação apresentada ao Congresso "Los Efectos en el Sector Agroindustrial de Galicia de la Integración en la UE de los Países del Centro y Oriente de Europa", Coruña, 13 de Setembro de 2002.
MASSOT, Albert (2003). *La Reforma de la PAC de 2003: hacia un nuevo modelo de apoyo para las explotaciones agrarias*, Estudios Agrosociales y Pesqueros, n.º 199.
Ministerio de Agricultura, Pesca y Alimentación (2001) *La financiación de la ampliación de la UE y la PAC*, Madrid.
Ministry of Agriculture Fisheries and Food (1995), *European Agriculture – the case for a radical reform*, London.
Muñiz, Ignácio et al (2000), *La multifuncionalidad de la agricultura: Aspectos económicos e implicaciones sobre la politica agrária*. Estudios AgroSociales Y Pesqueros, n.º 189.
Murray, Jim (1996) *Why the CAP is in need of a radical reform*, European Voice no.95.
Nallet, A. (1997) *Agenda 2000 – Quel Élargissement pour l'Europe?*, Rapport d'Information, Assemblée Nationale, Paris.
Néfussy, Jacques (1999) *Filières Agroalimentaires, Filières de Produits ou de Services*, Déméter, Économie et Stratégies Agricoles, Armand Colin, Paris.
Ockenden, Jonatham e Franklin, Michael (1995) *European Agriculture – Making the CAP Fit the Future*, Chattan House, London.
OCDE (1988) *Formulation de la Politique Rurale – Nouvelles Tendances*, Paris.
OCDE (1994-a) *The Contribution of Amenities to Rural Development*, Paris.
OCDE (1994-b) *Farm Employment and Economic Adjustment in OECD Countries*, Paris.
OCDE (1994-c) *Reforme de la Politique Agricole – Nouvelles Orientations; Le Rôle des Paiements Directs au Revenue*, Paris.
OCDE (1995-a) *Sustainable Agriculture – Concepts, Issues and Policies in OECD Countries*, Paris.
OCDE (1995-b) *Creating Employment for Rural Development – New Policy Aproaches*, Paris.
OCDE (1995-c) *Créneaux Commerciaux et Développement Rurale – Compte Rendu d'un Atelier et recommandations pour l'action*, Paris.

OCDE (1995-d) *Ajustement du Secteur Agricole des Pays de l'OCDE – Problèmes et Réponses*, Paris.
OECD (1995-e) *The Uruguay Round – A Preliminary Evaluation of the Impact of the Agreement on Agriculture on OECD Countries*, Paris.
OCDE (1996-a) *Politiques, Marchés et Échanges Agricoles dans les Pays de l'OCDE- -Suivi et Évaluation*, Paris.
OCDE (1996-b) *Amenities for Rural Development – Policy Exemples*, Paris.
OCDE (1997) *Agriculture and the Rural Economy – Discussion Report of the Working Party on Agricultural Policies and Markets*, Paris.
OCDE (1997) *Agriculture and the Rural Economy: Main Report*, Paris.
OCDE (1998) *Políticas Agrícolas dos Países da OCDE*, Paris.
OCDE (1999) *Perspectives Agricoles 1999-2004*, Paris.
OCDE (1999) *Politiques Agricoles des Pays de l'OCDE: Suivi et Évaluation*, Paris.
OCDE (2002) *Agricultural Policies in OECD Countries: Monitoring and Evaluation*, Paris.
OCDE (2002) *Politiques Agricoles des Pays de L'OCDE: um programme de reforme constructif*, Paris.
OCDE (2003) *Politiques Agricoles des Pays de l'OCDE: Suivi et Évaluation – Principaux Extraits*, Paris.
Petit, Michael (2002) *The New US Farm Bill. Lessons from a complete ideological Turnaround*, Euochoices n.° 3.
Porto, Manuel (1996) *O Ordenamento do Território Face aos Desafios da Competitividade*, Almedina, Coimbra.
Porto, Manuel (1997) *Teoria da Integração e Políticas Comunitárias*, Almedina, Coimbra.
PE (1999) *El Desarrollo Rural: Politicas Aplicadas, Situación actual del debate y Perspectivas del Futuro a Nivel Europeo*, Documento de trabajo, Dirección General de Estudios, Luxemburgo.
PE (1999) *Glossaire de la Politique Agricole Commune et de la Réforme de l'Agenda 2000*, Direction Général des Études, Bruxelles.
PE (1999) *The European Union and the World Trade Organization Dispute Settlement Procedure as Applied to Agriculture*, Brussels.
PE (1999) *Consequences of the Deregulation of the Agriculture Markets on International and European Agricultural Economies (professional version)*, Directorate-General for Research, Brussels.
Pisani, Edgar (1994) *Pour une Agriculture Marchande et Ménagère*, Éditions de l'Aube.
Saralegui, Carlos Tio (1996) *Soutien des Revenues Directs aux Agriculteurs*, Séminaire ELDR, Bruxelles.
Sarris, Alexander (1992), *Consequences of the CAP Reform for the Southern Part of the European Community* – documento preparado para o *Expert Group on Agricultural Policy Reform*, Brussels.
Sevinate Pinto (2003) *A Reforma da PAC que não votei*, Jornal o Público de 2003.06.30.
Schwaag Serger, Sylvia (2001), *Negotiating CAP reform in the European Union – Agenda 2000*, Report 2001: 4, Lund: Swedish Institute for Food and Agricultural Economics.
Strauss, Robert (1998) *The Non Food Uses of Agricultural Products-implications for the European Commission*, in "Results of the European Conference on Renewable Raw Materials, Bundesministerium for Land und Forstwirtschaft, Austria.

Swinbank, Alan e Carolyn Tanner (1996), *Farm Policy and Trade Conflict. The Uruguay Round and CAP Reform*, The University of Michigan Press.

Swinbank, Alan (1997), *"The New CAP"*, in: Christopher Ritson and David R. Harvey (eds.), The Common Agricultural Policy, 2nd Edition, CAB International: Wallingford.

Swinbank, A. (1999) *EU Agriculture, Agenda 2000 and the WTO Commitments*, Blackwell Publishers, Oxford.

Swinbank, Alan (2002) *Direct Payment and the Impact over CAP Reform*, Agra Europe, 2002.02.22.

Swinbank, Alan; Daugbang, Cartsen e Cunha, Arlindo (2203) *CAP Reform 2003: a reform worthy of the name?*, a publicar no Journal of the Commom Market Studies.

Swinnen, Johan F. M. (2003), *EU enlargement post-Copenhagen – a personal perspective.* Agra Europe de 28 de Fevereiro.

Tabary, Philippe (1995) *Entre Tracteurs et Détracteurs – les Chocs de la PAC,* Collection Terra, la Cherche Midi, Paris.

Tabary, Philippe (1999) *Comptes et Mécomptes de l'Agriculture*, Collection Terra, la Cherche Midi, Paris.

Tangermann, Stefan et al. (1994), *Pre-accession Agricultural Policies for Central Europe and the European Union*, DGI, Brussels.

Tangermann, Stefan (1999) *Agenda 2000: tactics, diversion and frustration*, Agra-Europe, London.

Tracy, Michael (1993) *Food and Agriculture in Market Economy – An Introduction to Theory Practice and Policy*, Brussels.

Varela, J. A. Santos (1987) *A Política Agrícola Comum e a Agricultura Portuguesa – A Política de Preços e Mercados*, Dom Quixote, Lisboa.

Varela (1996) *A Política Agrícola Comum – Os Princípios, as Reformas Actuais, a Futura Europa Verde*, D. Quixote, Lisboa.

Vermesch, D. (1999), *Vers une nouvelle Économie Rurale*, Économie et Stratégies Agricoles, Déméter 99, Paris.

Viate Gérard (1996), *Les Marchés Agricoles de Demain,* publicado em *Économie et Stratégies Agricoles* – Déméter 96, Armand Colin, Paris.

Viñas, José Maria Sumpsi et al (1998) *Impact of the Agenda 2000 on the Sunflower Sector in Spain*, Polytechnic University of Madrid.

UE – *Regulamento (CE) N.° 1782/2003* do Conselho, 29/Setembro/2003.